Cabin Food & Beverage Service

기내 식음료
서비스 실무

머리말

코로나19 펜데믹 시대를 지켜보면서 저자의 생각은 스펙이 취업을 결정짓는 시대가 아니라 역량, 성격과 헌신을 갖춘 인재로 자신을 바꾸면 누구나 바라는 항공사에 성공 취업을 할 수 있을 것이다.

미래 예비 승무원과 현재 비행하고 있는 객실승무원에게 있어서 기내 식음료 부문과 안전 부문은 객실승무원에게 전부이자 전체인 것 같다는 생각이 들며 기내 식음료 학습지도에 관해 많은 고민을 하던 중 올해 초 기내 식음료 부문 국내 유명 대학의 여러 교수님과 함께 토론할 기회가 있었다.

많은 시간을 학생 교수법(Teaching Method)과 식음료 운영법(Food and beverage operation)에 관해 의견을 교환하던 중 그러면 우리가 지금까지의 실전경험을 가지고 학생들에게 도움이 될 교재를 만들어 보면 어떻겠는가? 라는 결론을 내렸고 참석한 교수님들과 공동으로 '기내 식음료'에 관한 교재를 각 장 부문별로 맡아 쓰기로 하였다.

6개월 후 기내 식음료 교재 각 부문을 맡아주신 교수님들의 원고를 정리하게 되었고 이제야 현실적으로 학생들에게 다가갈 수 있는 항공사 기내식음료 업무

"최고가 아니라 최적이 돼라"

에 관한 모든 지식을 듬뿍 담은 전무후무한 교재를 발간하게 되었으며 모든 교수님의 노력이 빛을 보게 되었다.

원고를 정리하다 보니 지금까지 나온 어떤 책보다 기내 식음료에 대해 생생하고 현장감 있게 표현하였고 알찬 구성과 이해력 있는 사진, 문구에 상당한 감명을 받은 것 또한 사실이다.

마지막으로 본 교재로 기내 식음료를 학습하는 많은 예비 승무원들이 원하는 항공사 취업 후에도 비행 객실 Food & Beverage 업무에 큰 도움이 되길 바라는 마음뿐이다.

바쁜 시간의 연속이지만 본 교재를 출간하기 위해 많은 노력을 해주신 한올출판사 대표님 그리고 모든 직원분들에게 감사의 마음을 전한다.

공동저자 대표 최성수 씀

Contents

차 례

Cabin Food and Beverage Service

Cabin Food and Beverage Service

Contents

Chapter 12

기내식 관련 고객불만 사례
및 Trouble Shooting • 262

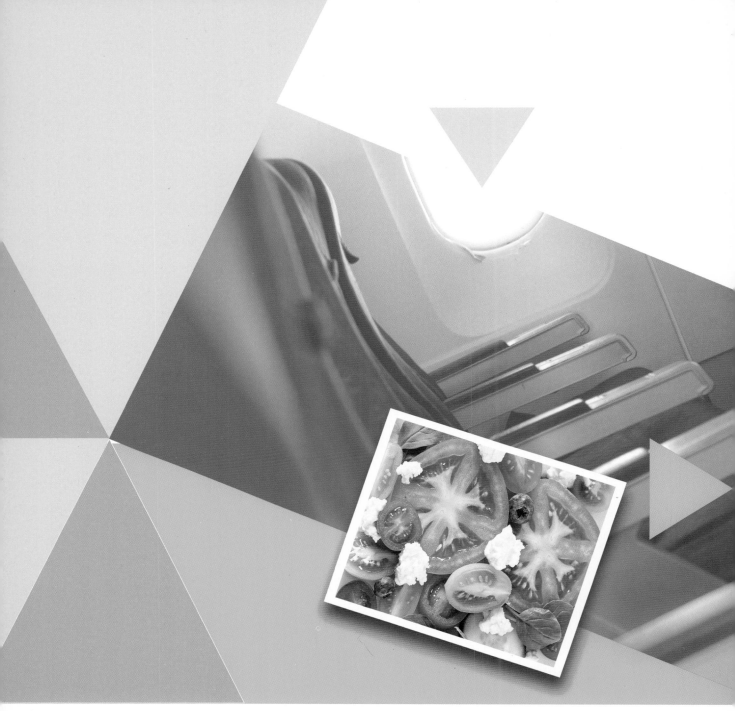

Cabin Food & Beverage Service

Chapter

01

기내식

Cabin Food and Beverage Service

Chapter

01 기내식

기내식이란?(in-flight meal)

기내식(機內食)은 항공기 내에서 항공사가 제공하는 맛있는 식사 및 음료를 총칭한다. 항공 회사의 서비스의 일부로서 무료(항공운임의 일부) 혹은 유료로 기내에서 승객에게 제공되는 식사/음료를 가리키는데, 최초의 기내식은 1919년 런던 - 파리 노선을 운항하던 Handley Page Transport(주 사업은 항공기 개발, 제작이지만 이 당시에는 운송사업도 병행했다)가 1919년(10월 11일), 샌드위치와 과일 등으로 구성된 런치 박스를 기내에서 제공하면서 시작되었다. 당시 런치 박스는 무료가 아니었으며, 일인당 적지 않은 금액을 주고 구입해야 했다. 하지만 지금 형태의 기내식이 제공되기 시작한 것은 1936년이 되어서였다.

당시 유나이티드 에어라인은 항공기 안에 주방(Galley)을 설치해 음식을 제공하기 시작했다. 기내에서도 찬 음식이 아닌 따뜻하게 데워진 음식을 접할 수 있게 되었으며, 이를 시작으로 다른 항공사들도 기내 주방을 속속 도입하기 시작했다.

기내식 차원에서 승객과 운항승무원, 객실승무원 등이 항공기 내에서 취식하는 식사도 승객에게 제공되는 기내식과 똑같다. 하지만 운항의 특수성과 보안을 고려하여 운항승무원에게는 한 단계 진보된 보안방식을 적용하는 것이 다를 뿐이며 기내에서 섭취하는 모든 것을 기내식이라 하지는 않는다. 특히 승객이 가지고온 도시락이나 김밥, 라면 등 승객이 항공기 안으로 반입한 음식은 기내 취식이 불가할 뿐만 아니라 기내식이라고 불리지 않는다.

기내식은 단거리 노선의 간단한 음료부터 중, 장거리 노선의 일등석/비즈니스/일반석에서 제공되는 코스 요리까지 종류가 매우 다양하며 주로 국제선에서만 제공되고 비행시간이 6시간 이내이면 1번, 6~12시간이면 2번, 12시간을 넘어가면 간식이 추가로 제공된다. 또한 기내식 메뉴는 서양식을 기본으로 하며 내국인 승객을 위한 한식, 일식, 중식을 서비스하고 건강, 종교 등의 이유로 특별식(Special Meal)을 신청하는 승객에게도 차별화된 기내식을 만들어 제공하고 있다. 모든 기내식은 노선, 계절, 클래스 및 서비스 시점에 따라 다르고 다양한 메뉴를 위해 3~4개월 주기로 메뉴가 변동되며 승객의 안전을 위해 날것, 복어, 조개류, 민물고기는 조리하지 않고 운항승무원(기장, 부기장)을 위한 기내식은 같은 것이 아닌 각각 다른 기내식을 제공하고 있다. 현재 기내식 흐름은 저비용 항공사(Low Cost Carrier)가 출현하여 양분되고 있는 추세이다. 2022년 현재, 저비용 항공사(LCC: Low Cost Carrier)를 중심으로는 유료 기내식을 채택하는 항공사가 증가하는 반면, 국내 하이브리드 항공사(HSC: Hybrid Service Carrier)인 에어프레미아 항공 및 퍼스트 클래스 등 고단가 항공요금 승객을 유치하기 위해 기내식을 고급화하는 대한항공, 아시아나항공 같은 프리미엄 항공사(FSC:Full Service Carrier) 역시 증가하고 있어 어느 흐름이 승객에게 어필할지 조금 더 시간이 필요하다는 생각이다.

02 국내 항공사(대한항공/아시아나항공)의 기내식 제조방법

아시아나항공의 스테이크

대한항공은 비빔밥과 비빔국수로 기내식 분야의 오스카상이라고 하는 '머큐리상'에서 대상/금상을 각각 수상한 경력을 비롯해 다른 항공사나 항공관련 잡지 등에서 실시하는 기내식 평가에서 항상 상위에 들 만큼 최고의 품질과 서비스를 자랑한다.

또한 대한항공은 2017년 7월말 8만4천936식의 기내식을 생산, 하루 기내식 생산량 최고치를 기록했었고 이는 작년 여름 최대 수송인원을 기록한 2016년 8월 1일 7만7천339식에 비해 7천597인분이 많은 수치다. 본격적인 해외여행 시즌을 맞아 꾸준한 증가세를 보여온 국내항공사 기내식 생산량은 올해 구정 연휴인 2월 6일 7만9천905식을 비롯, 7월 27일 8만332식으로 8 만식을 돌파하는 기록 갱신을 한 후, 7월 30일 하루 8만4천936식 생산을 기록하며 정점을 찍었다. 이는 대한항공이 1969년 기내식을 생산한 이래 역대 최대치 기록이며 코로나19 영향에서 어느 정도 회복된 2022년 8월 현재, 대한항공의 1일 기내식 생산량은 2만5천 식 정도이다.

항공사 기내식 생산량이 최대치를 기록한 것은 국내에서 해외로 나간 승객이 역대 최대 수준이라는 것을 의미한다. 실제 최고점인 인천국제공항 이용객은 30만명을 육박하며 역대 최대 수송인원을 기록 했으며 기내식 메뉴 별로는 역

국내 최초 HSC 항공사 에어프레미아 인천/싱가폴 일반석 기내식(고기덮밥)

시 한식 메뉴가 가장 많이 공급됐다. 국내 출발 편 승객의 경우 한식을 선호한다는 점에서 비빔밥 등 한식 메뉴를 주로 생산하고 있다.

대한항공 기내식에서 하루 생산하는 핫 밀 (Hot Meal)의 종류는 된장덮밥, 불고기, 토종 닭백숙등 약 1천 여가지. 동치미국수, 샌드위치류, 초밥류, 샐러드류 등 230여종의 콜드 밀 (Cold Meal)과 소프트롤, 크로아상, 머핀 등 베이

기내식 센터에서 쓰는
블라스트 칠러의 1:20
축소 모형

커리 140개까지 합치면 일평균 1천400종류의 기내식을 만들어 제공하고 있다.
또한 기내식 중 최고 인기 메뉴인 비빔밥의 경우 일 생산량이 약 3천600식에
이르며, 그 외에 디저트 8천개, 빵 6만7천개 등을 하루에 생산하고 있다.

대한항공이 생산하는 기내식은 싱가폴항공, 캐세이 퍼시픽등 세계 31개 외국
항공사에도 제공되고 있으며 승객의 기호에 맞추어 통상적으로 3개월마다 한
번씩 기내식 메뉴를 교체하고 있다.

전체적으로는 승객들의 기호를 고려해 바꾸는데, 어떤 재료로 어떤 메뉴를 만
들지 계획을 세우고 사내 품평회를 거친 후 대량 생산에 들어간다.

가령 양식 메뉴 중 스테이크를 예로 든다면 엄격한 검수 과정을 거쳐 보통 탑
재 3일 전쯤에 식재료를 입고하고, 입고한 고기의 핏기와 지방을 제거한 후 미
리 맞추어진 무게 및 모양에 알맞게 자르는 등 사전 처리 작업을 하며 대형 오
븐에 넣어 간이 조리한 다음에는 섭씨 100도 이상으로 조리된 음식을 90분 이
내 5도 이하로 급속 냉장시키는 '블라스트 칠러(Blast Chiller)'라는 장비를 이용해

기내식 및 기용품을 운반하여
항공기에 탑재하는 특장차 1

(구)아시아나항공 A380
비행기에 기내 식음료를
공급하는 모습

냉장시키는데, 이는 상온에서 서서히 식힐 경우 발생될 수 있는 미생물의 번식을 막기 위한 조치이다.

이렇게 조리를 끝낸 기내식은 개별포장을 거쳐 특수 냉장 차량으로 김포에서 인천 기내식 공장으로 운송하며, 그곳에서 항공사별 승객 수에 맞춰 용기에 스타치(Starch : 감자, 국수 등)류와 함께 개별 포장함으로써 제조 공정을 마무리한다. 특히 2022년 7월 인천/싱가폴 구간을 취항한 에어프레미아 항공사의 기내식은 메뉴 품목을 줄이고 퀄리티를 높였으며, 신선하고 다양한 식재료를 이용하여 만든 프리미엄 기내식으로 알려져 있다.

마지막으로 이들 기내식은 엄격한 보안장치를 통과한 후 특수 제작한 특장차에 실어 출발 시간에 앞서 해당 항공기 내의 별도 공간(Galley)에 실어두고 객실승무원에게 인계하며 비행기 출발 후 Galley에서 객실승무원이 승객의 입맛에 맞도록 뜨겁게 데워 승객에게 최종적으로 제공하게 된다.

대한항공은 김포와 인천 두 곳에 기내식 센터를 운영하고 있는데 김포센터는 일반석의 더운 음식(Hot Meal)이나 제빵류의 대량 생산을 맡고, 최신의 자동화 설비를 갖춘 인천센터는 일부 상위 클래스 기내식, 특별식, 추가 음식, 대부분의 찬 음식(Cold Meal), 후식류의 생산과 모든 기내식의 세팅, 탑재 및 하기 등의 역할을 맡고 있다.

또한 (구)아시아나항공은 인천 국제공항에 기내식 센터(LSG Catering)를 운영하고 있으며, 타이항공, 루프트한자, ANA, KLM 등에 기내식을 제공하고 있다.

03 기내식의 칼로리

기내식은 비교적 고칼로리 식품으로 알려져 있다. 대한항공과 (구)아시아나항공사의 비빔밥을 예로 들면 비빔밥의 총 칼로리는 700~800칼로리이며, 세부적으로 살펴보면 나물 300칼로리, 밥 400칼로리로 계산해 볼 수 있다.

소고기, 생선, 닭고기 기내식의 칼로리는 비빔밥보다 약간 적은 500~600칼로리 정도이며 일일 남자의 소요 칼로리는 2,500칼로리, 여자의 소요 칼로리는 2,000칼로리이다. 따라서 성인 남자 승객이 기내식으로 비빔밥을 선택하고 참기름과 고추장을 넣어 취식한 후 와인 2잔과 땅콩 2개 그리고 디저트로 나오는 떡까지 취식했다고 가정하면 거의 1,000칼로리를 섭취하게 되는 셈이며, 기내식으로 양식 소고기를 선택하고 와인 2잔, 땅콩 2봉지를 디저트와 함께 섭취하면 거의 800~900칼로리를 섭취한 것과 같다. 이어 간

국내 최초 HSC 항공사 에어프레미아 인천/싱가폴 구간 일반석 기내식(크림파스타)

식으로 나오는 컵라면 한 개, 간식까지 취식하면 IN-Between Snack까지 취식하면 상당한 양의 칼로리를 섭취하게 되는 셈이다.

따라서 (구)아시아나항공은 항공기 내에서 제공되는 기내식의 칼로리를 사전에 고지하여 승객의 편의를 돕도록 하고 있다. 이와 같은 서비스를 통해 과열량

섭취에 민감한 승객이 메뉴판에 표시된 칼로리 정보를 통해 식사를 조절할 수 있으며 장시간 동안 움직임이 거의 없는 비행 중에 적절한 칼로리를 조절하며 여행할 수 있다.

04 기내식의 위생관리

기내식 사업소의 에어클린 소독장치

모든 국내 항공사는 전문 식품 연구센터를 통해 식재료에 대한 사전 위생 점검 및 품질을 보다 강화하는 등 기내에서 제공하는 기내식 품질을 세계 최고 수준으로 끌어올리고 있다.

기내식을 생산하는 케이터링 (Catering) 센터에 들어가기 전에는 모든 작업자가 위생모와 위생덧신, 위생복을 입고 에어샤워(Air Shower)를 하며, 이는 위생구역에 들어가기 전 강력한 바람을 통해 우리 몸과 옷에 존재하는 오염물질을 털어버리는 과정이다. 기내식센터가 얼마나 철저하게 위생관리를 하는지 일단 방문을 해보면 몸소 체험할 수 있으니 독자들도 항공사에서 정기적으로 실시하는 케이터링 사업소 개방행사에 신청하여 위생상태를 눈으로 확인해보길 바란다. 또한 기내식 세팅의 마지막 단계인 Dish-up Area에서도 머리카락 등이 노출되지 않도록 모든 직원들이 철저히 복장을 갖추고 위생작업에 신경을 쓰고 있다.

기내식을 위생적으로 관리하기 위해 설립된 '식품안전연구센터'는 식재료의 성분을 정밀하게 분석할 수 있는 유도결합 플라즈마 질량분석기 가스크로마토그래프 등 45종의 첨단장비를 완비하고 있다. 또한 석·박사급 전문인력이 항공사 기내식 안전 보증 업무를 비롯해 기내식 식재료 납품업체에 대한 현장 점검, 식품위해요소 중점관리기준(HACCP) 기술 교육, 식재료 미생물 분석 등의 중추역할을 담당하며 "식품안전연구센터의 목표는 대한항공 기내식은 물론 한진그룹, 인하학원에 납품되는 모든 식재료의 사전 위생점검을 담당함으로써, 대한항공과 한진그룹에서 서비스되는 식품의 품질을 완벽히 보장하는 데 있다. 대한항공 최고경영층은 "식품안전연구센터가 식품 안전에 관한 세계 최고의 연구기관으로 발전할 수 있도록 지원할 계획"이라고 말했다. 또한 식품안전연구센터가 2008년 5월 26일 식품의약품안전청(현 식품의약품안전처)으로부터 식품위생검사기관으로 지정됨에 따라 기내식 안전도를 국가가 신뢰하는 수준으로 높이게 됐다. 특히 이 센터는 3년 내에 국제공인 시험분석기관(KOLAS) 인증을 획득할 계획이어서 향후 대한항공 기내식 품질이 지속적으로 업그레이드될 것으로 기대하고 있다.

기내식 사업소 위생절차

한편 국적 항공사로는 유일하게 자체 기내식 제조시설을 갖춘 대한항공은 지난 2000년 식약청으로부터 HACCP 적용업소 단체급식 부문 1호로 지정된 바 있다.

참고로 비행기 기내에서는 위생적인 면을 고려하여 샐러드 외 절대 날 음식이 제공되지 않는다. 따라서 생선회와 육회는 볼 수 없는게 당연하고 채소도 수차례 소독과정을 거쳐야 기내로 반입이 허용되며, 출하와 운반과정을 거쳐야 하기 때문에 반드시 조리 후 급속냉장을 해서 세균이 번식할 틈을 주지 않는다. 또한 기내라는 제한된 공간은 일단 이륙하면 지상에서보다 기압이 약 20% 낮아지고 공기는 매우 건조해지며 뱃속에 가스가 차오르고 장거리 비행에 따른 운동 부족으로 소화도 잘 안 되고 소음과 낮은 기압 때문에 미각과 후각이 둔해지게 된다. 따라서 승객은 맵고 짠 자극성 음식에 둔감해지기 쉬우므로 지나치게 자극적인 음식을 섭취하지 않도록 기내식 제조 시 유의하여 생산하고 있다.

05 HACCP이란?

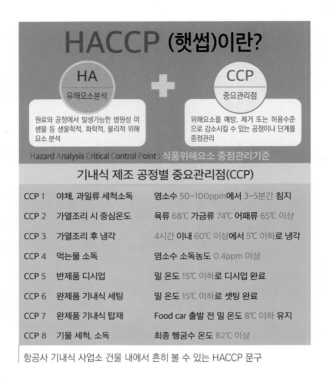

HACCP (햇썹)이란?

HA
유해요소분석
원료와 공정에서 발생가능한 병원성 미생물 등 생물학적, 화학적, 물리적 위해요소 분석

CCP
중요관리점
위해요소를 예방, 제거 또는 허용수준으로 감소시킬 수 있는 공정이나 단계를 중점관리

Hazard Analysis Critical Control Point : 식품위해요소 중점관리기준

기내식 제조 공정별 중요관리점(CCP)

CCP 1	야채, 과일류 세척소독	염소수 50~100ppm에서 3~5분간 침지
CCP 2	가열조리 시 중심온도	육류 68℃ 가금류 74℃ 어패류 65℃ 이상
CCP 3	가열조리 후 냉각	4시간 이내 60℃ 이상에서 5℃ 이하로 냉각
CCP 4	먹는물 소독	염소수 소독농도 0.4ppm 이상
CCP 5	반제품 디시업	밀 온도 15℃ 이하로 디시업 완료
CCP 6	완제품 기내식 세팅	밀 온도 15℃ 이하로 셋팅 완료
CCP 7	완제품 기내식 탑재	Food car 출발 전 밀 온도 8℃ 이하 유지
CCP 8	기물 세척, 소독	최종 헹굼수 온도 82℃ 이상

항공사 기내식 사업소 건물 내에서 흔히 볼 수 있는 HACCP 문구

HACCP(Hazard Analysis and Critical Control Point)이란 "식품위해요소 중점관리기준"을 의미하며 식품가공·제조와 관련된 미생물적 위해요소를 공정단계별로 파악하고 평가, 시정하는 조직적 시도와 이들을 효과적으로 통제하는 수단으로 정의할 수 있으며, 미생물, 물리, 화학적(이물질, 독성물질 등) 위험에도 동일하게 적용하여 탁월한 효과를 보고 있다. HACCP 시스템은 유해요소를 사전에 관리하여 유해예방에 중점을 둔 위생관리시스템이다. 현재 국제항공협회에서도 안전하고 위생적인 항공기내식의 제조를 위하여 HACCP 개념을 적용한 위생관리 지침을 적용하고 있으며 기내식 제조장소에서 일어날 수 있는 모든 유해요소를 살펴보면 구매 및 검수, 저장, 해동, 전처리, 조리, 냉각, 재가열, 배식 등과 식기 세척과 소독 개인위생 등으로 구분해 볼 수 있다.

항공 케이터링의 HACCP 제도는 International Infight Food Service Association, Internation Flight Caterring Association 등의 국제적 단체에서 미국, 유럽과 같은 위생 선진국을 중심으로 기내식 제조의 위생을 관리하는 식품위생 전문가들의 도움을 얻어 수립한 것으로 현재 전 세계의 기내식 업종에 활발히 보급 중에 있다. 현재 대한항공과 아시아나항공의 기내식 및 음료는 HACCP 제도를 완벽 적용하여 위생수준으로는 가히 세계 최고라 할 것이다.

06 기내식의 처리

아시아나항공사 기내식

항공편을 이용하는 즐거움 중의 하나가 기내식이다. 물론 지상에서 즐기는 따끈따끈한 음식과 비교할 수는 없지만, 지상 4만 피트에서 먹는 음식은 색다른 즐거움 중의 하나인 것이다. 더욱이 장시간 앉아서만 여행해야 하는 항공 여행에 있어서 기내식은 중요하다고 할 수 있다.

항공기에 탑재하는 기내식은 철저하게 탑승하는 승객 수에 의해 좌우된다. 항공사 기내식 업무 중에는 Meal Loss율이라는 것이 있는데, 이것은 '승객 수에 얼마만큼 정확하게 맞춰 기내식을 탑재하느냐' 하는 것이다. 즉, Meal Loss율이 높아지면 그만큼 승객에게 제공되지 않고 버려지는 음식이 많다는 얘기이다. 따라서 항공사에서는 비용 절감을 위해서 이 Meal Loss율을 낮추는 것이 중요한 활동 중의 하나라고 할 수 있다. 그럼 반대로 기내식이 모자라는 상태로 고객을 탑승객으로 탑승시킬 수 있을까? 1~2시간 정도 짧은 구간이라면 승객 동의하에 기내식 없이 탑승할 수도 있겠지만, 대부분의 경우는 기내식 없이 승객을 탑승시키진 않는다. 제공된 기내식을 먹기는 하지만 사람에 따라 기호에 맞지 않거나 개인적인 사정으로 인해 먹지 않는 경우도 많다. 특히, 퍼스트나 비즈니스 클래스의 경우는 일반석에 비해 훨씬 다양한 종류가 제공되기 때문에 남겨지는 음식의 양은 상대적으로 더 많다고 할 수 있다. 이렇게 남겨진 음식들은 과연 어떻게 처리될까? 정답은 대부분 사람들의 예상대로 폐기되는 것이 원칙이고, 실제로도 전량 폐기되고 있다.

국내최초 HSC 항공사 에어프레미아 인천/싱가폴 일반석 기내식(고기덮밥)

대한민국의 음식물 처리에 관한 법률

[항공기 및 선박의 남은 음식물류 처리 및 관련] 법규에 의해 일단 Meal Tray에 탑재되었던 음식물은 하기 후 다시 항공기에 탑재할 수 없으며 소독 및 폐기물 관리법에 의해 폐기하여야 한다.

• 외국에서 들어오는 항공기 및 선박의 남은 음식물류 처리 및 관리방법 등에 관한 필요한 사항을 규정하여 공중위생에 기여한다.

• 남은 음식물류와 그 주변에 대하여 수거 즉시 소독 (농림축산식품부장관 승인 소독약) 후 음식물 폐기는 법이 정한 절차에 따라야 한다.

따라서 법률 및 위생에 의거 일단 기내에 탑재한 모든 기내식 음료는 비록 아깝지만 항공기 도착 후 수거하여 전량 폐기하는 것을 원칙으로 하고 있다(사용하지 않은 캔류 및 주류, 맥주 등 제외).

07 기내식 운반 및 탑재

기내식 제조 사업소(Catering Center)에서 제조된 기내식은 냉장 특수 운반 차량 (Food Car)을 이용해 항공기까지 운반되고 조업하는 직원에 의해 기용품, 음료수, 기물과 함께 기내 Galley에 탑재되게 되므로 기내식도 결코 짧지 않은 여행을 하게 되는 것이다.

아시아나항공기에 식음료를 공급하는 모습

대한항공 기내식 및 기용품 운반 특수차량 – 서울에서 인천공항 가는 신공항 고속도로에서 자주 마주칠 수 있다.

08 기내식 인수인계 및 보안절차

일단 기내에 탑재될 기내식 포함 모든 기용품은 기내식 운반용 특장차에 탑재 완료된 후 아래와 같은 보안점검을 거쳐 기내에 탑재하게 된다.

기내의 모든 식음료 탑재점검
완료 후 최종 서명하는 저자

☑ 음식 컨테이너와 부피가 큰 기내식 보급품은 기내식 감독자의 철저한 감독하에 있는가? (처리과정에서 반입이 금지된 물품이 투입되는 것을 방지하기 위한 조치이다)

☑ 음식과 음료수 운반 Cart를 항공기로 옮기기 전에 기내식 감독자가 점검하여 반입 금지된 물품이 없는지 항상 확인하는가?

(테러 위협이 고조될 때에는 해당 노선에 봉인-Seal 등의 추가 조치 실시한다)

☑ 기내식 운반차량이 항공기로 이동 시 기내식 감독자에 의해서 지휘감독을 받고 있는가? (특별 요청이 있을 경우나 위협고조 상황에서는 공항보안 부서의 요원에 의해 적재과정 감시한다)

☑ 항공기 객실승무원은 기내식의 품목을 인수받기 전에 항공기에 탑재될 기내식 보관함의 봉인(seal)장치가 파손 및 훼손 되었는지 확인 하는가?

항공기 출발 전 기내에서 탑재담당 직원과 객실담당 승무원 간의 인수인계 작업이 이루어지게 되며, 이때 객실승무원은 항공기 보안 및 안전 그리고 위생

15

을 위해 봉인장치(Seal)점검에 들어가게 된다. 항공기 내에서 기내식의 점검 절차는 아래와 같다.

기내식 및 기용품 Seal Number Check 절차

인천 국제공항이나 김포 공항 항공기 출발 전 객실승무원은 기내식 Super-visor로부터 Check된 Seal 및 Seal Checklist를 인수받아 잔여 Seal Random Check(20% 무작위 샘플 추출) 실시하며 해외에서는 담당 지상직원으로부터 Seal Checklist(1부)를 인수받아 Seal Number Check 실시한다.

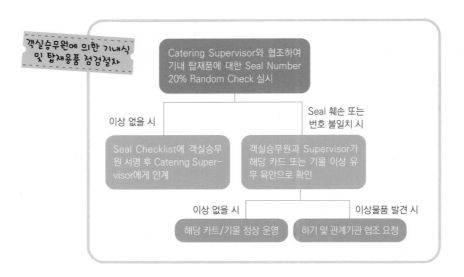

☑ 기내 탑재품 Seal Number가 틀리거나 또는 훼손 시 처리절차
해당 카트 또는 Carry on Box를 객실승무원과 기내식 담당자가 상호 확인 후 이상이 없을 시 하기하지 않고 정상운영하나 이상물품이 지입되었음을 확인 시 하기 조치하고 관계기관에 연락하여 필요조치를 진행한다.

☑ SEAL이란?
기내 탑재되는 모든 기내식 Cart 및 기용품을 봉인하는 장치를 Seal이라 하며(항공사 별로 색상의 차이가 있다), KE 항공사에서는 빨간색 Red Seal은 주류 및 면세품, 파란색 Blue Seal은 서비스 기용품을 봉인한다. 예전에는 가는 철사와 플라스틱으로 만들어진 제품을 사용하여 개봉과정에서 승무원의 손가락을 찌르거나 의복을 훼손하는 등 불편하였으나 현재는 상당히 가벼운 플라스틱 재질로 되어 있으며 일단 한번 봉인되면 개봉이 절대 불가하여 파손 여부를 보고 점검하게 된다.

Seal

Seal 봉인된 모습

Seal 봉인해제된 모습

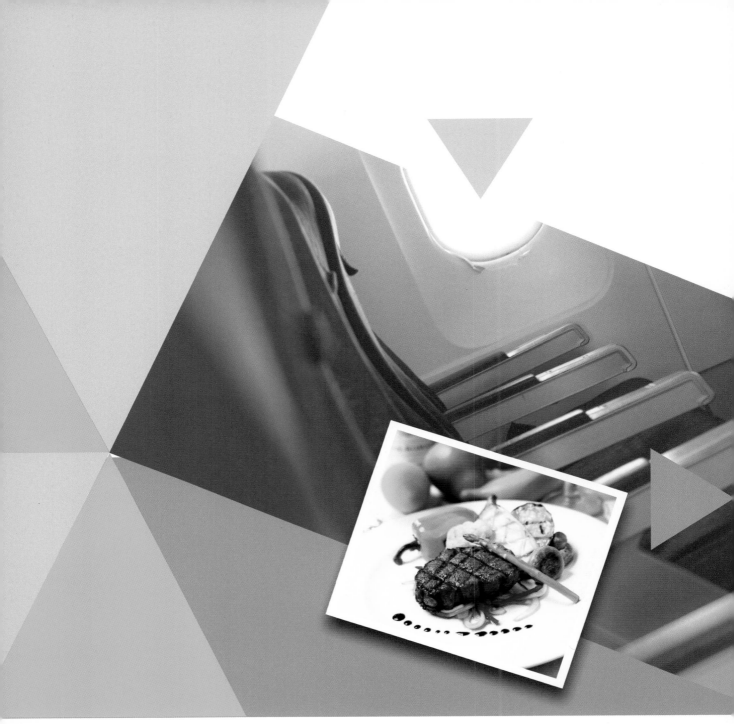

Cabin Food & Beverage Service

Chapter

02

서양식의
이해

Chapter

02 서양식의 이해

서양식의 특징

1) 코스요리 2) 화려한 식탁 3) 장식의 종합적 조화 4)예술적 풍미를 꼽을 수 있으며 세계 3대 요리는 이탈리아/프랑스/중국 요리를 지칭한다. 프랑스는 풍부한 천혜자원과 자국국민의 프랑스 요리에 대한 관심과 애정, 이탈리아나 영국 등 이웃나라의 음식문화 장점을 흡수하여 맛, 향, 모양을 고려하는 요리법을 소유하고 있으며 현대 서양식을 대표하는 프랑스 요리는 16세기 이탈리아의 영향을 받았고 17세기 음식에 르네상스의 세련미를 갖추었으며 18세기 요리의 아버지인 마리 앙투앙 카렘이 요리법을 집대성하여 19세기 현재의 코스요리를 갖추게 되었다. 전통 서양식은 전형적인 코스요리 로서 아래의 코스로 진행되게 된다.

서양식 코스 순서 및 설명

 코스 요리 간단설명 – 영미식(프랑스식과 차이점은 샐러드의 제공순서에 있다)

전채요리 > Soup > 샐러드 > 셔벗 > 메인(스테이크) > 디저트&차

| 전채요리 | > | Soup | > | 빵 | > | 메인(스테이크) | > | 샐러드 | > | 디저트&차 |

 코스별 설명

Aperitif 식욕 촉진 위해 마시는 식전 음료(샴페인, 캄파리, 칵테일, 드라이 셰리)

Appetizer 양이 많지 않고 주요리와 중복되지 않아야 하며 짠맛, 신맛이 남(캐비어, 푸아그라, 훈제연어…).

Soup 식욕 돋우고 위벽 보호 목적(Clear Soup, Thick Soup이 있다)

Bread 음식 고유 맛 살리기 위하며 남은 맛을 씻어주는 역할, 디저트 코스까지 계속 제공한다.

Entree	주요리로 생선, 고기요리를 지칭한다.

Salad	가볍고 신선한 알칼리 식품으로 육식을 중화시키는 역할(4C를 중요시하며 4C란 Clean, Cool, Cripsy, Colorful을 말한다)

Cheese	단맛 전 코스로 사용, 소, 염소, 양의 젖을 응축한 식품(연성/반연성/경성/초경성 치즈)

Dessert	과일, 과자, 케이크와 같은 달고 향기있는 재료로 구성

Coffee, Tea	단맛, 쓴맛, 떫은맛의 조화, 식사의 마지막에 마시는 음료

Liqueur	약초, 뿌리, 꽃을 이용 향미가 나도록 한 혼성주, 알코올 도수가 높고 단맛을 가진 음료

서양식의 구성

① 식사의 양   Light - Heavy - Light로 구성
② 식사의 맛   단맛이 적은 Dry에서 단맛이 많은 Sweet로 구성
③ 식사 제공   식사 흐름에 따른 코스별로 제공

 ## 서양식 메뉴의 종류

① TABLE D' HOTE   따블르 도뜨(정식메뉴) : Full Course 메뉴로 일정한 순서대로 미리 짜여진 식단
② A LA CARTE   알라 까르뜨(일품요리) : 고객이 먹고 싶은 것을 코스별로 특별히 주문하는 식단
③ SPECIAL MENU   CHEF'S RECOMMANDATION(주방장 추천요리) : 메인 주방장이 준비하여 추천하는 매일 새로 바뀌는 메뉴. 보통 'Today Special Menu'라고 한다.

 ## 테이블 매너

테이블 매너는 19세기 영국의 빅토리아 여왕 때 정립되었고 서양 요리를 맛있게 먹고 분위기를 즐기기 위해 제정되었다. 이번 장에서는 서양식 테이블 기본 매너를 정확히 알아 보도록 하자.

23

1. 레스토랑의 예약과 매너

☑ 예약(Reservation)

❶ 언제
- 유명한 레스토랑이라면 적어도 한 달 전에, 일반 레스토랑이라면 여유 있게 2주 전에 예약한다.
- 하루 전 예약을 재확인한다.
- 변경 및 취소해야 하는 상황이라면 반드시 전화를 걸어 이를 알린다. No Show는 금물!!

❷ 어떻게?
- 레스토랑이 바쁜 시간대(식사 시간대)를 피해서 전화하는 것도 매너이다.
- 예약 시 성명, 연락처, 날짜, 시간, 인원수 등의 정보를 알려준다.

❸ 복장 매너와 그 외 에티켓
- 예약 시에 드레스 코드를 묻고 그에 맞는 복장을 연출한다.
- 향이 강한 헤어 제품이나 향수는 뿌리지 않는다.
- 알람이나 스톱 워치 등이 달린 캐주얼 시계는 고급 레스토랑에는 어울리지 않는다.

☑ 입장(Entrance)

❶ 언제?
- 약속 시간 10분 정도 전에 미리 도착해 화장실에서 용무를 보거나 손을 씻고 들어간다.(식사 도중에 자리를 비우지 않도록!)

❷ 어떻게?
- 고급 레스토랑의 경우 입구에서 종업원이 자리를 안내해 줄 때까지 기다린다.
- 남성과 여성이 동행했을 경우, 여성이 먼저 들어가도록 권유한다.
- 비즈니스 관계에서는 남녀보다는 상사 혹은 주빈이 먼저 들어갈 수 있도록 한다.
- 안내해 주는 종업원이 없다면, 초대한 호스트, 혹은 남성이 먼저 들어가서 자리를 안내한다.

❸ 착석 시 주의점

- 큰 가방이나 우산, 코트 등은 웨이터를 통해 클락 룸(Cloak Room)에 맡기도
  록 하고, 작은 핸드백은 의자에 앉은 후 등 뒤에 둔다.
- 휴대폰을 무음/진동으로 해 놓고, 테이블 위에 휴대폰을 올려놓지 않도
  록 한다.

2. 테이블 상석(Head of Table)

상석(The Seat of honor)

- 안내받아서 처음에 의자를 빼 준 자리는 그 테이블의 가장 상석이 되기
  때문에, 여성이나 윗사람, 초대 손님을 앉게 한다.
- 상석은 출구로부터 먼 곳의 중앙자리이다.
- 창가나 벽에 등을 댄 자리나 레스토랑 안이
  잘 보이는 자리도 상석이 될 수 있다.
- 되도록이면 여성은 가장자리에 배치하지 않
  는 것이 좋다.
- 1번이 상석, 6번이 말석

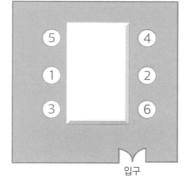

입구

다시 말하면 테이블의 상석은 레스토랑의 안내자가 권하는 자리로서 그 모임의
최고 연장자나 혹은 주인공을 위한 자리이다. 상석의 기준은 창 밖 경치, 그림이
나 풍경 감상이 가능한 자리,
출입구에서 먼 자리, 여름인
경우 시원한 자리, 겨울인 경
우 따뜻한 자리가 상석으로
취급된다.

3. 냅킨(Napkin)

❶ 냅킨(Napkin)

- 일행이 모두 착석한 후나 음식이 나오기 직전에 편다.
- 식사 전에 인사말이나 건배를 하는 경우에는 나중에 펴도록 한다.

❷ 냅킨 사용법

- 반으로 접어서 접힌 쪽을 몸 쪽으로 향하게 하여 무릎 위에 놓는다.
- 입가를 살짝 닦거나 핑거볼 이용 시 손 끝의 물기를 제거하는 용도로 사용한다.
- 식사 도중 자리를 비울 때는 냅킨을 접어 의자 위에 놓고, 식사를 마치고 자리에서 일어날 때는 접어 테이블 위에 놓는다.

- 냅킨은 무릎 위에 올려 놓고 사용하고 비행기나 열차, 선박처럼 흔들리는 곳에선 조끼나 셔츠의 단추구멍에 걸어 사용가능하다. 따라서 항공기에 탑재되는 냅킨은 전부 단추구멍에 걸 수 있도록 끝면 쪽에 절개된 구멍이 있다.

4. 테이블 세팅(Table Setting)

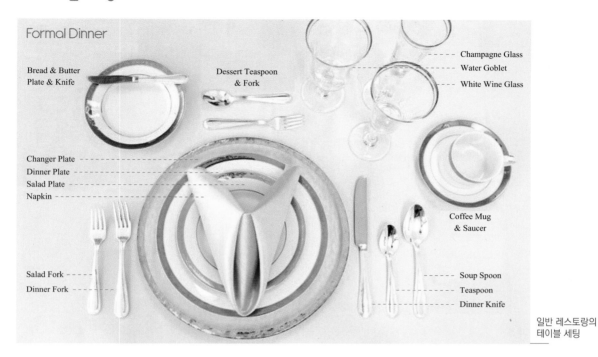

Formal Dinner

Bread & Butter Plate & Knife
Dessert Teaspoon & Fork
Champagne Glass
Water Goblet
White Wine Glass

Changer Plate
Dinner Plate
Salad Plate
Napkin

Coffee Mug & Saucer

Salad Fork
Dinner Fork

Soup Spoon
Teaspoon
Dinner Knife

일반 레스토랑의 테이블 세팅

테이블 세팅의 기본 원칙

- 식기는 바깥쪽에서부터 사용한다.
- 좌빵우물! (왼쪽의 빵 접시, 오른쪽의 물잔이 나의 것)
- 떨어뜨린 나이프나 포크는 줍지 않고 손을 들어 종업원에게 알린다.
- 와인 잔은 큰 잔이 레드 와인, 작은 잔이 화이트 와인용이다.

기내 일등석 테이블 세팅

식기별 용도

1. Red Wine용
2. White Wine용
3. 물잔
4. 디저트용
5. 빵 접시 & Butter Knife
6 & 13. 전채요리용
7 & 11. 생선용
8 & 10. 스테이크용
9. Service Plate & Napkin
12. Soup Spoon

5. 메뉴(Menu)

메뉴는 식사하는 장소에 모이기 전 일행과 미리 정한 것이 있더라도 서양식에서는 레스토랑 종업원이 제시하는 메뉴책자를 전체적으로 성의있게 훑어 보는 것도 주방에서 준비하는 사람과 서빙하는 사람에 대한 매너이다.

❶ 메뉴 보기 및 결정하기

- 메뉴는 천천히 보고 메뉴를 결정한 후에는 메뉴북을 덮어서 결정했음을 종업원에게 알린다.
- 초대받은 손님으로 주문할 경우에는 최저가와 최고가의 메뉴를 제외하고 선택한다.

❷ 메뉴 결정 시 피해야 하는 음식

- 먹기 불편한 음식
- 메인 메뉴로는 부적합한 음식
- 종교/문화상의 이유로 금하는 음식

6. 대화(Talk)

식사 중 대화할 경우 팔짱을 끼거나 턱을 괴는 행동, 음식을 입에 가득 넣은 채로 말하는 행동, 그리고 음식에 사용하는 포크, 나이프 등 기물을 손에 들고

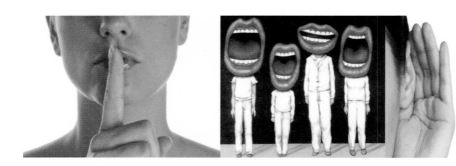

28

사람이나 사물을 지칭하거나 흔들며 대화하지 않아야 하며 날씨, 취미, 재미있었던 추억 등을 주제로 시작하되 개인의 사생활, 정치, 종교의 이야기는 갈등을 유발하게 되므로 삼가는 것이 좋다.

7. 포크와 나이프 사용(Fork and Knife)

   왼손에 포크, 오른손에 나이프를 들고 사용하며, 본인 앞 테이블에 여러 가지 포크와 나이프가 세팅되었을 경우에는 일반적으로 바깥쪽부터 준비된 것을 사용하면 된다, 식사 중에는 팔자(八)로 놓고, 식사가 끝났으면 4시 방향으로 가지런히 놓으면 치워가도 좋다는 신호이다.

식사 중   식사 마침

포크와 나이프 사용법

왼손에 포크, 오른손에 나이프

• 식사 중 : 포크와 나이프를 팔(八)
  자로 놓는다.
• 식사 후 : 포크와 나이프를 4시
  방향으로 가지런히 모아 놓는다.

칼날은 항상 안 쪽으로 오도록 놓는다.

8. 핑거볼(Finger Bowl)

- 과일, 양갈비, 굴, 가재요리 등 손으로 먹는 음식 전, 후에 나온다.
- 한 손씩, 손가락 끝만을 살짝 씻은 후 냅킨에 눌러 닦는다.
- 사용하는 손가락 전체나 두 손을 동시에 담그는 행동은 삼간다.

핑거볼은 일반적으로 하얀 그릇에 레몬을 한 조각 넣어서 제공하기 때문에 음료수로 착각하지 않도록 하자.(일전 영국 왕실에서 엘리자베스 여왕이 국가정상 회담 초대한 아시아

국가 대통령과 함께 식사 중 아시아 국가 대통령이 핑거볼을 음료수로 착각하여 마신 경우가 있었다. 이에 초대한 주빈 영국 여왕도 손님이 당황할까봐 같이 마셨다는 일화도 있다)

9. 스푼(Spoon)과 수프(Soup)

❶ 수프(Soup)

- 식사 전 식욕을 돋우고 뒤따르는 음식의 소화를 도와주는 역할을 한다.
- 식사 시 알코올 섭취에 있어 위벽을 보호하는 기능도 있다.

❷ 수프 먹을 때의 매너

- 스푼은 펜을 쥐는 것처럼 손잡이 중간을 잡는다.
- 스푼 전체를 입 안에 넣는 것이 아니라 끝 부분을 입에 대고 자연스럽게 수프가 흘러 내리도록 기울여주기만 한다.
- 소리내지 않고, 뜨겁다고 후후 불어 먹지 않는다.

서양식에서의 수프는 마시는 것이 아니라 먹는다는 의미이며 뜨겁다고 후후 불거나 소리내어 먹지 않으며, 스푼을 사용하여 몸쪽에서 바깥쪽으로 떠먹고 다 먹었을 경우 Soup 스푼을 받침대 위에 놓으면 된다.

❸ 수프의 종류

Consomme(Clear Soup)
맑은 수프

- 콘소메(Consomme) : 고기나 생선의 국물을 삶아 걸러 낸 맑은 국물 형태의 수프이다. 뜨겁거나 차갑게 제공된다.(우리나라의 물냉면 육수, 잔치국수의 멸치육수를 생각하면 된다)

- 보따쥬(Potage) : 걸쭉하고 불투명한 수프이다. 호박, 감자, 콩 등 녹말질이 많은 채소를 걸러 만

Potage(Thick Soup)
전분이 함유되어 걸쭉한 느낌

든 퓌레 수프, 시금치, 콜리플라워 등 녹말질이 적은 채소를 삶아 걸러서 달걀 노른자, 생크림, 밀가루, 버터 등을 넣어 만든 부르터 수프 등이 있다. 명칭은 보통 주재료에 의해서 붙여진다.

출처 : 두산백과

10. 와인잔(Wine Glass)

서양식 테이블 세팅에서 와인잔은 일반적으로 큰 잔이 레드 와인잔, 작은 잔이 화이트 와인잔으로 사용되며 입술이 닿는 곳과 볼록한 몸통을 잡지 않고 손잡이(Stem) 부분을 가볍게 잡아야 한다. 또한 잔을 부딪칠 경우가 생기면 상대편 와인잔 내용물이 약간 흔들리는 정도로 부딪쳐야 하며 세게 밀거나 지나치게 큰소리가 날 정도로 부딪치는 것은 상대에 대한 실례이다.

Stem

11. 빵(Bread)과 버터(Butter)

Good
- 왼쪽에 있는 빵 접시를 사용한다.
- 손으로 한 입 크기로 떼어 먹는다.
- Butter Knife로 Butter를 떼어낸 빵에 발라 한 입에 먹는다.

Bad
- Knife로 빵을 잘라 버터를 바른다.
- 입으로 베어 먹는다.
- 빵으로 버터를 찍어 먹는다.

빵은 약알칼리성으로 서양식 코스 요리에서 음식 고유의 맛을 즐길 수 있도록 혀에 남은 이전 코스의 맛을 씻어주는 역할을 하기 때문에 처음부터 배부르도록 많이 섭취하지 않는다. 취식시점은 수프(Soup) 코스 다음부터 디저트 코스까지 계속해서 제공된다.

자신이 앉은 자리에서 왼쪽 빵 접시가 본인 것이며 한꺼번에 입에 집어 넣거나, 나이프를 사용하여 자르지 않고 한 입 크기만큼 손으로 잘라 먹는다. 버터는 버터나이프를 이용해 자신의 접시로 옮긴 후 발라먹고 영화에 나오는 것처럼 빵을 우유나 수프에 적셔 먹지 않는 것이 원칙이다.

　요즘은 빵에 버터 대신 올리브 오일을 찍어 먹는 경우도 많은데 이때에는 빵에 올리브 오일을 바르는 것이 아니라 빵을 손으로 잘라 올리브 오일에 살짝 찍어 먹는 것이 올바른 매너이다.

12. 주요리 중 생선요리(Fish Entree)

생선 요리 먹을 때의 매너

- 살 부분만 조리되어 있는 Fillet 스타일의 경우 생선용 나이프와 포크를 사용해서 먹는다.
- 가시째 나오는 생선은 머리와 꼬리를 먼저 잘라 접시 한 쪽에 모아두고 윗면 살을 발라 먹은 후에 생선을 뒤집지 말고 뼈를 그대로 들어내어 아랫면을 먹는다.
- 가시가 입에 있을 경우 손을 이용하기보다는 포크를 사용해서 받아내고 접시 한쪽에 놓는다.

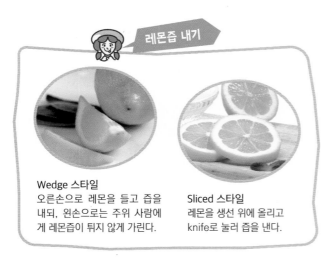

레몬즙 내기

Wedge 스타일
오른손으로 레몬을 들고 즙을 내되, 왼손으로는 주위 사람에게 레몬즙이 튀지 않게 가린다.

Sliced 스타일
레몬을 생선 위에 올리고 knife로 눌러 즙을 낸다.

　부연 설명하면 주요리 중 생선요리는 먼저 준비된 레몬을 가볍게 쥐고 레몬즙을 생선 위에 골고루 뿌린 후 머리쪽부터 순서대로 먹으며 생선을 뒤집지 않고 그대로 두고 뼈만 발라서 본인의 접시 가운데 적당한 곳으로 옮긴 후 다른 편을 취식한다. 생선을 뒤집지 않는 것은 서양이나 동양을 가리지 않는 세계 공통된 매너인 듯 하다.

13. 주요리 중 육류요리(Meat Entree)

❶ 스테이크 먹을 때의 매너

- 한번에 다 잘라놓지 말고, 먹을 때마다 조금씩 잘라 먹는다.
- 함께 나오는 소스는 주방장의 정성과 실력을 의미하기 때문에 먹어 보지도 않고 A1이나 타바스코 소스 같은 Ready-Made 소스를 주문하는 것은 실례이다.

❷ 양고기 먹을 때의 매너

- 보통 뼈 끝부분이 종이로 쌓여 있으므로 그 부분을 왼손으로 잡고 나이프를 이용하여 살코기를 미리 다 잘라내도 된다. 단, 뼈째로 손으로 들고 먹는 것은 삼간다.

주요리 중 육류요리 가운데 소고기 스테이크는 종업원이 익힘 정도를 주문받아 가며, 이때 익힘 정도는 웰던(well-done: 고기 속까지 완전히 익힘), 미디움(Medium: 전체를 100으로 볼 때 약 56~70% 정도 익힘), 레어(Rare: 고기 겉표면만 살짝 익힘)로 자신의 취향에 맞도록 작은 소리로 주문한다. 스테이크 요리는 뜨거운 스테이크 소스를 스테이크의 오른쪽 위에 뿌려 식지 않도록 하는 것이 서양식 테이블 매너이고, 양고기의 뼈 부분을 손으로 들고 먹는 것은 상대방의 불쾌한 시선을 받을 수 있으므로 삼간다.

육류요리에는 테이블 위에 준비된 소금, 후추를 사용할 수 있으며 손이 닿지 않는 곳에 위치해 있는 소금, 후추는 가까운 곳에 있는 상대방에게 양해를 구한 뒤 옮겨 달라고 하면 된다. 후추 사용 시 지나치게 큰 행동을 하여 상대방 음식이나 얼굴에 후추가루가 유입되지 않도록 조심스럽게 뿌리도록 한다.

❶ 새우요리   손을 사용하지 않고 머리를 포크로 고정하고 나이프를 사용하여 새우의 살과 껍질을 분리한 후 마요네즈나 크림소스와 함께 먹는 것이 서양식 매너이며 새우를 통째로 들고 입에 넣지 않는다.

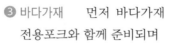

❷ 달팽이 요리(에스카르고)   달팽이 홀더를 이용하여 껍질을 누른 후 포크로 달팽이를 꺼낸다. 달팽이 안의 국물을 마셔도 좋다.

❸ 바다가재   먼저 바다가재 전용포크와 함께 준비되며

- 집게발을 손으로 잡고 몸에서 뜯어내고 머리부분을 손으로 잡은 다음 뜯어낸다.
- 꼬리부분도 위로 꺽어 떼어낸 후 꼬리부분에서 전용포크를 이용하여 반대편으로 살을 밀어내어 꺼낸 후 먹는다.

❹ 구운 통감자   포크와 나이프를 이용하여 포크로 감자를 누른 후 오른손 나이프로 중앙을 X자로 잘라내고 버터를 중앙에 집어넣어 녹인 후 껍질과 함께 먹는다. 감자의 속 살만 먹으면 가슴이 막히는 경우가 있는데 감자의 껍질이 이러한 현상을 막아준다고 한다.

❺ 콩 요리   빵조각을 이용하여 포크로 옮겨 떠먹거나 포크로 콩을 잘개 으깨어서 포크로 떠먹는다.

14. 샐러드(Salad)

게비스랜드 : 유기농 샐러드용 야채를
공급하는 회사

4C : Clean! Cool! Crispy! Colourful!

❶ 샐러드

- 알칼리성 식품으로 육식을 중화하는 역할을 한다.
- 나라에 따라 샐러드가 주요리 전에 나오기도 하고, 주요리 후에 나오기도 한다(영국, 미국에서는 주요리 전에 제공되고 프랑스에서는 주요리 후 제공된다).

❷ 샐러드 먹을 때의 매너

- 포크로만 먹고 너무 크다고 느낄 때는 나이프가 아닌 포크 옆면을 사용한다.
- 두 가지 이상의 Dressing을 섞지 않는다.

샐러드 드레싱의 종류

[Oil Base]
- Vinaigrette
- Italian
- French
- Balsamic

[Mayonnaise Base]
- Caesar
- Ranch
- Blue Cheese
- Honey Mustard

샐러드는 알칼리성 식품으로 육식을 중화시키는 역할을 하고 고기와 같이 먹거나 육류를 섭취한 후 먹으며 한 입에 먹기 힘든 것은 나이프를 이용하지만 되도록이면 포크만 사용하는 것이 좋다. 큰 샐러드 용기에 담은 샐러드는 먹을 만큼만 준비된 전용집게를 이용하여 덜어서 먹으며 한꺼번에 많은 양을 자신의 접시로 옮기거나 샐러드 전용집게를 너무 꽉 잡아 샐러드를 뭉개지게 하거나

35

자신이 좋아하는 것만 골라먹는 행동을 하지 않아야 하며, 식탁에 흘리지 않도록 샐러드 볼(Salad Bowl)을 들고 천천히 옮겨 담도록 유의한다.

15. 치즈(Cheese)

치즈는 소, 양, 산양의 젖을 응축한 고영양 식품으로 레드 와인이나 화이트 와인과 함께 먹으면 치즈 고유의 깊은 풍미를 느낄 수 있다. 특히 디저트 코스 전에 먹으면 이전 코스인 육류의 맛을 제거할 수 있어 좋다. 치즈는 너무 딱딱해지거나 차게 되지 않도록 실온에서 보관하며 보통의 치즈는 삼각형으로 잘라 포크와 나이프를 이용해 먹고 부드러운 치즈는 빵에 발라 먹으며 딱딱한 치즈는 빵이나 비스킷에 올려 먹는다.

대표적 치즈의 종류

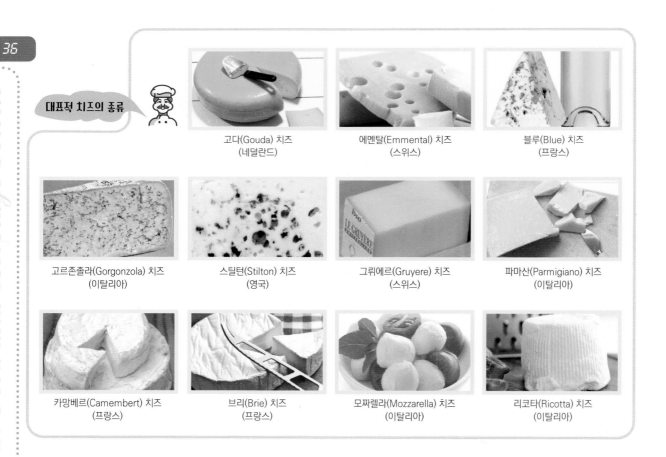

고다(Gouda) 치즈
(네덜란드)

에멘탈(Emmental) 치즈
(스위스)

블루(Blue) 치즈
(프랑스)

고르존졸라(Gorgonzola) 치즈
(이탈리아)

스틸턴(Stilton) 치즈
(영국)

그뤼에르(Gruyere) 치즈
(스위스)

파마산(Parmigiano) 치즈
(이탈리아)

카망베르(Camembert) 치즈
(프랑스)

브리(Brie) 치즈
(프랑스)

모짜렐라(Mozzarella) 치즈
(이탈리아)

리코타(Ricotta) 치즈
(이탈리아)

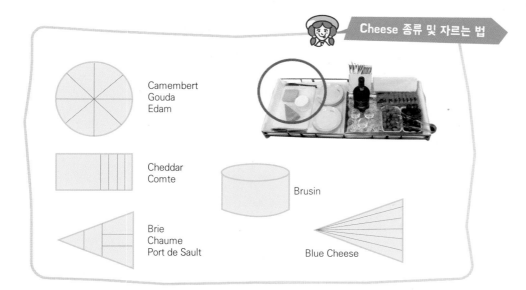

Camembert
Gouda
Edam

Cheddar
Comte

Brie
Chaume
Port de Sault

Brusin

Blue Cheese

Cheese 종류 및 자르는 법

16. 디저트(Dessert)

디저트는 식사의 마지막 부분으로 식사를 화려하게 장식해 주는 역할을 하고 있으며, 디저트의 재료나 양이 이전에 제공된 요리와 적절한 조화를 이루어야 한다. 특히 디저트를 까다롭게 고르는 사람은 음식의 맛을 안다고 할 정도로 서양식에서 디저트가 차지하는 부분이 크다.

먹는 방법은 무스(Mousse)/푸딩(Pudding)은 스푼을 이용하고 파이(Pie)는 포크 또는 스푼을 이용하며 아이스크림, 셔벗(Sherbet)은 포크, 스푼 또는 나이프를 이용한다. 디저트로 나온 음식들이 너무 맛있게 보인다고 지나치게 많이, 빠르게 먹거나 본인 것임을 표시하는 포크를 꽂아 두는 등의 행동은 하지 않는 것이 상식이다.

❶ 디저트
  • 식사의 마지막 부분으로 식사를 화려하게 장식해 주는 역할을 한다.

❷ 생과일을 먹을 때의 매너
  • 포크로 찍어서 입으로 베어먹는 것이 아니라 먹기 좋은 크기로 잘라서 한 입에 먹는 것이 좋다.
  • 과일의 씨는 포크에 뱉어 접시 한쪽에 놓는다.

17. 커피와 홍차(Coffee & Black tea)

- 커피 손잡이를 엄지와 검지, 중지로 가볍게 잡고 마신다. 격식 있는 테이블에서는 받침대를 들고 마시지 않으며 후후, 또는 후르륵 소리내어 마시지 않는다. 사용한 스푼은 사용 후 잔 뒤쪽에 놓는다.
- 홍차 설탕을 넣은 뒤 레몬조각 또는 우유를 넣는다. 레몬은 마시기 전에 꺼내야 하며 서양식 테이블 매너에서 홍차 잔 손잡이의 방향은 오른쪽으로 향하여야 하나 영국에서는 손잡이를 왼쪽에 둔다. 영국에서는 양손 중 왼쪽은 찻잔 오른쪽은 비스킷을 들기 때문이다.

우리나라에서 커피나 차를 마실 때 티스푼으로 설탕과 프림을 넣고 저은 후 한 입 떠서 맛을 보는 사람이 많이 눈에 띄는데 티스푼은 사용 후 입에 넣지 않는 것이 매너이다.

06 서양식 음주 매너

서양에서는 술을 마시지 않는다고 하여 글라스를 식탁 위에 엎어 놓는 것은 금기로 되어 있다. 그러므로 술을 마시지 않을 경우는 서빙하는 사람이 와인을 글라스에 따르려 할 때 "No, thank you."라고 하거나 손가락으로 술이 필요하지 않다는 신호를 서빙하는 사람에게 가볍게 하면 된다. 그러나 건배를 위한 샴페인의 경우 마시지 못해도 약간은 따르도록 하는 것이 예의이다.

한국에서는 상대가 술을 따를 때 술잔을 들어 올리는 습관이 있는데 서양에서는 술이나 물을 따를 때 글라스를 식탁에서 들어 올리지 않는다. 또한 와인이나 물을 글라스에 넘치도록 가득 따르지 않고 글라스의 7부(70%) 정도 따른다.

Q1 포크와 나이프를 떨어뜨렸을 때 직접 주워도 되는가? NO

나이프와 포크를 떨어뜨렸을 경우 당황하지 말고, 다음과 같은 요령으로 행동하면 된다. 종업원에게 가볍게 손을 들어 알린다(이때 '종업원!, 웨이터!, Hello!, 여기요!' 등 큰소리로 부르지 않고 손만 든다). 종업원이 오면 "나이프를 떨어뜨렸습니다. 바꾸어 주시겠어요?"라고 정중히 부탁하고 새 것으로 가져오면 고맙다는 인사를 한다.

Q2 이쑤시개를 써도 되는가? NO

식사가 끝나자마자 이쑤시개를 찾는 사람이 있는데, 서양에서는 정식 만찬 때 이쑤시개를 놓지 않는다. 따라서 손님들도 테이블에서 이쑤시개를 요구하는 것은 매너가 아니다. 이쑤시개가 테이블에 준비되어 있는 경우라도 테이블에서는 사용하지 않는 것이 좋다. 이쑤시개가 없다고 치아 사이에 낀 음식물을 빼려고 쩝~쓥~소리 내는 것은 금물!

Q3 테이블에서 립스틱 정도는 발라도 되나? NO

식후 또는 식사 중에 립스틱을 꺼내 테이블에서 바르거나 화장을 하는 것은 매너에 어긋난다. 참고로 만찬이나 레스토랑 등 식사가 예정되어 있을 때는 립스틱은 연하게 바르는 것이 좋다. 진한 색상의 립스틱은 물잔이나 와인잔에 자국이 남을 수 있기에 피해야 한다.

Q4 왼손잡이는 포크와 나이프를 바꿔서 들어도 되나? YES

가능하다. 기본적으로 포크는 왼손, 나이프는 오른손에 드는 것이 정석이다. 하지만 아무리 노력해도 잘 되지 않아, 오히려 식사하기가 너무 불편하고 오히려 방해가 된다면 즐거운 식사를 위해서 바꿔 들어도 된다. 단, 기본 세팅의 위치를 바꾸지는 않고 코스마다 바꿔 들면 된다. 이럴 경우에는 왼손으로 나이프를 사용하면서 옆 사람의 오른손과 부딪혀 불편함을 끼치지 않도록 되도록 테이블의 가장자리 끝 자리에 앉는 것이 좋다. 만약 원형 테이블이라면 옆 사람과 부딪히지 않도록 좀 더 신경을 써주면 어떨까?

Q5 수프나 소스에 빵을 찍어 먹어도 되는가? NO

간혹 수프에 빵을 적셔 먹거나 Main Dish와 함께 나온 소스에 빵을 찍어 먹는 사람을 보게 되는데, 테이블 매너에 어긋나는 것이라고 할 수는 없다. 하지만 격식을 갖춰야 하는 자리에서는 세련된 매너로 보이지 않기 때문에 가급적 삼갈 것을 권장한다.

Q6 손잡이가 있는 수프 그릇은 들고 먹어도 되는가? YES

손잡이가 있을 경우는 스푼을 사용하지 않고 손으로 들고 마시듯 먹어도 무방하다. 하지만 세련되어 보이지 않아 권장하지는 않는다. 참고로 한 손으로 그릇을 들고 한 손으로 스푼을 들고 떠 먹는 것은 안 된다. 스푼을 놓고 손으로 들고 마시듯이 먹거나, 그릇을 테이블에 두고 스푼으로 떠먹거나 둘 중 하나의 방식으로 하면 된다.

Q7 칼을 사용해도 되는 빵이 있는가? YES

프렌치 토스트나 잼을 바른 빵은 나이프로 한 입 크기로 잘라 먹어도 된다. 하지만 그 외의 빵은 나이프로 자르는 것이 아니라 손으로 한 입 크기만큼 떼어 먹어야 한다.

Q8 뷔페를 먹을 때 지켜야 하는 매너는 무엇인가?

뷔페를 먹을 때에도 되도록이면 전채 – 샐러드 – 주요리 – 디저트 순서로 먹는 것이 좋다.
음식을 담으면서 맛을 보거나 접시에 담았다가 다시 내려놓지 않는다.
접시보다 넘치게 음식을 담지 않으며 같은 집게로 여러 음식을 담지 않는다.
뷔페 식사를 마치고 떠날 때 테이블 위도 정리정돈한다.

39

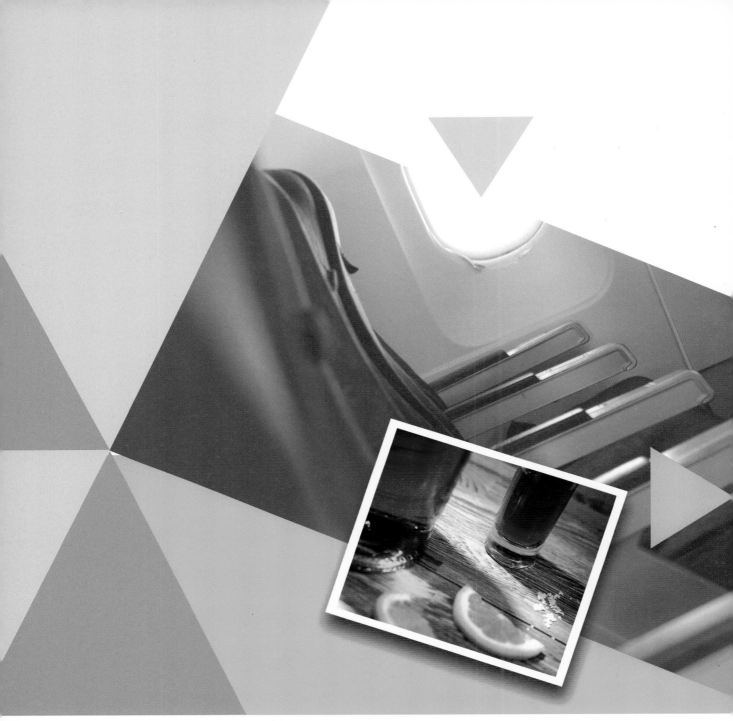

Cabin Food & Beverage Service

03

음료
(Beverage)

Chapter

03 음 료 (Beverage)

 ## 음료(Beverage)의 정의

　음료란 알코올 음료와 비알코올 음료를 모두 총칭하며 비알코올성 음료는 주 스류와 청량음료류, 커피나 차와 같은 기호음료를 포함한다. 이제부터 기내 알 코올 음료와 비알코올 음료에 대해 알아보기로 하자.

출처 : 이인희(2012) 기내서비스 지상운영 백산

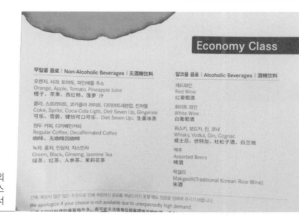

아시아나항공의
이코노미 클래스
음료 안내서

🛎️ 02 알코올 음료의 분류

술(Liquor)이란 앞에서 언급한 알코올 음료(Alcoholic drink)를 말한다. 술의 재료로는 주로 곡물과 과일을 사용하며, 그 제조방법에 따라 분류하면 발효주(양조주), 증류주, 혼합주(Mixed Drink), 혼성주(Liqueur)로 구분되며 서양에서는 식사 전에 마시는 위스키, 식사 중에 마시는 포도주, 식사 후에 마시는 브랜디와 리큐어, 그리고 식사 전과 식사 후에 마시는 칵테일이 모두 발달되어 있다.

1. 제조방법에 의한 분류

(1) 발효주(Fermented liquor): 양조주(Brewed Liquor)

곡물이나 과일을 효모라는 미생물의 작용에 의해 발효(Ferment)한 술로서 양조주(Brewed Liquor)라고도 한다. 맛이 부드럽고 영양칼로리를 함유하고 있는 것이 특징이다. 대체로 알코올 도수가 낮으며 일반적으로 칵테일을 하지 않는다. 보통 맥주가 3~8%, 와인은 8~14%밖에 되지 않으며, 맥주에서의 발효는 양조(Brew)라는 용어를 주로 사용한다. 발효주는 미생물이 들어 있어 보관할 때 주의가 필요하며 알코올 농도가 어느 정도 높아지면 효모 자체의 생육도 방해를 받아 알코올 농도는 일정 농도 이상 높아지지 않는 경향이 있다. 대표적인 발효주 : 맥주, 막걸리, 와인

발효주 - 일반석 장거리 대표적 와인

(2) 증류주(Distilled liquor, sprituous liquor, Intoxicating liquor)

증류주란 양조주를 증류한 고농도 알코올을 함유한 강한 술이다. 곡물로 만든 양조주를 증류하면 위스키, 진, 보드카 등이 되고, 와인을 증류하면 브랜디(Brandy)가 된다.

브랜디와 브랜디잔

증류주는 중세 연금사들이 양조주를 끓여보다가 발견한 술이어서 "Spirits"라고도 부르게 되었으며 현대에서는 실제로 양조주를 증류하지 않고 주정의 단계를 거쳐 바로 증류주를 만든다. 양주에서의 증류주는 위스키와 브랜디가 대표적이다.

기내 일반석에서 제공되는 위스키와 브랜디, 진, 보드카

(3) 혼합 주(혼성주, Mixed drink): 칵테일(Cocktail)

알코올 음료에 다른 성분의 알코올 또는 일반 음료를 섞어 만든 술로서 칵테일을 지칭하기도 한다. 혼합주 중에서도 특히, 알코올분에 약초, 향료, 과즙, 당분 등을 첨가해서 만든 술(리큐어)은 혼성주(Compounded liquor)라고 하며 남성, 여성들에 의해 식전, 식중, 식후주로서 많이 즐긴다.

KE A380 PR 클래스 기내에서 제공되는 칵테일

항공기 일반석에 탑재되는 Miniature 주류의 종류(왼편부터 코냑, 그랜츠위스키, 시바스리갈 위스키, 글랜리빗 위스키, 잭 다니엘 위스키, 앱솔루트 보드카, 비피터 진, 바카디 럼)

2. 마시는 시점에 의한 분류

❶ 식전주(Aperitif)   식사 전 타액과 위액의 분비를 촉진하여 식욕을 돋우는 효과가 있으며 소화를 촉진시키는 식후주와 정반대의 개념이다.(세리(Sherry), 베르무트(Vermouth), 칵테일, 샴페인, 맥주)

❷ 식중주(Meal with drink)   주요리 입맛을 새롭게 하고 소화를 도와주는 역할을 한다. 주로 맥주와 와인을 사용한다.(화이트 와인, 레드 와인, 로제 와인, 보졸레누보 와인 모두 사용)

❸ 식후주(Digestif)   식사 후 소화를 촉진하는 역할을 하며 브랜디, 리큐어(Liqueur)를 말한다. 디저트 코스에서 커피, 차 코스까지 마시며 기내 와인 증류주의 일종인 샌드맨과 브랜디, 식후주로 사용되고, 용어설명과 종류는 아래와 같다.

기내 중거리 일반석
대표적 와인

기내 식후주로 많이
즐기는 샌드맨

◆ 브랜디(Brandy)   와인을 증류하여 알코올 성분을 강화시킨 알코올 음료, 브랜디 전용잔을 한 손으로 감싸 쥔 뒤 체온으로 데우고 가볍게 흔들어 색, 향, 맛을 즐긴다.(샌드맨(Sandman) : 와인을 증류하여 단맛과 알코올 도수를 강화한 와인 알코올 도수 19% - 원산지는 포르투칼이다)

• 사용법 : 식사 후 리큐어 글라스에 따라서 마신다.

03 기내 탑재 리큐어(Liqueur)

보통 독한 증류 알코올인 브랜디에 여러 가지 약초를 넣거나 식물의 뿌리, 씨앗, 꽃을 용해하여 향미가 나도록 한 혼성주로서 설탕 시럽을 전체 양의 2.5% 이상 넣어서 만든다. 전매특허 상표를 가진 리큐어는 대부분이 독특한 비법으로 만들어지는데, 주로 개인 생산업자가 만들어 등록된 상표를 붙여서 판매한

기내에 탑재되는 리큐어 종류

- 마티니(Martini)
- 베네딕틴(Benedictine)
- 꼬엥트로(Cointreau)
- 끄렘드망뜨(Creame de ment)
- 드랑뷔(Drambuie)
- 그랑마니에르(Grand marnier)
- 끄렘드까시스(Creme de Cassis)

다. 프랑스의 전매특허 상표들 가운데 '베네딕틴'은 1510년에 생산되기 시작한 식물 리큐어로서 지금까지 제조법의 비밀이 철저하게 지켜져왔다. 영국산 리큐어 가운데 스카치 위스키에 꿀로 향기를 낸 '드램부이'는 1745년 스코틀랜드에 도입된 프랑스 제조법으로 만들어진다. 멕시코에서 생산되는 '칼루아'와 럼주로 만드는 자메이카산 '티아 마리아'는 커피 향기가 난다. 달콤하고 소화를 촉진하는 성분이 들어 있는 리큐어는 정찬 후에 마시는 음료로 인기가 있다.

(1) 마티니(Martini)

진(Gin)에 베르무트(Vermouth)를 섞은 후 올리브로 장식한 무색 투명한 칵테일이다. 냄새는 향긋하지만 강한 쓴맛이 난다.

- 사용법 : 각종 음료를 섞어 칵테일로 만들어 마신다.

(2) 끄렘드망뜨(Creme de menthe)

시원한 여름 민트 또는 박하향을 맛보는 것 같은 맑거나 초록색의 술 종류이다. 불어로 Menthe는 "박하(Mint)"의 뜻이며, Menthe Green(망뜨 그린)은 "박하 향미의 녹색 Liqueur"를 말한다.

- 사용법 : 박하향이 나며 그냥 마시거나 칵테일 제조로 사용된다.

(3) 베일리스(Baileys)

아이리시 위스키(Irish Whiskey)와 크림으로 만들며, 초콜릿과 바닐라를 첨가하여 만든 세계 최초의 크림 리큐르로 특유의 부드러운 맛이 돋보이는 한편 알코올 도수가 17%나 되는 독한 술이기도 하다.

● 사용법 : Baileys는 Irish Cream과 위스키(Whisky) 그리고 자연향이 결합되어 달콤하면서도 부드러운 맛으로 로맨틱한 알코올 음료로 얼음과 함께 On the Rock로 쉽게 마실 수 있으며 커피와 믹스해서도 마신다.

(4) 꼬엥트로(Cointreau)

꼬앵트로(cointreau)는 오렌지 껍질로 만든 무색의 프랑스산 리큐어로서 도수는 40%(proof 80)이다. 꼬엥트로는 일명 오렌지술이라고도 하는데, 화이트 큐라소(white curacao) 중에서는 최고급품으로 단맛이 강하며 부드러운 맛과 향 때문에 케이크나 디저트를 만들 때 널리 이용되고 있다. 1849년 아돌프 꼬엥트로(Adolphe Cointreau)에 의해 프랑스에서 만들기 시작하였다.

● 사용법 : 투명하나 오렌지 향이 나며 리큐어 글라스에 따라서 마시거나 칵테일 제조에 사용

(5) 캄파리(Campari)

1860년, 밀라노 시에서 가스팔레 캄파리가 비텔 아르소 드랑디아(네덜란드풍 쓴술)로서 창제. 아들인 다비프레이즈 대에 캄파리로 개명. 비타 오렌지, 캐라웨이, 코리안더, 용담의 뿌리 등을 배합해서 만든다.

● 사용법 : 주로 소다수와 함께 섞어 마시거나 칵테일 제조용으로 사용된다.

(6) 끄렘드까시스(Creme de Cassis)

16세기경 프랑스의 성직자들에 의해 최초로 만들어 졌으며 까시스(Cassis)는 프랑스어로, 영어로는 Black Currant(블랙커런트-까막까치주먹밥)라고

한다. 끄렘드까시스는 와인에 까막까치주먹밥 열매를 숙성시켜서 만든 것이다.

● 사용법 : 오렌지 주스에 타서 마시면 색깔이 참 이쁘다.

끄렘드까시스를 만드는 Black Current(요즘 국내에 항산화 물질이 많이 포함되어 있다 하여 유행인 블랙커런트, 까막까치주먹밥)

47

04 와인의 이해

(1) 와인의 분류

색깔에 따른 분류

🍇 **레드 와인(Red Wine)**
적포도의 껍질(skin), 알맹이(Seed), 씨(pip)를 한꺼번에 으깨 과즙을 내어 껍질에 들어있는 붉은 색소와 타닌(tannin)까지 함께 발효시킨다.
- 마시기 적당한 온도 : 12~18도

🍇 **화이트 와인(White Wine)**
청포도와 과즙을 저온 발효하거나, 드물기는 하지만 적포도의 붉은 껍질을 제거하고 알맹이만 압착하여 발효시킨다.
- 마시기 적당한 온도 : 8~12도

🍇 **로제 와인(Rose Wine)**
적포도를 으깨어 색이 우러나는 시점에 껍질을 제거하거나, 발효 전의 화이트 와인을 레드와인 포도즙에 잠시 머물게 해 색을 얻는 방법으로 만든 핑크빛 와인이다.
- 맛은 화이트 와인에 가깝고 보존기간이 짧아 오래 숙성하지 않고 마시는 것이 특징이다.
- 마시기 적당한 온도 : 6~9도

🍇 **주정 강화 와인(Fortified Wine)**
일반 와인에 알코올이나 브랜드 원액을 첨가하여 알코올 도수를 높인(17~22도) 와인이다.
- 마시기 적당한 온도 : 레드(12~18도), 화이트(8~12도)
- 나라별 대표 주정 강화 와인명 – 스페인 : 셰리(Sherry), 포르투갈 : 포트(port), 이탈리아 : 마르살라(Marsala)

🍇 **발포성 와인(Sparkling Wine, Champagne)**
발효가 끝난 와인을 병입(bottling)한 후 설탕 같은 당분과 효모를 첨가해 병 안에서 2차 발효를 일으켜 탄산가스가 와인 속에 용해되도록 만든 와인이다.
원칙적으로 프랑스 상빠뉴(Champagne) 지방에서 생산하는 발포성 와인만 '샴페인(Champagne)'이라 칭할 수 있다.
- 발포성 와인의 나라별 명칭 – 이탈리아 :스부만테(Spumante), 스페인 : 까바(Cava), 독일 : 젝트(Sekt), 영어권 : Sparkling Wine
- 마시기 적당한 온도 : 6~9도
- 발포성이 아닌 일반 와인의 총칭은 스틸 와인(Still Wine)이라 한다.

양조방법에 따른 분류

아이스 와인(Ice Wine)
- 서리나 눈을 맞아 얼은 포도(당도가 높아짐)를 압착하여 만든 와인이다.
- 독일에서 처음으로 만들어졌으며 '아이스바인(Eiswein)'으로 부르고, 캐나다로 건너가면서 상업화 및 대중화가 이루어졌다.
- 당도가 높아 디저트용 와인으로 적합하다.
- 마시기 적당한 온도 : 5~7도

브랜디(Brandy, Cognac)
화이트 와인을 증류하여 얻은 증류주를 오크(Oak)통에서 숙성하여 만든다.
- 브랜디를 대표하는 '코냑(Cognac)'은 샴페인 명칭과 마찬가지로 프랑스 코냑(Cognac) 지방에서 생산된 브랜디만을 코냑이라 칭한다.
- 마시기 적당한 온도 : 상온
(잔을 손으로 감싸 체온으로 덥혀 마시기도 함)

(2) 와인을 만드는 포도의 종류

꺄베르네 쏘비뇽(Carbernet Sauvignon) ▬
레드 와인의 대표 품종이다.
껍질이 두껍고 타닌 성분이 많아 진하고 묵직한 남성적인 맛을 내며, 장기 숙성이 가능하다.

메를로(Merlot) ▬
중간 정도의 타닌과 과일 향을 가지고 있어 부드럽고 온화한 여성적 맛을 가진 품종이다.

삐노 누아(Pinot Noir) ▬
껍질이 얇고 타닌이 적어 빛깔이 연하며, 부드럽고 섬세한 여성적 맛을 지니고 있다.

씨라/쉬라즈(Syrah/shiraz) ▬
꺄베르네 쏘비뇽과 마찬기지로 타닌이 많은 편으로 묵직하고 중후한 빛깔과 맛이 난다.

- **기타 중요 품종**
  꺄베르네 프랑(Cabernet Franc), 말벡(Malbec), 가메(Gamay), 진판델(Zinfandel), 산지오베제(Sangiovese)

샤르도네(Chardonnay)

화이트 와인의 대표 품종이다.
다른 화이트 품종에 비해 와인 빛깔이 황금색
을 띠며, 중후하면서도 부드럽고, 과일 향이 풍
부한 여성적인 맛이 특징이다.

쏘비뇽 블랑(Sauvignon Blanc)

다른 화이트 와인 품종에 비해 와인 빛깔이 연
하며 신선하고 상큼, 깔끔한 맛이 특징이다.

리즐링(Riesling)

기후와 지역의 특성에 따라 와인의 스타일이
달라지는 품종으로 독일에서는 스위트 와인을,
호주와 프랑스 알자스 지방에서는 상큼하고 드
라이한 맛의 와인이 생산된다.

쎄미용(Semillon)

다른 품종과 혼합하여 와인을 생산하는 데 사
용되며 단일 품종으로는 늦수확으로 당도를 높여 스위트 와인을 생산한다.

- **기타 중요 품종**
  게뷔르츠트라미너(Gewurztraminer), 삐노 그리(Pinot Gris), 모스카또(Moscat), 슈냉 블
  랑(Chenin Blanc) 등

(3) 와인병 라벨(Lable) 읽는 법

구대륙 와인 Label(프랑스, 이탈리아, 스페인, 독일 등)

포도 품종의 Label
표기 형식

- 포도의 품종을 표기하
  지 않는 것이 일반적임
- 와인 등급, 생산 지역
  을 중요시 여긴다.

와인 등급

생산 지역

- 구대륙에서는 처음 와인이 생산된 것이 판매를 위해서라기보다는 자체 소비를 위해
  생산되었기 때문에 자기 지역에 가장 잘 맞는 포도 품종으로 와인을 생산해내기 시작
  했고, 자연스럽게 지역만 알면 품종에 대해서는 알 수 있었으므로 굳이 라벨에 품종
  을 표기하지 않았다.

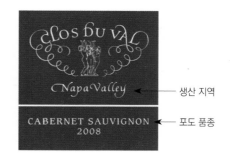

생산 지역

포도 품종

❧ 신대륙 와인 Label(미국, 칠레, 호주, 뉴질랜드, 남아프리카 공화국 등)

– 와인을 만든 주된 포도 품종을 표기한다.
• 신대륙은 구대륙에서 와인에 대해 배워온 생산자들이 새로운 지역에 어울릴 만한 포도를 재배하여 생산하기 때문에 소비자에게 정확한 정보를 제공한다는 차원으로 생산 지역과 포도 품종을 표기하고 있다.

출처 : 쉽고 재미있는 와인 이야기

와인 Label 읽는 법 (프랑스)

프랑스 보르도 지방의 고급 와인임을 의미

빈티지(Vintage) : 생산 연도 = 포도 수확 연도

와인 명

와인 품질 등급*
원산지(지역) 명
메독(MEDOC) 지역의 와인 생산 기준을 지켜 제조됨을 의미

와인 제조 업체명
와인 제조 업체에서 직업 병입(入)함을 의미

생산국(프랑스)

알코올 도수

* 1855년 포도주 등급 분류법(AOC)이 처음으로 만들어진 이후 1900년대 보르도 포도주 분류법은 보르도 포도주들의 품질 향상을 반영하지 못한다는 MEDOC(보르도의 유명한 포도주 생산지) 지역의 포도주 생산자들과 산업 종사자들이 의견을 모아 1923년 새로운 크뤼 브르주아(Cru Bourgeois)라는 분류법을 제안하였으며, 2번의 경연대회를 통해 2003년 최종적으로 순위가 갱신된 와인 품질(등급) 표시이다. [출처 : 위키백과]

RED SHOULDER RANCH' ·········· 생산자(브랜드) 명

Shafer. ·········· 와인 명

2009 ·········· 빈티지(Vintage) : 생산 연도 = 포도 수확 연도
Napa Valley
Carneros ·········· 원산지(지역) 명

CHARDONNAY ·········· 포도 품종

Grown, Produced & Bottled by ·········· 포도 재배, 와인 제조, 와인 병입이 생산자
Shafer Vineyards, Napa, CA   (Shafer Vineyards)에 의해 직접 이루어짐
Alcohol 14.9% by Volume ·········· 알코올 도수

(4) 와인 보관방법

🎵 10~16도 사이에 서늘하면서 진동이 없는 곳이 적당

- 베란다와 같이 계절에 따라 외부 기온에 따라 온도 변화가 있는
  곳, 냉장고와 같이 음식 냄새가 나는 곳은 적절치 않다.
- 서늘한 온도라 하더라도 문을 열고 닫으며 흔들림이 많은 일반
  냉장고의 문에 보관하는 것은 바람직하지 않다.

🎵 습한 곳에 눕혀서 보관

- 너무 건조한 환경이나 세워서 보관할 경우 병 입구의 코르
  크가 말라 공기가 들어가며 산화가 이루어진다.

🎵 어두운 곳에 보관

- 와인 전용 냉장고가 없을 경우 뚜껑이 있는 상자에
  담거나 신문지 등으로 병을 감싸 빛을 차단해 주는
  것도 좋은 방법이다.

• 와인을 차 트렁크 속에

- 차 트렁크는 덜컹거리는 움직임이 심하고 온도도 급
  격하게 올라가는 장소이므로 와인을 보관하기에 매
  우 부적절한 공간이다.
  더운 여름날은 몇 분 만에 와인이 끓어 넘치기도 하니 특별히 유의한다.

(5) 와인과 어울리는 음식 및 와인 마시는 법

▶ Steak
▶ Baby Back Rip
▶ Ram
▶ Chicken
▶ Duck
▶ Ham/Sausage
▶ Pasta/Pizza
▶ Mushroom

Red Wine

▶ Lobster
▶ Crab
▶ Salmon
▶ Prawn
▶ Scallop
▶ Oyster
▶ Salad

White Wine

양념, 소스가 강하고 진한 육류 요리 ◀ 향이 진하고 무게감 있는 Red 오일 : Cabernet Sauvignon, Syrah, Malbec

양념, 소스가 약하고 부드러운 풍미의 육류 요리 ◀ 향과 무게감이 가벼운 Red 와인 : Merlot, Pinot, Noir, Gamay

개운하고 가벼운 풍미의 해산물 ◀ 상큼하고 개운한 White 와인 : Chardonnay, Sauvignon Blanc

달콤한 디저트(케이크, 초콜릿), 짠 음식 ◀ 달콤한 Sweet 와인 : Ice wine

여러 종류의 음식을 따로 주문하여 와인을 정하기 어려울 때 ◀ 중간 정도 무게감 있는 Red wine : Merlot

해산물의 경우 기본적으로 White 와인이 잘 어울리지만 기름이나 버터를 이용해 기름지게 조리하였거나 양념, 소스가 강한 맛을 내는 요리일 경우는 가벼운(Light Body) Red 와인도 잘 어울린다.

호스트 테이스팅 (Host Tasting)

♨ 초대한 사람 또는 와인을 주문한 사람이 와인을 미리 시음하여 이상 여부를 확인하는 절차

와인 명
포도 품종
빈티지

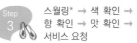

* 스월링(Swirling) ◀ 와인이 든 잔을 돌리는 것(흔드는 것)을 말하며 와인을 공기와 더 많이 접하게 하여 알코올 향을 날려보내고 와인의 향과 맛이 제대로 우러나오게 하는 데 도움을 준다.

Step 1 주문한 와인이 맞는지 학인

Step 2 확인 사항

Step 3 스월링* → 색 확인 → 향 확인 → 맛 확인 → 서비스 요청

53

손 위치
손목을 받치거나
허리선에 둔다.

잡는 위치
Lavel 뒤쪽, 병 하단이 적절하다.

와인잔으로부터 일정한 간
격 유지

X

Tip

* Twist는 잔에 와인을 적정량 따른
후 와인병 입구(목)를 살짝 들어올린
다는 느낌으로 Stop한 후 손목만을
이용해 왼쪽에서 오른쪽(바깥쪽)으로
병을 살짝 돌려줌으로써 따르던 와인
이 병을 타고 흘러내려 테이블에 떨
어지는 것을 방지해 주는 동작이다.

Twist~

따르기 → Stop → Twist*

(6) 와인 따르는 법

샴페인
잔의 2/3선이 가장
바람직하다.

와인
잔의 1/3선이 가장
바람직하다.

Tip

와인 : 스월링을 위해 와인 잔의 절반
을 넘지 않도록 따른다.

샴페인 : 거품이 쉽게 넘치므로 한꺼
번에 따르지 않고 2~3번에
나누어 따르는 것이 Point!

(7) 와인잔의 명칭 및 와인잔 잡는 법

바른 와인잔 잡는 법
& 부위별 명칭

Rim

Bowl

Stem

Base

와인잔 잡는 잘못된 예

(8) 레스토랑에서 가져간 와인 마시기

❶ 코키지(Corkage)

BYOB(Bring Your Own Bottle)라고도 하며 같은 국가라 하더라도 지역, 레스토랑마다 비용은 상이하다.

- 레스토랑이나 와인바에서 손님이 직접 가지고 온 와인에 대해 적정한 비용을 부과하고 와인 오픈, 잔 제공, 와인 서빙 등의 부대 서비스를 제공하는 제도를 의미하며, 이때 지불하는 비용을 코키지 요금(Corkage Fee)이라 한다.

- 코키지 비용(병당)
  한국-병당 1.5~3만원, 미국 20~30달러, 캐나다 10~15달러(또는 인당 5달러) 정도이다.

❷ 건배

- 건배할 때는 잔을 옆으로 15도 정도 기울여 볼록한 Bowl 부분을 부딪치는 것이 바람직하다.
- 시선은 잔을 바라보는 것이 아니라 상대방과 자연스럽게 눈을 맞춘다.
- 먼 자리에 있는 사람과는 잔을 턱 선 높이로 들고 눈을 맞추는 것으로 대신한다.

❸ 마시기

- 윗사람 앞에서 고개를 돌려 마시지 않는다.(윗사람 앞에서 고개를 돌려 마시는 동양의 예절과 다르다)

- 잔을 완전히 비우지 말고 조금 남겨서 첨잔을 받는 것이 바람직하다.

- 동석자의 잔이 비었을 때는 바로 첨잔해 준다.

- 동석자가 와인을 마시기 위해 잔을 들면 같이 잔을 들어 응대해 주는 것이 매너이다.

- 음식과 함께 즐기는 경우 와인을 마시기 전 냅킨으로 입을 닦아 기름기나 음식물 찌꺼기가 잔에 묻지 않도록 한다.

- 격식 있는 자리에서의 지속적인 스월링은 오히려 동석자에게 방해가 될 수 있으니 유의한다.

와인의 이해 인용문헌

- 한권으로 끝내는 와인 특강/전상헌/예문
- 홍재경의 와인 클래스/홍재경/이숲
- 올 댓 와인/조정용/해냄
- 와인의 세계, 세계의 와인/이원복/김영사
- 와인 바이블/케핀 즈랠리, 정미나역/한스미디어
- 서비스 아케데미 와인 상식

05 비알코올 음료

(1) 청량음료(Soft drink)

- 탄산음료　콜라, 다이어트 콜라, 7-up, 스프라이트, 다이어트 7-up, 탄산수, 토닉워터, 진저에일, 페리에 등
- 비탄산음료　생수

(2) 영양음료(Nutritious drink)

- 주스류　오렌지 주스, 포도 주스, 그레이프프루트 주스, 파인애플 주스, 토마토 주스, 구아바 주스, 사과 주스 등
- 우유류(Milk)

(3) 기호음료(Fancy drink)

- 커피류　부르(Brew) 커피, 디카페인 커피, 인스턴트 커피, 에스프레소 등
- 차(Tea)류　홍차, 우롱차, 녹차, 재스민 차, 둥굴레 차 등

FSC(Full Service Carrier) 기내 일반석 비알코올 음료/알코올 음료

(1) 일반석 음료(Beverage)의 종류

● 찬 음료(Cold Beverage)의 종류

생수, 오렌지, 파인애플, 토마토, 구아바 주스, 콜라, 다이어트콜라, 사이다, 토닉워터, 소다워터, 진저에일, 우유

● 뜨거운 음료(Hot Beverage)의 종류

커피(Instant,Brewed, Decaffeinated), 차(홍차, 녹차)

● 알코올성 음료의 종류

레드/화이트 와인, 스파클링 와인(샴페인), 코냑, 진, 보드카, 위스키, 맥주, 칵테일

(2) 음료(Beverage) 서비스 방법

비행 중 음료는 식사 서비스 기준으로 식전에 Aperitif를 제공하고 식중, 후 와인을 제공하며 식사가 끝난 후에는 커피와 차 종류를 제공한다. 특히 음료를 탑승객에게 제공하는 객실승무원은 음료 제공 전 반드시 해당 음료의 특성과 종류 및 제공방법에 대해 사전숙지 하여야 한다. 아래는 기내 음료서비스의 기본에 해당되는 원칙이다.

① 아침식사나 Brunch일 경우 찬 음료 외에 Hot Beverage를 동시에 서비스한다.

② 식사 서비스 시 제공되는 Hot Beverage는 식사 제공 순서와 동일하게 제공한다.

③ 음료의 상표가 부착되어 있는 경우 승객이 바라볼 때 상표의 정면이 보이게끔 제공한다.

④ 음료를 캔으로 제공할 경우 캔은 잔의 왼쪽에 놓는다.

⑤ 캔 음료나 컵을 승객 테이블에 놓을 경우 소리가 나지 않도록 조심해서 제공한다.

⑥ 모든 주스류는 냉장한 상태로 시원하게 제공한다.

⑦ 모든 Soft Drink류는 냉장된 상태에서 얼음과 함께 제공한다.

⑧ Hot Beverage는 반드시 뜨겁게 제공해야 하며, 서비스용 Pot은 사용 전 깨끗한 물로 닦아내고 오염된 외부를 닦아 청결하게 유지한다.

⑨ 뜨거운 음료(커피, 차)는 최소한 1회 이상 Refill하여야 한다.

⑩ 뜨거운 음료는 해당 잔의 7부 정도로 제공하며 어린이 승객에게 제공할 시에는 5부 정도로 제한한다.

⑪ 뜨거운 식, 음료를 제공할 경우에 승객에게 화상을 입히지 않도록 각별히 유의한다.

⑫ 비행 중 승객의 요청에 의해 기내 탑재된 모든 음료가 제공 가능하나, 특히 알코올성 음료의 경우에는 지나친 제공으로 인해 만취 및 난동승객이 발생하지 않도록 유의한다.

(3) 알코올성 음료 제한 승객

다음에 해당하는 승객에게는 알코올성 음료를 제공하지 않는다.

① 제복을 착용한 항공사 직원

② 만 19세 미만의 미성년승객

③ 알코올성 음료를 반출하려는 승객

④ 항공사에서 제공하지 않는 알코올성 음료를 마시는 승객

⑤ 만취승객

(4) 일반석 비알코올성/알코올성 음료 및 서비스 방법

☑ 비알코올성 음료

일반석 기내식 Tray 위에
세팅되는 생수 모습

❶ 생수(Mineral Water)

기내생수는 일반적으로 1.5리터의 플라스틱 병으로 탑재되며 서비스 방법은 차게 하여 원하는 승객에게 개인별로 제공한다. 제공시점은 탑승 후, 이륙 후 및 착륙 전까지 모든 비행시점이다.

탄소 배출량 감소 및 친환경 정책 실천-KE 기내 제공 2020년 무(無)라벨 제주퓨어워터

생수 기내 서비스 시 유의점

- 생수는 냉장하여 얼음 없이 서비스하는 것이 원칙이다. 다만, 충분히 냉장되지 않은 상태이면 컵에 얼음을 넣어 제공한다.
- 생수는 병을 들고 나가 제공해도 무방하나, 컵으로 제공할 경우 승객 Tray 위에 서비스한다.
- 생수를 제공할 경우 생수병의 뚜껑은 완전히 제거하고 서비스한다.
- 대한항공의 경우 2015. 8. 새로 바뀐 기내생수는 이전 사용했던 생수병에 비해 플라스틱이 얇으므로 기내 서비스 시 너무 세게 힘을 주어 잡으면 물이 튀어 승객의 의복이나 신체에 묻을 수 있으니 주의하자.
- 기내에서 승객에게 제공하는 휴대용 생수병의 생수를 다 마신 후 에 물을 채워 달라고 하는 경우가 많으나 한 번 사용한 생수병은 세균 번식의 문제가 있으니 가급적 새로운 생수병을 제공하든가 아니면 컵을 사용하도록 권장한다.

❷ 주스류(Juice)

과실이나 채소를 주원료로 하여 가공한 것으로 직접 또는 희석하여 음용하는 농축 과실즙, 농축 채소즙, 농축 과·채즙, 과실주스와 과채주스, 그리고 과실음료와 과채음료를 말한다. 기내 일반석에서는 오렌지, 파인애플, 토마토 그리고 구아바(Guava) 주스를 제공한다. 10여 년 전만해도 기내 주스류는 큰 Can 타입으로 탑재되었으나 캔의 위험성과 부식 가능성이 있어 현재는 종이로 만든 테트라팩(Tetra Pack) 형태로 탑재된다.

기내에서 제공되는 주스별 원산지 소개 및 뚜껑 개봉 장면

대한항공 기내에 탑재되어 승객에게 제공되는 주스별 원산지와 개봉방법, 용량 그리고 환경적인 문제에 대한 문의가 많아 소개하고자 한다.

오렌지주스

• 용량 : 1리터
• 원산지 : 스페인
• 뚜껑 여는 방법 : 플라스틱 마개를 돌려서 연다.
사용한 팩은 종이재질인 Tetra 팩으로 되어 있어 재활용 가능하다.

파인애플주스

• 용량 : 1리터
• 원산지 : 호주
• 뚜껑 여는 방법 : 플라스틱 마개를 돌려서 연다.
사용한 팩은 종이재질인 Tetra 팩으로 되어 있어 재활용 가능하다.

토마토주스

- 용량 : 1리터
- 원산지 : 미국
- 뚜껑 여는 방법 : 플라스틱 커버를 들어올린 후 비닐을 벗긴다.

사용한 팩은 종이재질인 Tetra 팩으로 되어 있어 재활용 가능하다.

구아바주스

- 용량 : 340ml
- 원산지 : 미국
- 뚜껑 여는 방법 : 금속재질 손잡이를 위로 젖힌다.

Juice류 기내 서비스 시 유의점

- 주스류는 반드시 냉장한 상태에서 승객에게 제공되어야 하며, 객실승무원은 서비스 직전 냉장상태를 반드시 확인한 후 제공하도록 해야 한다.
- 일반석인 경우 차게 제공하며 충분히 냉장되지 않았을 경우 얼음을 넣어 제공한다.
- 냉장 속도를 빠르게 하기 위해 냉장고 안에 드라이아이스를 넣어두어 주스 및 기타 음료수가 냉동되어 버리게 되는 경우가 발생하니 가급적 적절한 시간에 준비하여 음료수의 폐기량을 줄이도록 한다.
- 한 번 준비해 둔 주스류는 재사용이 불가하니 승객수에 맞추어 적절한 음료수 세팅이 필요하다.
- 착륙 전 주스류를 원하는 승객이 있으면 해당 갤리의 음료수를 전부 소진하고 정리된 상태인 경우 일부러 새것을 뜯고 한 잔만 서비스한 후 버리지 말고 다른 갤리나 상위 클래스에 문의하여 원가절감 효과를 누리고 지나친 기내 음료의 낭비를 막도록 하자.
- 주스류는 일반적으로 인천공항 출발 시 왕복분의 주스를 탑재하나 해외공항 케이터링을 이용하여 주문하여 탑재할 수 있는데 그런 경우 해외공항에서 주문한 주스류부터 사용하는 것을 원칙으로 한다.
- 이전 비행에서 사용한 주스류는 재사용하지 않도록 한다.
- 국내선의 경우 패턴비행이 종료되면 사용하고 남은 주스류는 전량 폐기한다.

③ 소프트 드링크류(Soft Drinks)

콜라(Coke)

콜라는 미국을 대표하는 음료로서 열대지방에서 재배되고 있는 콜라열매 (Cola Nut) 속에 있는 콜라두를 가공 처리하여 레몬, 오렌지, 시나몬, 바닐라 등의 향료를 첨가하여 만든다. 콜라두는 벽오동과의 상록 교목으로 서부

아프리카 원산의 재배 식물로 높이는 6~9m, 잎은 길둥글며, 꽃은 황색이고 열매는 15cm 가량의 길둥근 모양으로 속에 4~10개의 씨가 들어 있으며, 씨에는 카페인과 콜라닌이 들어 있어 콜라 음료의 원료로 쓰인다. Coke란 콜라의 열매를 원료로 한 청량음료를 통틀어 이르는 말이며, 기내에서 제일 많이 소비되는 대표적인 Soft Drink류이다.

7 - up

세븐업이란 브랜드명의 유래는 정확히 알려져 있지 않으나 제품에 들어간 성분 7가지와 탄산방울이 위로 올라오는^(up) 모습에서 유래되었다는 설, 초기 제품의 7온스짜리 포장용기에서 유래되었다는 설, 7음절로 이루어진 초기 제품의 이름에서 유래되었다는 설 등이 있으며, 기내에서 Coke 다음으로 많이 소비되는 음료이다.

 Soft Drinks 기내 서비스 시 유의점

- Soft Drink류는 반드시 냉장한 상태에서 승객에게 제공되어야 하며, 객실승무원은 서비스 직전 냉장상태를 반드시 확인한 후 제공하도록 해야 한다.
- 일반석에서는 냉장한 후 플라스틱 컵에 얼음을 넣고 제공한다.
- 단거리 노선, 국내선에서 플라스틱 큰 병(Pet Type)으로 실렸을 경우 충분히 냉장하여 얼음 없이 제공하고 승객이 얼음을 요청하는 경우에는 얼음이 있을 경우에만 제공한다.
- 특히 하절기 국내선인 경우 냉장고 및 얼음이 탑재되지 않으므로 냉장상태에 유의한다.
- 콜라, 사이다, 다이어트콜라, 7UP을 담은 플라스틱 통이나 캔을 일단 오픈하면 재사용이 절대 불가하니 담당구역의 승객숫자를 감안하여 적정량이 오픈되도록 한다.
- 탄산이 완전히 제거된 소프트 드링크류는 거의 설탕물과 다름없으니 한 번 오픈된 것은 가급적 적절한 권유를 통해 소비하도록 한다.
- 콜라와 사이다, 7UP은 아주 찬 상태로 서비스하든가 아니면 얼음을 넣어 서비스해야 한다. 따라서 서비스 직전 냉장상태를 재확인하여야 한다.
- 큰 플라스틱 통에 넣어진 콜라는 사용 시 매우 주의를 요한다. 왜냐하면 바쁜 객실승무원이 급하게 통의 중간을 잡고 올리면 통의 부피가 줄어들면서 내용물이 튀어 승객이나 승무원의 신체, 의복을 손상시킬 수 있기 때문이다. 따라서 대형 콜라를 잡을 때는 바쁘더라도 부드럽게 잡는 연습을 하는 것이 필요하다(저자가 객실 팀원과 함께 일반석에서 카트를 잡고 서비스할 때도 여러 번 목격하여 승객에게 사과 후 닦아드리고 클리닝쿠폰을 제공한 적이 적지 않다).

❹ 믹서류(Mixer)

믹서류란 알코올 음료에 섞어 마시면 고유의 풍미가 살아나고 감칠맛이 나며 스트레이트로 마실 때보다 부드럽게 되는 일종의 탄산음료이다. 기내에서 사용하는 대표적인 믹서류는 진에 넣는 토닉워터(Tonic Water), 클럽소다(Club Soda), 진저에일(Ginger Ale) 등을 들 수 있다.

토닉워터(Tonic Water)　　소다에다 키니네(規郡皮의 엑기스), 레몬, 라임, 오렌지 등 과피의 엑기스와 당분을 배합한 것. 신맛과 함께 산뜻한 풍미를 가지고 있으며, 무색 투명한 색깔을 하고 있음. 제2차 세계대전 후에는 진과 잘 조화시킨 진토닉이란 이름을 가지고 세계적으로 마시게 되었다.

주로 진토닉(Gin Tonic) 제조하는 데 쓰인다.

클럽소다(Club Soda)　　소다수(soda water) 또는 탄산수라고도 한다. 정제된 물에 탄산가스를 압입한 음료. 위스키 등의 증류주의 혼합제로서, 또는 칵테일 등의 재료로 많이 쓰인다. 탄산을 포함한 광천수와 다른 점은 후자가 천연으로 지중에서 용출하는 탄산가스를 포함하는 물인 데 대하여, 전자는 인공적으로 탄산가스를 압입한 것이다. Club soda에는 풍미를 갖추기 위해서 식염 등의 무기질을 소량 첨가하는 것이 많다.

주로 위스키소다(Whisky Soda)를 제조하는 데 쓰인다.

진저에일(Ginger Ale)　　적도 아프리카 잔지바르(Zanzibar), 자메이카(Jamaica), 우리나라에서 생산되는 생강의 향기를 나게 한 소다수(Soda Water)에다 구연산(Citric Acid : 시트르산) 기타 향신료를 섞어 캐러멜 색소에 착색한 청량음료이다.

주로 칵테일보다는 음료수로 많이 마시는 경향이 있다.

믹서류 기내 서비스 시 유의점

- 믹서류를 알코올성 음료에 함께 섞어 마시는 것이 원래의 목적이나 최근에는 믹서류 자체를 요구하는 승객이 많아지고 있다. 따라서 주스나 소프트 드링크류를 냉장할 때 한두 캔씩 함께 넣어두어 승객 요청 시 시원한 상태로 서비스하도록 한다.
- 항공기 내 믹서류는 다른 음료와는 달리 특성상 많은 양이 탑재되지 않는다. 따라서 적당량이 소비될 수 있도록 조절할 수 있어야 한다.
- 기포가 제거된 믹서류는 승객에게 제공되지 않도록 오픈 즉시 제공되어야 하며, 서비스 직전 믹서류의 냉장 및 탄산 함유도를 체크하여 서비스한다.

❺ 페리에(Perrier)

프랑스 남부 베르게즈에서 생산되는 천연 탄산수로 전 세계 탄산수 시장에서 점유율 1위를 고수하고 있다. 프랑스의 내과의사 루이 페리에 박사가 1898년 프랑스 남동부에 위치한 베르게즈의 광천 소유권을 확보하면서 페리에를 생산하기 시작했다. 이후 페리에를 몸에 좋은 신개념 하이테크 음료수로 포장하려는 전략하에 지금과 같은 형태가 되었다. 페리에는 일명 '인디언 체조 클럽'이라 불리는 곤봉에서 착안한 우아하게 굴곡진 병 디자인으로 영국에서 단번에 인기를 끌며 버킹엄 궁전의 저녁 만찬 식탁에도 올랐다.

 페리에 기내 서비스 시 유의점

- 프랑스의 탄산수로 기내에 탑재되기 시작한지는 약 2년 정도 되었다. 주로 상위 클래스에 서비스되는 음료로 처음에는 존재감이 미미하였지만 요즘은 많은 승객이 찾는 기내 음료 중의 하나가 되었다.
- 기내에는 주로 캔 형태로 탑재되며 탑재량이 충분치 않고 원하는 승객은 많아 적절한 소비의 미덕이 요구된다.
- 서비스 시 냉장이 필수이며 얼음과 함께 제공되면 청량감과 특유의 향이 승객에게 멋지게 다가갈 수 있다.
- 탄산이 빠진 페리에는 승객에게 제공하기 부적절하므로 서비스 직전 탄산의 유무를 파악하여 서비스하여야 한다.

❻ 우유(Milk)

우유는 어린 송아지의 유일한 먹이로서 송아지는 어미의 젖으로 생명을 유지하고 정상적인 성장을 할 수 있다. 소의 젖에서 짜낸 우유는 사람에게도 영양가가 높은 것으로 알려져 있다. 인류가 소를 가축으로 사육하기 시작한 것은 약 BC 6000년경으로 추측하는데 우유의 역사도 그만큼 오래된 것으로 짐작할 수 있다. 우유는 BC 4000년경 이미 메소포타미아(이라크)의 우르(Ur)에서 이용한 사실을 보여주는 조각이 발견되었고, 다시 같은 지방의 자르모(Jarmo)에서도 가축화된 소의 뼈가 발견된 것으로 보아 인류가 우유를 최초로 먹기 시작한 역사는 그 이전으로 거슬러 올라갈 것으로 추측된다.

❼ 커피(Brewed Coffee)

커피(coffee)는 힘을 뜻하기도 하고, 에디오피아의 커피나무가 야생하는 지명의 이름인 caffa라는 말이라고도 한다. caffa가 아라비아에서 qahwa(와인의 뜻), 터키에서 kahve, 유럽에 건너가서 cafe, 영국에서 coffee라 불리게 되었다 한다.

커피의 기원

커피의 기원에 관해서는 여러 가지 이야기가 많지만 가장 확실한 설은 에디오피아 고원 아비시니아에 전해지는 이야기로, 칼디(Kaldi)라는 목동이 양떼들이 흥분하여 뛰어 노는 것을 보고 그 원인을 조사하여 본 결과 목장 근처의 나무에서 빨간 열매를 따먹었기 때문이라는 것을 알아냈다. 이 사실을 수도원 원장에게 알려 열매를 따서 끓여 먹어보니 잠을 쫓는 효과가 있고 전신에 기운이 솟는 것을 느꼈고 수도원 다른 제자들도 같은 경험을

3년생 커피나무 –
커피 열매는
5년생부터 열린다.

하게 되었다. 그 후 그 소문이 각지에 퍼져 동양의 많은 나라들에게 전파되고 애용되어 오늘에 이르렀다는 설이다.

커피의 분류

☕ 인스턴트 커피(Instant Coffee)

서구에서는 원두커피와 에스프레소 커피의 비중이 매우 높은 반면에 한국의 커피 문화는 속칭 '달달이'라고 불리는 인스턴트 커피시장이 90%를 상회하고 있다는 점이 특징이다. 인스턴트 커피는 다량 첨가되는 설탕, 크림에 맛을 의존하는 바가 크다 하겠으며 설탕, 크림 없이 마시는 인스턴트 커피를 상상해보면 특별한 사람을 제외하고 즐길 수 있는 정도라고 보기 어렵다. 그러나 인스턴트 커피는 값싸고, 편하고, 빠르다는 대단히 유리한 장점이 있다.

☕ 원두커피(Brewed Coffee)

신선한 원두 Coffee는 설탕, 크림 없이도 커피 자체의 맛을 충분히 즐길 수 있다. 설탕, 크림은 오히려 커피 맛을 즐기는 데 방해가 된다고 생각하는 커피 마니아들도 많다. 유명백화점 및 일부 커피전문점에서 구입할 수 있지만 볶은지 수십일 또는 수 개월이 경과한 것이 대부분이라 할 수 있다. 원두 커피는 보통의 조건에서 볶은지 2주가 경과하면 맛과 향의 50~60%가 소실되며 더구나 분쇄된 상태라면 맛과 향은 매우 빠른 속도로 없어져 버린다.

☕ 향 커피(Flavored Coffee)

향 커피는 1970년대 미국의 작은 커피 로스터들에 의해 개발되기 시작, 오늘날에는 100여 개 이상의 향 커피가 존재한다. 향 커피는 특정 향기를 지닌 기름을 로스팅이 갓 끝난 커피원두에 뿌려 흡수되도록 하는 방식으로 만들어진다. 향 커피는 커피에 위스키를 넣은 아이리시 커피와 같이 알코올이 첨가된 커피를 대체하기 위해 개발되기 시작했다. 그러

67

나 커피를 처음 접하는 사람들과 젊은 층이 선호하는 달콤한 맛이 나는 향 커피 개발이 최근 추세이다. 따라서 첨가되는 향이 헤이즐넛 향이면 헤이즐넛 커피, 바닐라 향이면 바닐라 커피, 아이리시크림 향이면 아이리시크림 커피가 되는 것이다. 그러나 향 커피는 어디까지나 가미된 향을 즐기는 수단이다. 어떤 경우에는 주객전도라는 말이 있듯이 커피 본래의 맛과 향을 즐기기에는 가미된 향이 너무 강하여 커피의 맛과 향을 압도한다.

☕ 에스프레소 커피(Espresso Coffee)

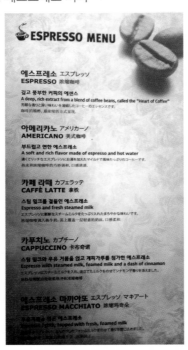

에스프레소도 원두커피라 할 수 있지만 강하게 볶아, 짧은 시간에, 진하게 추출하며, 우유 등 부재료를 첨가하여 여러 가지 맛을 낸다는 점에서 별도의 분야로 취급되어야 할 것이다. 에스프레소는 이탈리아식 커피 즐기는 방법으로 1999년도 즈음에 미국 기업인 스타벅스의 국내 진출이 국내의 에스프레소 대중화되는 계기라 할 수 있다. 기존의 커피나 차는 그 맛을 내고 그 맛을 제대로 즐기기까지는 어느정도의 기초 지식이 필요하다.

☕ Specialty 커피

Specialty 커피도 원두커피이다. 미국이나 유럽 커피 전문가들에게 원두커피로서 그 품질을 충분히 인정받고 있는 커피군이다. 번역한다면 고급 원두커피나 명품 원두커피라 할 수 있다. Specialty 커피의 조건은 원산지, 등급, 커피 이력 등이 충분히 제공된다는 데 있는데, 이는 커피 재배자가 원두커피로서 품질을 확신하고 있다는 것과 같은 의미이다.

🍵 카페인 제거 커피(decaffeinated coffee 또는 decaf)

커피에 함유된 카페인에 예민하게 반응하는 사람들을 위해서 카페인 제거 커피가 개발되었으며, 카페인은 제거 과정에서 카페인의 97%가 제거된다. 카페인을 제거하는 공정은 원두를 볶기 이전에 이루어진다. 가장 대표적인 방법은 탄산가스 추출법으로 탄산가스를 고압으로 액화시켜 카페인에 대한 용해성을 갖게 한 후 이를 원두와 접촉시킨다. 카페인 제거

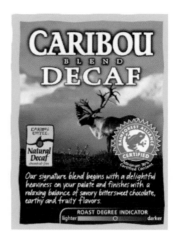

과정에서 커피 본래의 향도 약간의 손실을 감수해야 하는데 그 정도는 카페인 제거 과정이 얼마만큼 정밀하게 시행되느냐에 달렸다. 커피 명에는 보통 decaf 표시를 한다.

좋은 커피 제조 요령

커피는 70℃ 정도의 온도가 가장 맛이 있다. 좋은 커피를 만들어 좋은 커피맛을 내려면 여러 가지 조건을 충족시켜야 한다.

🍵 분쇄(Grind) 커피를 적당한 크키로 분쇄한다. 커피는 분쇄하면 맛과 향의 손실 속도가 기하급수적으로 빨라지기 때문에 추출 직전에 필요한 만큼을 분쇄하여 사용하는 것이 좋다. 입자의 크기가 일정하고 적합한가를 점검한다.

☕ 추출(Liquid) 정확한 추출법(물의 온도 / 원두의 로스팅, 분쇄상태 / 추출속도와 상호 관련)에

의해 성의 있게 추출되었는지. 추출된 커피는 가능한 즉시 마신다. 추출된 커피 속의 맛과 향을 내는 성분들 중 많은 것들은 시간이 경과하면 휘발되어 사라진다.

☕ 부재료/물 첨가되는 부재료는 완전하게 정수된 물이나 생수를 사용한다. 추출된 커피에는 사용된 물의 맛도 함께 나타난다. 경수보다 연수가 적당하며 냄새가 나는 물은 절대 사용하지 말 것(정수물 이용). 적당량의 커피와 물을 사용한다. 드립 방식의 추출일 경우 한 잔의 커피를 추출하기 위해서 분쇄된 커피 5~7g(커피 스푼으로 1회)에 약 180cc의 물을 사용하는 것이 적당하다. 드립(Drip) 방식 추출의 경우 물의 온도는 94~96C가 적당하다.

🫘 원두의 보관방법

커피는 볶은 후로 시간이 경과하면서 커피향이 휘발 하거나 산화되기 때문에 맛과 향이 소실되어간다. 산소의 양이 많을수록, 주위 온도가 높을수록, 습도가 높을수록 산화 현상은 가속된다. 자외선 또한 커피 맛과 향의 변화에 일조한다. 따라서 커피의 보관은 보통의 경우 공기가 적은 유리 밀폐용

기내 원두커피를 만드는 커피메이커

기 또는 지퍼 등에 담아, 햇빛이 들지 않는 건조하고 서늘한 곳에 하여야한다. 크기는 200~300g 정도를 보관할 수 있는 것이 좋다. 다만 수일간 사용하지 않을 경우 냉동실이나 냉장실에 보관할 수 있다. 이 경우 반드시 밀폐를 완벽히 하여야 한다.

기내 커피 서비스 시 유의점

- 커피는 주문을 받을 때 크림과 설탕 첨가 여부를 물어 서비스한다.
- 커피를 만들기 전 Pot를 물로 깨끗하게 헹군 다음 만들어야 한다.
- 커피의 향과 신선한 풍미를 느끼게 하기 위해 서비스 직전에 Brew시켜 만들어야 하며 바쁘고 시간이 없더라도 풍부한 원두커피의 향을 위해 커피팩을 지상에서 미리 Coffee Maker Rack에 집어넣지 않도록 한다.
  (기내 모든 클래스에 사용되는 커피팩-베개모양으로 생겨서 흔히 객실승무원끼리는 흔히 '필로우팩 Pillow Pack'이라고 한다)
- 오래된 커피는 아낌없이 버리고 항상 새로운 커피를 만들어 제공한다.
- Coffee Maker는 항상 청결하게 유지하여야 한다.
- 상위 클래스에는 에스프레소 커피 제조기가 설치되어 있어 다양한 커피를 제공하고 있다.

기내에서 사용하는
커피팩

기내 커피의 정확한 명칭

기내 커피의 정확한 명칭은 아래와 같다.

내린 커피(×), 브루 커피(×)	→ 원두 커피(O)
프림(×)	→ 크림, 크리머(O)
Decaffein Coffee (×)	→ Decaffeinated Coffee(O)

하지만 승객이 주문 시 사용한 커피 명칭에 대해서는 명칭을 정정해서 언급하는 경우, 가르친다는 인상을 줄 수 있으니 정정하지 말고 그대로 주문내역을 확인하여야 한다.

❽ 녹차(Green Tea)

발효시키지 않은 찻잎(綠茶)을 사용해서 만든 차를 말한다. 차 잎을 따서 바로 증기로 찌거나 솥에서 덖어 발효가 되지 않도록 만든 불발효차이다. 적채한 차의 생잎을 재빨리 증열(蒸煮 : 찌기) 또는 부초(釜炒 : 덖음) 등의 열처리를 행하며 차 잎 중의 산화효소를 위시한 각종의 효소의 활성을 정지시킨 후 건조한 차이다. 차 잎 성분의 변화가 적으므로 회관에 녹색계통이 보존되어 있는 것이 특징이다.

상위 클래스 녹차팩

녹차를 처음으로 생산하여 사용하기 시작한 곳은 중국과 인도이다. 그 후 한국, 일본, 실론, 자바, 수마트라 등 아시아 각 지역으로 전파되었다.

기내에서 제공되는
2가지   녹차

녹차는 동백나무과(Theaceae) 카멜리아 시넨시스(Camellia sinensis)의 싹이나 잎을 발효시키지 않고 가공한 것으로 차

단거리노선에 사용하는
녹차가루, Pot 한 개에
한 팩을 넣어 잘 젓는다.

71

- 녹차는 설탕을 넣지 않고 제공한다.
- 뜨거운 물을 먼저 잔에 제공하고 티백은 뜯지 않은 상태로 서비스한다.
- 시간관계상 한일노선에서는 가루녹차를 사용한다.
- 녹차를 제공 시 함께 제공하는 물이 식지 않도록 보온에 유의한다. 식사 서비스 제공 후 기내 객실승무원이 제일 바쁜 시기이기도 하여 녹차를 우릴 물의 온도를 점검하지 않고 서비스하여 적지 않은 고객 불만을 받고 있다(식었을 경우 지체 없이 Galley로 가서 뜨거운 물로 교환해야 한다).
- 한일노선 단거리 노선 서비스 시 비행시간 관계상 가루녹차를 제공하게 되는데 객실승무원마다 기준이 달라 어떤 때는 2015년 한 여름 한강의 녹차라떼를 연상하리 만큼 진하게 제공될 때가 있으며 제대로 젓지 않아 Pot 아래부분에 뭉쳐 있는 녹차가루를 흔히 볼 수 있으니 주위 승무원과 의논하여 적정량의 녹차가루만 넣고 잘 저어 상쾌한 맛을 즐길 수 있도록 하자.

잎을 화열(火熱 중국식) 또는 증기(일본식)로 가열하여 차 잎 속의 효소를 불활성화시켜 산화를 방지하고 고유의 녹색을 보존시킨 차이다.

세계의 생산량은 약 67만톤(2000년도), 2.75%가 중국에서, 이하 한국, 일본, 인도네시아, 베트남 등에서 생산된다.

녹차의 뜨거운 물은 갤리에 설치되어 있는 Waterboiler를 통해 공급받게 되는데 Waterboiler의 용량이 크지 않아 3Pot 정도 빼내면 다시 가열해야 하므로 바쁜 관계로 계속해서 물을 빼 쓰면 나중엔 가열되지 않은 찬물이 공급되게 된다.

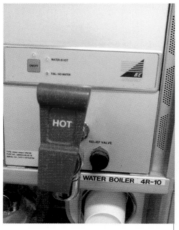

항공기 내 설치되어 있는 Waterboiler

항공기 내 설치되어 있으며 녹차용 뜨거운 물을 제공하는 Waterboiler

❾ 홍차(Black tea)

홍차(紅茶)는 백차, 녹차, 우롱차보다 더 많이 발효된 차(Camellia Sinensis)의 일종이다. 따라서 향이 더 강하며, 카페인도 더 많이 함유하고 있다.

동양에서는 찻물의 빛이 붉기 때문에 홍차(紅茶)라고 부르지만, 서양에서는 찻잎의 검은 색깔 때문에 'black tea(검은색 차)'라고 부른다. 서양에서 'red tea'는 보통 남아프리카의 루이보스 차를 의미한다.

녹차가 그 향을 일 년 내에 잃는 반면, 홍차는 수년간 그 향이 보존된다. 차는 오래 전부터 무역에 사용되었으며, 몽골, 티베트와 시베리아에서는 19세기까지도 찻잎을 압축한 덩어리가 화폐로써 사용되기도 했다. 이는 보이차로 분류되는 차에 대한 기술이지만, 서양 사람은 이것이 자신들이 마시는 홍차와 같은 차로 믿고 있으며, 그들이 저술하는 문헌을 보면 차를 화폐로 사용했다는 내용을 볼 수 있다. 전통적으로 서양사회에 알려진 차는 홍차뿐이었으며, 녹차가 널리 퍼지고 있지만, 지금도 홍차는 서양에서 팔리는 차의 90퍼센트를 넘게 차지하고 있다.

기내 일반석에 제공되는
홍차 – Lipton Tea

기내 홍차(Black Tea) 서비스 시 유의점

- 뜨거운 물을 먼저 잔에 제공하고 티백은 뜯지 않은 상태로 서비스한다.
- 홍차를 제공 시 함께 제공하는 물이 식지 않도록 보온에 유의한다. 식사 서비스 제공 후 기내 객실승무원이 제일 바쁜 시기이기도 하여 홍차를 우릴 물의 온도를 점검하지 않고 서비스하여 적지 않은 고객 불만을 받고 있다(식었을 경우 지체 없이 Galley로 가서 뜨거운 물로 교환해야 한다).
- 홍차 제공 시 승객에게 레몬조각이 필요한가를 문의하여 필요 시 제공한다.
  (녹차 및 홍차를 제공하는 승무원은 Small Tray 위에 기 준비한 레몬조각과 팩형-Pack Type 설탕, 분말크림을 충분히 준비한다)

☑ 알코올성 음료

❶ 와인(Wine)

인류가 포도주를 마시기 시작한 것은 기원전 5천년 전부터인데 확실한 연대는 알 수가 없다. 전해 오는 이야기로는 야생포도가 자연발효된 것을 원숭이가 먹고 취한 것을 인간이 알게 되어 포도주를 만들었다고 한다. 포도주는 순수 포도만을 발효하여 만든 술이기 때문에 도수가 낮고 향과 맛이 좋아 옛날부터 유럽에서는 식사 도중이나 애경사, 제사 때 많이 마셨으며 귀한 손님을 대접할 때 사용, 현재까지도 매우 인기 있는 술로 인정받고 있다. 포도주는 알칼리성 음료로 산성화된 인체를 중화시켜 건강에 좋다. 특히 신진대사, 혈액순환, 한방의학적인 측면에서 우수, 전통 포도주 생산국인 프랑스, 독일, 스페인, 영국, 이탈리아 등에서는 식탁에 반드시 포도주를 곁들인다.

중거리 비행에는 화이트 와인으로 마주앙을 서비스한다.

- 와인은 승객 앞에서 와인병을 보여 드린 후 직접 따라 드린다.
- 일반석에서는 중, 장거리 1st 서비스 시에 제공한다.
- 화이트 와인은 냉장고나 얼음을 이용해 냉장하고 라벨이 상하지 않도록 유의하며 화이트 와인의 적정온도는 6~12도이고 미리 꺼내 놓으면 쉽게 더워지므로 제공온도보다 더 차게 냉장하여야 한다.
- 레드 와인의 서비스 적정온도는 15~20도이다. 온도가 너무 높거나 낮으면 고유의 향이 증발되는 경우가 생기므로 적정온도 유지에 유의한다.
- 와인의 코르크(Cork)는 조심스럽게 빼내어야 하며 빼낸 후 와인 코르크 부스러기가 나올 수 있도록 조금 따라낸다.
- 코르크를 제거한 후 코르크의 냄새를 맡아보며 주위에 곰팡이 등 이물질이 없는지 확인한다.
- 와인은 서비스하기 전 잔에 조금 따라 맛을 보고 향, 색상, 맛의 이상 유무를 파악한다.
- 상한 와인의 경우 레드 와인은 누런색(황토빛)을 띠고 화이트 와인은 갈색(Brown)을 띠므로 색깔을 재확인하고 서비스하여야 한다.
- 와인을 오픈한 경우 반드시 Breathing을 하도록 한다. Breathing이란 와인을 공기와 접촉시켜 맛을 부드럽게 하는 과정을 의미한다.
- Breathing에 적절한 시간은 10~30분이다.
- 승객이 선택한 와인의 종류, 색깔, 생산지를 안내하고 맛보기(Tasting)를 원하여야 한다.
- 와인을 서비스할 때 한 손에 준비한 와인용 린넨으로 와인병 입구에 맺힌 와인 방울을 닦아준다.
- 일반석에서 와인은 최소 1회 이상 리필(Refill)을 실시한다.

❷ 맥주(Beer)

맥주는 보리의 싹을 틔워 만든 맥아로 맥아즙을 우선 만들고 호프를 첨가해 효모균으로 만든 4~5도의 알코올을 함유한 음료이다.

제조과정은 맥아제조-당화-발효-저장을 거쳐서 탄생하며, 기내 일반석에서 맥주의 서비스 방법은 다음과 같다.

기내 일반석 제공 맥주

- 맥주는 항상 냉장하여 제공한다.
- 맥주도 탄산이 많이 들어있으므로 취급 시 떨어뜨리거나 심하게 흔들지 않는다.
- 기내식 서비스 중 바닥에 떨어뜨린 맥주는 다시 카트 위에 올려놓지 말고 갤리 일정 장소에 보관하여 다른 승무원이 서비스하지 않도록 한다.
- 일반석의 경우 맥주컵은 승객의 오른편에 놓고 캔은 왼편에 놓으며 캔에다 컵을 꽂아 서비스하지 않는다(예전에는 한일노선 및 기타 비행시간이 짧은 노선에서 캔 위에 컵을 꽂아 서비스했었다).
- 2022년 8월 현재 대한항공에서는 맥주 2종류(버드바이저, 카스)만 제공하고 있다.

❸ 브랜디(Brandy)

"브랜디"라는 것은 본래 포도를 발효, 증류한 술에 붙인 명칭이었다. 그러나 현재에는 과실을 주원료로 하는 모든 증류주에 대해서 이 명칭이 사용된다.

 기내 브랜디 서비스 시 유의점

- 식후에 서비스하는 것을 원칙으로 한다.
- 기내 일반석에서는 VSOP를 브랜디로 제공한다.
- 보통 스트레이트로 제공하는 것이 원칙이나, 승객이 원할 경우 On the Rocks로도 제공한다.
- 상당히 도수가 높으니 과음하지 않도록 유의하며 서비스한다.

❹ 위스키(Whisky)

영국·미국에서 발달하였으며, 맥아를 주원료로 하여 이것을 당화·발효시킨 후 증류하여 만든 술로, 상업상의 관례에 따라 아일랜드와 미국에서는 'whiskey'라고 표기한다.

켈트어(語) 우식베하(uisge-beatha:생명의 물)가 어원이며, 이것이 어스퀴보(usque-baugh) 그리고 위스퀴보(whiskybae)가 되고 다시 어미가 생략되어 위스키가 되었다. '생명의 물'은 본래 연금술(鍊金術)의 용어로서 라틴어로 아쿠아비타(aqua vitae)라 쓰며, 9세기에 코르도바의 의사가 포도주에서 증류한 '생명의 물'은 알코올이었다. 그 후 프랑스에서는 포도주를 증류한 브랜디를 가리켜 오드비(eau-de-vie:생명의 물)라 불렀다.

시바스리갈

잭다니엘

그랜츠

글랜빗

기내 일반석에서 제공되는 위스키 종류

75

잘 정리된 일반석
주류 Drawer

기내 일반석에서 사용하는 위스키 종류

 기내 위스키 서비스 시 유의점

- 위스키의 제공방법은 스트레이트(Straight), 온더락스(On the Rocks), 에디드워터 (Add Water), 위스키앤체이서(Whisky and Chaser), 위스키앤티(Whisky and Tea), 칵테일(Cocktail)로 만들어서 제공한다.
- 일반석의 경우 항공사별로 다르지만 KE에서는 미니보틀(Mini Bottle)을 사용한다.
- 칵테일로 제공할 경우 칵테일에 맞는 위스키의 종류를 선택하여 서비스한다.
- 위스키와 브랜디 종류는 과음하면 쉽게 주체 못할 정도로 취기가 오르는 경우가 많으므로 객실승무원은 제공하기 전 반드시 승객의 상태를 보고 제공한다. 일반적으로 Miniature 3병을 잔에 담아 얼음과 함께 제공하면 적절하고 그 다음은 상태를 보아가며 제공하며 승객 정보를 다른 객실승무원과 공유하여야 한다.

⑤ 보드카(Vodka)

러시아 슬라브 민족이 아주 즐겨 마시는 국민주라 할 수 있고 특히 캐비어 (Cavir)와 잘 어울리는 술로 알려져 있다. 옥수수, 호밀, 감자, 보리, 고구마를 원료로 사용하며 수십 번 여과해서 순도 높은 보드카를 생산한다.

- 완전히 얼려서 스트레이트로 조금 마시는 것이 일반적이나 칵테일 베이스로도 쓰인다.
- 무색, 무미, 무취의 술이므로 너무 많이 제공하지 않도록 유의한다.

 기내 보드카 서비스 시 유의점

- 기내 탑재되는 보드카는 과음하면 주체 못할 정도로 취기가 오르는 경우가 많으므로 객실승무원은 제공하기 전 반드시 승객의 상태를 보고 제공한다. 일반적으로 Miniature 3병을 잔에 담아 얼음과 함께 제공하면 적절하고 그 다음은 상태를 보아가며 제공하고 승객 정보를 다른 객실승무원과 공유하여야 한다.
- 기내에는 다른 종류의 주류보다 비교적 충분한 양이 탑재된다.

Cabin Food and Beverage Service

❻ 진(Gin)

진은 네덜란드에서 개발하였고 곡식을 발효해 주니퍼베리 (Juniper Berry)라는 열매를 담아 예전에는 해열제로 많이 쓰였고 현대에는 주로 칵테일의 베이스(Base)로 사용되고 있다.

● 베이스(Base) : 칵테일의 기본이 되는 술

기내 진 서비스 시 유의점

● 진(Gin)은 맛도 좋지만 향을 먼저 맡고 마시는 알코올성 음료로서 바쁜 기내이지만 한 번 따라낸 병은 뚜껑을 꼭 닫아 될 수 있으면 향이 날아가지 않도록 한다.
● 칵테일 진토닉(Gin Tonic) 제조 시 원하시는 승객에게 진의 양을 조절할 수 있도록 먼 저 물어 보는 것이 좋다.
● 진은 스트레이트보다는 혼성주(칵테일)로 마시는 경우가 매우 많으므로 항상 가니시 (Garnish)를 미리 준비하도록 한다.

🛎 07 기내 환경과 음료

기내에 탑승한 승객은 상당히 건조한 기내 환경으로 인해 많은 수분의 섭취 가 반드시 필요하다. 따라서 12시간 이상의 장거리를 비행하는 승객은 비행 중 1리터 이상의 수분 섭취가 절대적으로 요구되며 이러한 수분의 섭취는 음료와 식사로 보충하는 경우가 대부분이다. 여객기는 대체로 고도 3만5,000피트(지상 11km)를 비행하고 있으며, 기내의 순환장치가 잘 가동하더라도 기내 공기 중 이 산화탄소의 수치가 높아질 수밖에 없고 건조해지기 마련이다.

따라서 기압이 낮은 기내 에서 알코올성 음료의 섭취 는 지상에서보다 훨씬 몸에 해로우며 지상 10km 이상 을 비행하고 있는 사람의 체 내 산소량은 지상에서보다 3~4% 정도 적어지기 때문에

77

승객들은 약간의 탈수상태에 빠지게 된다. 비행기가 높게 올라갈수록, 기내 공기는 더 건조해지며 기내에서 우리의 몸은 보통 지상에 있을 때보다 하루에 거의 1리터 가까운 수분을 더 잃어버리게 된다. 그러므로 비행 중에는 매 시간마다 탄산이 없는 물이나 과일 주스를 최소한 한 잔은 마시도록 하고 알코올성 음료나 카페인 함유된 음료는 너무 많이 마시지 않는 것이 좋다. 알코올과 카페인은 몸의 수분을 빼앗고 시차로 인한 피로를 가중시키기 때문이다.

기내 기압은 한라산 정상과 같은 6,000피트(약 1,800m)로 평지에서 느끼는 1기압보다 낮다. 비행기 내에서 수분 섭취가 모자랄 경우 탈수증세와 심하면 DVT(이코노미클래스 증후군) 증상을 유발시킬 수 있기 때문에 음료 및 생수 등 반드시 충분량의 수분을 공급해 주어야 한다. 또한 고공에서 카페인과 알코올이 함유된 녹차, 홍차, 각종 주류 등의 음료를 지나치게 많이 섭취할 경우 오히려 체외로 수분이 방출되어 더 심한 탈수증을 유발할 수 있으니 카페인과 알코올 음료의 지나친 섭취는 지양해야 할 것이며 저자는 생수나 주스류를 적극 권장하고 싶다.

Cabin Food & Beverage Service

칵테일
(Cocktail)
의 이해

Chapter

04 칵테일(Cocktail)의 이해

01 칵테일이란?

색깔, 향기, 맛 이 세 가지 성분의 고유맛과 풍미를 살린 예술적 감각음료라고

할 수 있으며, 알코올 음료에 다른 술을 혼합하거나 탄산음료, 과일즙, 향료 등의 재료를 섞어서 만든 것이다. 칵테일은 식전주로서 식욕을 증진시키고 식욕과 마음을 자극하며 분위기를 이끌어낼 수 있어야 한다. 칵테일은 1180년대 이슬람 사회에서 꽃, 식물, 물을 약한 술에 섞어 마시는 음료를 제조한 데서 기인하며 요즘처럼 칵테일을 만들어 마시기 시작한 시대는 약 1870년 독일에서 인공얼음을 발명하여 시작되었다.

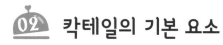

02 칵테일의 기본 요소

❶ 주류(Base)   칵테일의 기본이 되는 술(Liquor)을 말한다.

❷ 믹서류(Mixer)   칵테일의 주류와 섞이는 음료로 탄산수, 토닉 워터, 진저에일 등이 있다.

❸ 가니시(Garnish)   칵테일의 맛을 더하거나 시각적인 매력을 채워주는 재료를 말한다.

❹ 양념(Seasoning)   타바스코 소스, 우스터 소스, 소금, 후추 등의 양념을 말한다.

출처 : www.ncs.go.kr

03 칵테일 제조 방법 5가지

❶ 셰이킹(Shaking)   셰이커라는 기구를 사용하여 얼음과 재료를 넣고 흔들어 혼합하며 충분히 차게 한 뒤 제공하는 방법

❷ 스터링(Stirring)   믹싱 글라스(Mixing Glass)에 얼음을 넣고 스푼을 이용하여 잘 저은 뒤 내용물이 차지면 걸러서 서비스하는 방법

❸ 블렌딩(Blending)   Mixer를 이용하여 과일을 넣고 갈아내며 거품이 많은 펀치(Punch)류의 칵테일을 만들어 제공하는 방법

❹ 머들링(Muddling)   글라스에 직접 만들어서 제공하는 방법

❺ 플로팅(Floating)   재료의 비중을 이용하여 섞이지 않도록 띄우는 방법

04 칵테일 제조에 사용되는 기구

❶ 스트레이너(Strainer)   얼음이 함께 나오지 않도록 걸러 주는 기구

❷ 셰이커(Shaker)   혼성음료를 섞어줄 때 사

용하는 기구

❸ 메저 컵(Measure Cup/계량컵/jigger/zigger/지거)

술이나 주스 등의 양을
정확히 측정할 때 사용
하는 기구

❹ 바 스푼(Bar Spoon)   재료를 혼합하기 위해 사용하는

긴 숟가락

❺ 믹싱 글라스(Mixing Glass)   두툼한 유리 글라스로 술을

섞어줄 때 사용하는 기구

❻ 스퀴저(Squeezer)   과일에서 과즙을 짜낼 때 사용

하는 기구

❼ 아이스픽(Ice Pick)   얼음을 깰 때 사용하는 기구

❽ 아이스 버킷(Ice Bucket)　얼음을 넣어두는 통

❾ 아이스 텅(Ice Tong)　얼음을 집는 기구

❿ 코르크 스크루(Cork Screw)　코르크 마개를 열 때 사용하는 기구

⓫ 머들러(Muddler)　내용물을 휘젓는 나무, 종이, 플라스틱, 철재기구

대한항공: 2022년부터 제공되는 친환경 종이 재질 머들러

05 칵테일 장식하는 방법(Garnish)

　가니시란 칵테일을 제조할 때 제일 마지막 컵 위나 주변을 장식하여 맛과 색 그리고 풍미를 자극하는 장식용 식품을 말하며, 주로 과일의 일부나 껍질을 이용하여 만든다. 기내에 탑재되는 가니시의 종류로는 올리브, 레몬, 체리, 오렌지 등이 있다. 기내 일반석에 제공되는 가니시는 체리, 올리브, 레몬 슬라이스 , 오렌지 슬라이스가 있다.

 가니시 장식하는 방법

- 칵테일에 장식을 할 때에는 잘 어울리는 과일을 고르는 것이 중요하다.
- 단맛의 칵테일에는 단맛의 과일을 장식한다.
- 큰 잔에는 장식을 크게 잔 밖으로, 작은 잔에는 장식이 없거나 작게 잔 안에 넣는다.
- 과일을 장식하는 모양에 따라 각기 명칭이 있다.
  - 슬라이스(Sliced) : 얇게 썬 모양
  - 웨지(Wedge) : 사과를 쪼개듯이 과일을 아래 위로 쪼갠 모양
  - 필(Peel) : 과일의 껍질을 벗긴 껍질

85

06 Base에 따른 칵테일 종류

(1) 위스키로 만드는 칵테일(Whisky Base)

스카치소다(Scotch Soda), 위스키사워(Whisky Sour), 버번콕(Bourbon Coke), 존콜린스(John Collins), 맨해튼(Manhattan)

(2) 진으로 만드는 칵테일(Gin Base)

진토닉(Gin Tonic), 진피즈(Gin Fizz), 오렌지블로섬(Orange Blosson), 톰콜린스(Tom Collins), 마티니(Martini)

(3) 보드카로 만드는 칵테일(Vodka Base)

보드카토닉(Vodka Tonic), 블러디메리(Bloody Mary), 스크루드라이버(Screw Driver)

07 주요 칵테일 제조방법

(1) 위스키로 만드는 칵테일(Whisky Base)

Name	GLS	Ice	Base	Mixer	Garnish
Scotch Soda	T	○	Scotch 1 oz	Soda Water	
Whisky Sour	W	×	Blended 1 oz	Lemon/J -.3 oz	Lemon/s
Jack & Coke	T	○	Jack Daniel's 1 oz	Coke	-
John Collins	T	○	Bourbon 1 oz	Lemon/J 0.3 oz	Lemon/s, Cherry
Manhattan	W	X	Bourbon 1~1.5 oz	Sweet Vermouth 0.7 oz	Cherry

- Scotch Soda 및 Jack & Coke은 Stir한다.
- Whisky Sour은 sugar 1 Tea Spoon을 넣고 잘 저은 후 얼음을 넣고 차게 하여 W/G에 Strain한다.
- John Collins은 Sugar 1 Tea Spoon을 넣고 잘 저은 후 얼음이 든 새 Cup에 붓고 Soda Water를 채운다.

(2) 진으로 만드는 칵테일(Gin Base)

Name	GLS	Ice	Base	Mixer	Garnish
Gin Tonic	T	○	Gin 1 oz	Tonic Water	Lemon/s
Gin Fizz	T	○	Gin 1 oz	Lemon/J 0.3 oz Soda Water	Lemon/s
Orange Blossom	W	×	Gin 1.5 oz	Orange/J 1.5 oz	–
Tom Collins	T	○	Gin 1.5 oz	Lemon/J 0.3 oz	Lemon/s, Cherry
Martini	T/W	○/×	Gin 1.5 oz	Dry Vermouth 0.7 oz	Olive

Martini

- Gin Tonic은 Stir한다.
- Gin Fizz는 Sugar 1 Tea Spoon을 넣고 잘 저은 후 얼음을 넣고 차게 하여 Strain한 다음 소다수를 채운다.
- Orange Blossom은 Sugar 1/2 Tea Spoon을 넣고 잘 저은 다음 얼음을 넣고 차게 하여 Strain한다.
- Tom Collins는 Sugar 1/2 Tea Spoon을 넣고 잘 저은 후 얼음을 차게 하여 Strain한 다음 소다수를 채운다.
- Martini는 Dry로 주문한 경우 Gin의 양을 늘리고 Straight로 주문할 때는 Strain하여 W/G에 준비한다.

(3) 보드카로 만드는 칵테일(Vodka Base)

Name	GLS	Ice	Base	Mixer	Garnish
Vodka Tonic	T	○	Vodka 1 oz	Tonic Water	–
Bloody Mary	T	○	Vodka 1 oz	Tomato/J	Lemon/s
Screw Driver	T	○	Vodka 1 oz	Orange/J	Orange/s
Seoul Love	T	○	Vodka 1 oz	Guava/J 2 oz Lime/J	Cherry, Lemon/s

- Vodka Tonic, Screw Driver, Seoul Love는 Stir한다(Seoul Love Garnish : Cherry & Lemon/S).
- Bloody Mary는 Worcestershire Sauce와 Hot Sauce 2~3방울, Salt, Pepper를 첨가하여 Stir한다.
  (Garnish : Lemon/S)

2015년 7월부터 국내 LCC 항공사에서도 칵테일을 제조 및 판매하고 있다.

08 KE A380 BAR에서 서비스하는 칵테일 종류

앱솔루트 파인애플 블리
스(Absolut Pineapple
Bliss)

재료   보드카 Citron, 파인애플,
레몬, 프레시 민트

앱솔루트 화이트 초콜릿 칵테일
(Absolut White Chocolate
Cocktail)

재료   보드카 바닐라, 커피,
화이트 초콜릿

앱솔루트 플라잉 샴페인 칵테일
(Absolut Flying Champagne Cocktail)

재료   보드카, 아이스와인, 샴페인

앱솔루트 콜린스
(Absolut Collins)

재료 보드카, 레몬, 설탕, 소다수

앱솔루트 페어 디럭스
(Absolut Pear Deluxe)

재료 보드카, 배, 사과, Citrus,
샴페인

앱솔루트 랩스베리 딜라이트
(Absolut Rapsberry Delight)

재료 보드카, Citron, 랩스베리,
소다수

89

09 기내 칵테일 서비스 시 유의점

- Cocktail은 항상 차게 만든다.^(섭씨 4~6도)
- Whisky on the Rocks는 얼음을 먼저 넣고 위스키를 채운다.
- 위스키 스트레이트^(Whisky Straight)는 1온스 정도가 적당하며 Chaser를 주문 받아서 제공한다.
- 믹서^(Mixer)가 발포성인 경우 너무 젓지 않는다.
- 가니시^(Garnish)를 이용하여 장식할 경우 너무 마르지 않고 촉촉한 상태의 가니시를 쓴다.
- 얼음은 항상 단단한 것을 사용하며 녹은 얼음은 쓰지 않는다.
- 설탕이 들어가는 칵테일은 먼저 충분히 저어 설탕을 녹인 후, 얼음을 넣는다.
- 칵테일은 베이스^(Base)를 믹서^(Mixer)와 배합하여 만들며 칵테일의 종류에 따라 설탕, 시럽 등의 감미료와 얼음을 넣고 레몬 슬라이스, 오렌지 슬라이스, 체리 등을 사용하여 화려하게 장식하여야 한다.
- 2022년 8월현재 대한항공에서는 모든 클래스에서 칵테일 제공을 하지않고 있다.

출처 : 칵테일 주류 가이드북

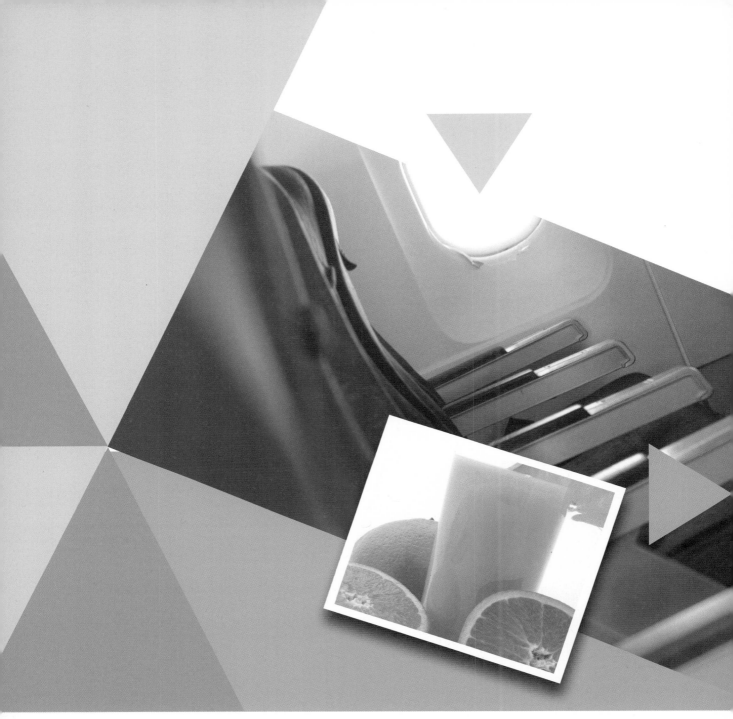

Cabin Food & Beverage Service

05

일반석
서비스 절차

Chapter

05 일반석 서비스 절차

🔔 기내 식음료 서비스 29원칙

1. 기내 식음료 제공 원칙

아시아나항공
쌈밥

아시아나항공
비빔밥

비행 중 식음료 서비스 제공은 항공기 객실승무원이 구역별(Zone)로 역할을 수행한다.

하늘을 날고 있는 비행기 기내에서는 본 교재를 학습하는 예비승무원이 상상할 수 없을 만큼 많은 고객불만이 표출되며 이를 해결하는 제일 좋은 방법은 고객불만이 발생되지 않도록 원인제공을 차단해야 하는 것이다. 식음료 서비스 불만의 주된 원인은 승객의 무리한 요구도 일부 작용하지만 대부분 서비스를 제공하는 승무원이 서비스 원칙을 간과하고 기내업무를 담당할 때 발생된다. 따라서 식음료 서비스를 제공하는 객실승무원은 아래 원칙을 정확히 숙지하고 식음료 서비스를 제공해야 한다. 저자도 약 32년간 객실서비스를 담당하고 관장하는 입장이었지만 고객불만이 발생 했을때 항상 아쉬운 점은 서비스 제공자인 객실승무원이 식음료 서비스 원칙을 지키지 않아 발생한 경우였다고 생각된다. 담당 승무원이 원칙을 지키지 않은 상태

대한항공 일반석 비빔밥

에서 고객불만 발생 시 이 또한 해결하기 힘든 경우가 대부분 이었다.

이제 모든 FSC^(Full service carrier) 항공사가 공통으로 사용하고 있는 29가지 식음료 서비스 규정을 한줄씩 정독하며 몸에 완전히 익도록 학습해야 한다.

① 뜨거운 식음료는 뜨겁게, 차가운 식음료는 차갑게 제공될 수 있도록 한다.

② 뜨거운 음료^(커피, 차, 뜨거운 물)는 항상 복도 측에서 따르고 승객에게 위해 없이 안전하게 제공한다.

③ 기내에서 제공되는 뜨거운 식음료는 화상의 우려가 있으니 안전하게 제공하며, 승객 및 승무원의 화상에 항상 유념한다.

④ 기내식, 음료를 제공할 때 '일사일언[*]'을 잊지 말아야 한다.

⑤ 승무원은 기내식, 음료를 제공할 때 자신의 신체의 일부분이나 옷을 만지지 말아야 한다.

⑥ 기내 음료 및 메뉴 주문은 항상 창측 승객부터 받아야 한다.

⑦ 남녀 승객이 함께 착석해 있을 때 여자 승객을 먼저 배려해야 하고 주문도 먼저 받는다.

⑧ 어린이 동반 승객의 경우에는 어린이 승객에게 먼저 주문받고 먼저 제공한다.

⑨ 노인 승객이 함께 착석해 있을 때는 노인 승객부터 주문받고 제공한다.

⑩ 기내 식음료 제공 전에 항상 먼저 승객의 Meal Table을 펴드린 후 주문 받

* 일사일언 : 승객에게 서비스를 제공하는 행동을 할 때 반드시 한 가지 대화를 하여야 한다는 항공 객실 서비스의 원칙이다.

일반석에서
제공되는 양식

는다.

⑪ 주문한 내용를 재확인하고 복창하여 Order Misssing 또는 착오가 없도록 한다.

⑫ 창측에 앉아계신 승객에게는 정중히 양해를 구하고 직접 Tray Table을 펴실 수 있도록 안내한다.

⑬ 승객을 마주보고 왼편 승객에게는 왼손으로, 오른편 승객에게는 오른손으로 제공하나, 무게가 있는 식음료 또는 Tray를 제공할 경우 편한 손으로 제공해도 된다.

⑭ 식음료 Cart를 사용하여 제공할 때를 제외하고 모든 서비스용품은 Tray Mat를 깐 Tray에 준비하여 제공하여야 한다.

⑮ 제공하는 모든 서비스 용품은 해당 항공사 로고(logo)가 잘 보이도록 하여 제공한다.

⑯ Meal Tray 제공 시 주메뉴인 Entree가 승객 안쪽으로 놓이도록 하여 제공한다.

⑰ 기내 식사 서비스 시 승객의 안전을 위해 Tray가 승객의 머리 위로 지나가서는 안 된다.

⑱ 창측 또는 안쪽에 있는 승객에게 서비스 시 통로 측 승객의 자리를 침범하므로 정중히 양해를 구하고 서비스해야 한다.

⑲ 항공사 Logo(마크)가 새겨져 있는 모든 기용품은 정확한 면을 볼 수 있도록 해야 한다.

⑳ 식음료가 담겨야 하는 부분에 손가락이 닿지 않도록 유의한다.

㉑ 식음료 제공 시 음료는 승객의 오른쪽에 서비스한다.

㉒ 서비스 도중 승무원이나 승객이 서비스용품(나이프, 포크, 냅킨…)을 바닥에 떨어뜨렸을 경우 직접 떨어진 용품을 손으로 집지 말고 냅킨을 이용하여 회수한 후 동일한 새 용품으로 제공하고 떨어진 용품을 손으로 닦거나 입김을

Cabin Food and Beverage Service

불어 닦아내지 않도록 하며 재사용하지 않도록 한다.(승객 불만 다발 요소임)

㉓ 음료 제공 시 위생을 고려하여 항상 컵의 아래 부분을 잡아야 한다.

㉔ 일반석의 경우 모든 음료를 제공할 때에는 반드시 냅킨을 받쳐서 서비스
한다.

㉕ 식사 제공 시 Meal Tray를 포갠 상태에서 승객에게 제공해서는 안 된다.
단, Tray를 회수 시에는 가능하나, 3개 이상 포개지 않도록 유의한다.

㉖ 커피, 녹차, 미역국, 된장국 등 뜨거운 음료나 국을 제공 시에 승객의 화
상 방지를 위해 Meal Table 또는 위에 승무원이 직접 놓아 드리는 것을
원칙으로 한다.

㉗ 음료는 플라스틱 또는 종이컵에 7~8부 정도만 따라 제공한다.

㉘ 장애인 승객이나 어린이에게 음료를 제공 시 또는 기체 요동을 만났을
때는 음료 컵의 반만 제공하고 잠시 후 추가 제공될 것이라는 안내를 하
여야 한다.

㉙ 음료 제공 시 얼음을 넣을 경우 얼음을 먼저 넣고 음료를 따라야 한다.

2. 기내 식음료 회수 8원칙

"회수(Collecting)"라는 의미는 승무원이 제공한 기물이나 식음료를 고객이 취식
한 후 다시 걷어 들이는 절차를 의미한다. 비행 중 식음료 제공 중 뿐만 아니라
제공한 식음료를 회수할 때 적지않은 고객불만이 발생하고 있으며 고객과 객실
승무원의 아름다운 하모니를 위해 아래의 8가지 식음료 회수원칙을 정독하여
완전히 습득할 수 있도록 해야 한다.

① 식음료 회수는 제공한 순서와 동일하게 회수한다. 하지만 식사를 일찍 끝
낸 승객은 승객의 의향을 물어 먼저 회수할 수 있다.

② 식음료 회수 시에는 매번 승객의 만족도를 확인하고 회수 여부를 물어본
후 회수한다.

③ 회수 시에는 제공할 때와 반대로 통로측 승객부터 회수하고 창측 승객이

회수 완료된
Meal cart 내부

식사를 일찍 끝내 오래 기다릴 경우 통로측 승객에게 정중히 양해를 구하고 회수한다.

④ 회수한 Meal Tray는 Meal Cart의 상단부터 채워 나가야 한다.

⑤ Meal Tray 회수 시에는 한 번에 한 개씩만 회수하고 많은 양을 포개어 회수하지 않는다.

⑥ 기내의 모든 Tray 방향은 긴 쪽(장축)이 복도와 평행되도록 잡는다.

⑦ 회수 시 부피가 크거나 무거운 용품은 몸 안쪽으로 놓는 것을 원칙으로 한다.

⑧ 일반석 Meal Tray 회수 시 타월(냅킨, 페이퍼타월, 면타월, Refreshing Towel)을 준비하여 필요한 경우 승객의 Meal Table을 닦아 드려야 한다.

 ## 02 기내 취식 불가 음식, 특별식(Special meal)의 이해

1. 기내 반입 및 취식 불가 개인 휴대 음식

기내에서 근무 하다보면 적지 않은 승객들이 자신이 가져온 음식물을 취식하는 경우가 발견되며 특히 일본인 단체승객은 구운 김, 한국인 단체 여행객인 경우 개인선호 반찬을 직접 만들어 가져와 동료들과 함께 취식하는 경우가 대단히 많이 발생되고 있다. 물론 승객 자신이 집에서 위생적으로 직접 만들어와 취식하는 것이 무슨 잘못이냐고 반문할 경우도 있지만 이는 극히 개인적인 생각이며 식음료를 제공하는 항공사 및 공공위생 입장에서 본다면 외국인 승객이 싫어하는 냄새는 물론 승객이 적절하게 조리되지 못한 음식을 기내식과 함께 취식하고 비행 중 위급한 질병이 발병하는 하는 경우 어쩔 수 없이 비행중인 항공기를 임시로 착륙시켜 발병한 승객을 치료하고 Care 하게 된다.이러한 일련의 과정에서 탑승한 모든 승객과 항공사에 시간적,금전적인 큰 손해를 입히는 경우가 발생하며 함께 탑승한 다른 승객과 승객 본인 그리고 항공사를 보호하기 위해 어쩔 수 없이 기내취식 불가음식 및 취식 가능음식에 관한 4가지 규정을 만들어 시행하고 있다.

① 승객의 위생과 보안 관련하여 승객이 개인적으로 휴대한 음식에 대해 취식 가능 여부를 문의하거나 취식하는 경우 기내에서 불가함을 고지한다.

② 개인적으로 휴대한 라면, 햄버거, 김밥, 김치(볶음 포함), 통조림, 개인휴대 반찬(멸치 볶음, 고추장 볶음, 김, 장아찌 등), 냉장이 필요한 음식(케이크 등)을 드시는 승객에게는 위생 문제 및 냄새 관련하여 안내하고 취식을 제지한다.

③ 자체 발열하여 음식을 데우는 파우치(비상식량, 전투식량 등) 음식을 드시려는 승객에게 기내 위험물 규정을 알려 드리고 취식 불가함을 고지한다.

당뇨환자의 펜타입 인슐린 주사

기내 취식 불가 품목

④ 승객이 개인적으로 소지한 음식 또는 약품을 냉장보관 요청 시 원칙적으로 기내에서 불가함을 공지한다.^(당뇨환자의 펜타입 인슐린 제외)

2. 기내 반입 및 취식 허용 음식

① 변질 우려가 전혀 없고 개별 포장되어 있으며 취식 시 주변 승객의 불쾌감을 유발하지 않는 음식(초콜릿, 과자, 사탕)

② 유아의 보호자가 준비한 이유식, 또는 분유 제조용으로 뜨거운 물을 요청하는 경우

③ Special Meal을 예약 시 요청했으나 탑재되지 않은 경우와 항공사에서 제공하는 Special Meal을 취식하지 못하는 경우는 개인휴대 음식물 취식이 가능하다.

3. Special Meal 개념 / 종류 /서비스 방법

　Special Meal이란 건강과 종교상의 이유나 기념일 축하를 위해 항공 예약 시 특별히 주문하여 객실에 탑재, 서비스되는 식사로서 SHR^{(Special Handling Request,기내} 특별한 주문 및 승객사항을 기록하여 객실승무원이 참고로 하는 문서로서 비행이 종료되면 개인정보 보호를 위해 파기함 SSR-Special Service Reguest라고도 함)에 약어로 등재된다. 객실승무원은 담당구역의 스페셜 밀 주문승객에 대해 정확히 알고 있어야 하며, 탑재 및 기내 서비스에 문제가 발생하면 객실사무장/캐빈매니저에게 즉시 보고하여야 한다.

● "심쿵^^ 스페셜밀 듀티": 객실승무원은 비행전날 객실사무장^(캐빈매니저)이 지정한 개인업무 배정에 의거 당일 비행에서 스페셜밀을 확인하고 제공 하게 되는 담당승무원을 맡게 된다. 스페셜밀 담당승무원으로 배정된 승무원은 컴퓨터를 통해 자신의 듀티를 확인하는 순간 "심~쿵"하며 객실브리핑 때부터 가슴이 답답하고 두근두근 하곤 한다. 왜냐하면 스페셜 밀이라는 것은 말 그대로 기내에서 제조하기가 쉽지 않아 지상확인, 승객확인, 제공시 까지 적지 않은 수고와 책임이 수반되고 취급을 잘못하여 다른 승객에게 잘못 전달하고, 파손 되거나 잃어버리기라도 한다면 4만 피트 상공에서 정말 난감하기 때문이다.

　앞에서 언급했지만 스페셜 밀을 주문하는 승객의 성향을 보면 ① 건강상의 문제 ② 종교상의 문제 ③ 특수한 상황이 동반된 승객이 대부분이라 객실승무원 입장에서 보면 일반 승객과는 달리 보편화된 기내서비스 제공하기에 상당히 까다로운 승객임에는 틀림없다. 따라서 스페셜밀 담당승무원은 비교적 경력이 많은 객실승무원을 배정 하게 되며 개인에게 주어진 큰 책임감에 모든 승무원이 기피하고 선호하지 않는 기내업무라고 할 수 있다.

(1) 영 · 유아식 및 아동을 위한 식사(Infant Meal, Baby Meal, Child Meal)

❶ Infant Meal^(IFML)
태어난 후 12개월까지의 영아를 위한 식사로서 아기용 액상분유와 주스를 말한다.

IFML의 구성은 액상분유 1병과 아기용 주스 1병이다.

❷ Baby Meal(BBML)

태어난 후 12~24개월까지의 유아를 위한 식사로서 아기용 주스와 소화되기 쉬운 음식을 삶아서 갈아놓은 형태를 말하며, 기제조된(Ready Made) 이유식을 말한다. BBML의 구성은 이유식 2병과 아기용 주스 1병이다.

대한항공에서 제공하는 유소아용 생수. 참 아름다운 글귀가 적혀 있으니 모두 한 번씩 읽어 보도록 하자.

❸ Infant/Child Meal(ICML)

태어난 후 24개월 미만의 유아를 위한 식사를 말하며, 신체의 발육이 빨라서 어린이용 식사를 취식할 수 있는 경우에 제공한다.
식사의 내용은 CHML과 동일하다.

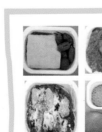

유아에게 소아식 제공
• Meal SVC 내용은 CHML과 동일
• 24개월 이하의 영유아에 해당하나 신체 발육에 빨라 CHML 취식이 가능한 경우, 해당 소아식 제공

❹ Child Meal^(CHML)

만 2세 이상에서 만 12세 미만의 소아, 어린이를 위한 식사를 말한다.
한국 출발편에서는 햄버거, 스파게티, 오므라이스, 돈가스, 샌드위치, 김밥
이 탑재되고, 외국공항 출발편에서는 햄버거, 스파게티, 핫도그, 피자, 샌드
위치가 탑재된다.

제공 메뉴

• 정의
  만 2세 이상 12세 미만의 어린이 고객에게 제공하
  는 어린이 메뉴

• 메뉴 종류
  – 한국 출발편 : Cycle 구분 없이 연간
    Hot Meal 4종 / Cold Meal 2종 운영
  – 해외 출발편(Meal Cycle 구별 없음)
    ICN 왕복 탑재 : 햄버거, 스파게티, 오므라이스,
                  돈가스
  – 현지 탑재 : 햄버거, 핫도그, 스파게티, 피자

아시아나항공사의
어린이 식사
Child Meal

(2) 종교식

종교식이란 특정한 종교를 믿는 승객을 위해 사전 예약 주문대로 제조하여 기내에 탑재된 기내식을 말한다.

❶ Hindu Meal(HNML)

비채식 인도인을 위
한 식사로 소고기나
송아지 고기를 사용
하지 않고 양고기, 가
금류, 해산물과 생선
을 사용하여 제조된

기내식을 말한다. 소고기, 송아지고기, 돼지고기, 날생선 및 훈제생선을 사용하지 않으나 양고기, 닭고기, 익힌 생선, 해산물, 우유제품은 사용한다.

❷ Moslem Meal^(MOML)

이슬람의 회교율법에 따라 알코올, 돼지고기나 돼지의 부산물을 일체 사용하지 않고 제조된 기내식을 말한다. 무슬림의 할랄^(HALAL) 방식으로 만들어지며 알코올, 돼지고기, 햄, 베이컨, 젤라틴이나 돼지의 부산물을 일체 사용하지 않고 쇠고기나 양고기, 닭고기를 할랄 방식에 따라 준비하여 사용한다.

Tip

할랄(HALAL)이란?
과일·야채·곡류 등 모든 식물성 음식과 어류·어패류 등의 모든 해산물과 같이 이슬람 율법하에서 무슬림이 먹고 쓸 수 있도록 허용된 제품을 총칭하는 용어이다. 육류 중에서는 이슬람식 알라의 이름으로 도살된 고기(주로 염소고기·닭고기·쇠고기 등), 이를 원료로 한 화장품 등이 할랄 제품에 해당한다. 반면 술과 마약류처럼 정신을 흐리게 하는 것, 돼지고기·개·고양이 등의 동물, 자연사했거나 잔인하게 도살된 짐승의 고기 등과 같이 무슬림에게 금지된 음식을 '하람(haram)' 푸드라고 한다.

❸ Kosher Meal^(KSML)

주로 이스라엘 국적 유대인 승객이 취식하며 유대교 율법에 따라 조리하고 기도를 올린 것으로 발굽이 갈라지지 않고 통으로 되어있는 동물^(낙타, 말 등 …)의 고기, 비늘이 없는 생선^(뱀장어류, 오징어, 낙지, 문어)을 사용하지 않고 소고기, 양고기를 사용하여 제조한다. 식기는 재사용하는 것을 금지하고 있어 1회용 기물로 사용하고 Sealing이 되어 있다. 유대정교의 신앙을 가진 승객을 위한 식사이며 유대교 고유의 전통의식을 치른 후 조리된 음식이고 어느 항공사든지 완제품을 구매하며 밀봉상태로 탑재하여 객실승무원이 승객의 허락을 득하고 개봉하여 제공한다.

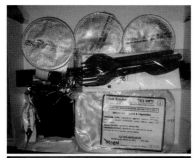

(3) 야채식[Vegetarian Meal(VGML)]

특정한 종교나 지역의 승객들이 주로 이용하는 기내식으로 일반인이 보기에 제조 과정이 어렵게 되어 있고 내용물 및 이름도 특이하니 잘 파악해 두는 것이 필요하다.

❶ Vegetarian Vegan Meal(VGML)

육류, 어류, 동물성 지방, 젤라틴, 계란, 유제품, 꿀을 사용하지 않는 엄격한

서양식 채식이며 일체의 생선, 육류, 육가공품, 동물성 지방, 젤라틴을 사용하지 않고 주로 곡류, 과일, 야채와 식물성 기름을 이용하여 제조하는 기내식을 말한다.

❷ Vegetarian Lacto-Ovo Meal(VLML)

모든 육류, 생선류, 가금류, 동물성 지방, 젤라틴을 사용하지 않으나 계란, 유제품은 포함된 서양식 채식을 말한다.

❸ Vegetarian Hindu Meal(AVML)

생선, 가금류를 포함한 모든 육류와 계란을 사용하지 않으나 유제품은 사용하여 제조된 기내식을 말한다. 따라서 모든 종류의 생선, 육류, 육가공

품, 동물성 지방, 계란은 사용되지 않는다.

④ Vegetarian Jain Meal(VJML)

모든 육류, 생선, 가금류, 유제품, 동물성 지방, 계란 및 양파, 마늘, 생강 등의 뿌리식품을 사용하지 않고 제조된 기내식을 말한다. 야채, 신선한 과일, 곡류, 콩류, 향신료, 시리얼(Cereal), 두부는 사용 가능하다.

⑤ Vegetarian Oriental Meal(VOML)

생선류, 가금류를 포함한 모든 육류와 계란, 유제품을 포함하는 모든 동물성 식품은 사용하지 않으나 야채, 신선한 과일을 사용하고 양파, 마늘, 생강 등의 뿌리식품은 사용 가능한 중국식으로 제조한 동양식 채식이다.

❻ Raw Vegetarian Meal(RVML)

카페인, 방부제, 중독성 가공식품을 사용하지 않고 생과일, 생야채를 사용하여 제조한 기내식을 말하며, 생야채 채식주의자에게 제공하고 유제품과 빵류는 취식 가능한 채식을 말한다.

(4) 건강 조절식

❶ Low Fat Meal(LFML)

콜레스테롤이 높은 고지방 육류, 계란, 농축된 육수, 갑각류 등을 사용하지 않고 저지방 육류, 생선 등을 사용하여 조리한 기내식을 말하며, 조리 시 기름에 튀기거나 볶는 대신 찜이나 굽는 방법을 사용한다. 관상 심장질환, 고지혈증, 동맥경화증 환자를 위한 식사이며 지방 섭취량을 100g, 당 3g, 포화지방 섭취량 100g으로 제한한다. 고섬유질 빵과 시리얼, 과일, 채소는 함께 제공 가능하다.

❷ Diabetic Meal(DBML)

열량, 단백질, 지방 섭취량을 조절하고 식사 시간에 따른 식사량을 배분해 주며 포화지방산의 섭취를 제한한 식사로 주로 당뇨병 있는

승객이 취식한다. 저지방 유제품, 정제되지 않은 곡류가 함유된 빵, 밥 및 시리얼 제품으로 구성되어 있고 껍질을 제거한 가금류, 육류 살코기, 고섬유질 음식은 취식 가능하다.

❸ Low Calorie Meal^(LCML)

칼로리 제한 식사를 원하는 비만환자나 체중조절을 목적으로 열량을 제한

한 기내식을 말하며, 한끼 당 400칼로리 미만의 저 지방, 고섬유식 음식을 의 미한다. 지방함량이 적은 육류, 저지방 유제품, 과 일, 채소류를 제공하며 튀 기는 조리법을 사용하지

않고 고지방의 디저트나 소스류를 제한하는 기내식을 말한다.

❹ Bland Meal^(BLML)

유동식을 말하며 소화기능이 저하된 승객과 위장장애, 수술한 환자 승객 에게 소화되기 쉽도록 만들어진 기내식을 말한다. 튀긴 음식, 강한 향신료, 가스를 유발할 수 있는 야채 및 기름기 많은 음식을 제한하나 껍질을 제거 한 가금류, 육류살코기, 고섬유질 음식은 섭취 가능하다. 일반적으로 항공 사에서는 죽을 제공하고 있다.

⑤ Gluten Intolerant Meal(GFML)

식재료 내의 글루텐 함량을 엄격히 제한한 글루텐 민감성 환자를 위한 식

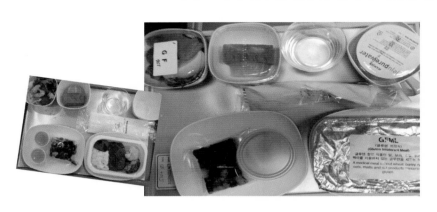

사를 말하며, 글루텐 함량
이 많은 밀, 보리, 호밀, 귀
리, 맥아를 사용하지 않고
쌀, 감자, 고구마, 옥수수, 콩
을 사용하여 제조한 기내식
을 말한다. 두유, 유제품, 과
일, 채소, 육류, 생선, 닭고기
는 제공 가능하다.

⑥ Low Salt Meal(LSML)

간질환, 심장병, 신장병, 심혈관질환자 및 염분이 제한된 식사를 원하는
승객에게 제공하고 하루 염분 섭취를 100g당
120mg 이내로 제한한 식사를 말하며 훈제, 염
장제품을 사용하지 않고 모든 소스도 염분량을
고려하여 제조된 기내식을 말한다. 토마토 케첩
이나 머스터드 같은 제품도 아울러 제한하나 재
료 내 염분량을 고려하여 허용범위 내에서 사용 가능하다.

⑦ Seafood Meal(SFML)

생선과 해산물을 재료로 하여 곡류, 야채, 과일이 함께 제공되는 기내식을

말하며, 주로 동남아
시아 지역 승객이 주
문한다.

⑧ Fruit Platter Meal(FPML)

신선한 과일로만 제조된 기내식을 말한다.

국내 최초 HSC 항공사 에어프레미아 인천/싱가폴 일반석
스페셜밀

⑨ Anniversary Cake(SPMH,SPMA-H:Honey Moon, A:Aniversary)

지름 11cm의 기념케이크이며 생일, 허니문 등과 같이 특별한 날을 기념하
고 축하하기 위한 케이크를 말한다.

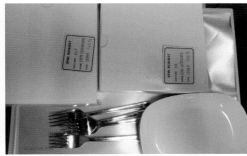

기내에 탑재된 SPMA-
박스를 벗기면 아래에 작
은 케이크가 들어있음

Birthday Cake-인천/김포/부산/제주에서 출발 시 제
공, 지름 11cm

허니문 케이크-인천/김
포/부산/제주에서 출발
시 제공, 지름 11cm

(5) Special Meal 제공방법

① 기내식 탑재점검 담당 객실승무원은 케이터링 직원과 Special Meal 인계 인수 후 탑재내역을 객실관리자/캐빈매니저에게 보고한다.

② 객실관리자/캐빈매니저는 승객 탑승 완료시점에 제공되는 SHR·SSR상의 Special Meal 내역과 대조하여 재확인하며 Special Meal이 탑재되지 않았을 경우 케이터링 담당직원에게 요청하여 조치한다.

③ 승객 탑승 완료 후 갤리담당자(Galley Duty Crew)는 SHR·SSR을 참조하여 Special Meal 주문 승객에게 내역을 확인하며 Special Meal Tag를 승객 좌석과 Special Meal Tray에 부착한다.

④ Special Meal은 항공사별로 상이하지만 KE에서는 객실관리자가 직접 제공하는 것을 원칙으로 한다. 단, 시간이 많이 소요되어 서비스가 지연될 경우 담당자와 역할을 분담한다.

⑤ Special Meal은 일반 기내식보다 먼저 전달하여야 하고, 제공 시 주문 승객과 일치하는지 재확인하며 음료 및 와인도 동시에 제공되어야 한다.

⑥ Kosher Meal(KSML)은 종이박스에 포장되어 스티커가 부착되어 있으며 제공하기 전 주문한 승객에게 박스의 Sealing 상태를 보여드린 후 승객의 동의를 얻어 개봉하고 가열하여 제공한다.

⑦ Child Meal은 서비스 전 내용물의 구성상태를 점검하고 사전 주문받은 음료수와 동시에 제공한다. 어린이가 다수인 경우 내용물이 상이할 수 있으므로 반드시 내용물과 주문내역을 재확인하여야 한다.

⑧ Baby Meal은 Tray상의 랩(Wrap)을 완전히 제거한 후 일회용 타월과 함께 제공하며 Cutlery가 준비되어 있지 않는 경우 Tray 위에 냅킨을 깔고 티스푼, 빨대를 함께 제공한다.

(6) Special Meal이 탑재되지 않았을 경우 조치방법

① 승객이 사전 주문한 Special Meal이 탑재되지 않았을 경우 담당 객실승무원은 승객에게 정중히 사과한 후 객실관리자/캐빈매니저에게 보고하

여 추후 재사과할 수 있도록 한다.

② 객실승무원의 잘못으로 일반 승객에게 Special Meal이 오전달되었을 경우 승객 취식 전일 경우에는 Special Meal을 즉시 회수하고 일반 식사로 제공한다. 승객이 보는 앞에서 회수한 Special Meal을 원래 주문한 승객에게 다시 재전달하지 않고 사과와 함께 가장 비슷한 대체 식사를 고려해 보아야 한다.

③ 예약한 승객의 Special Meal이 탑재되지 않았을 경우에는 승객의 양해를 구하고 의향을 물어보아 가장 비슷한 대체 식사를 제공하여야 하며, 중간 기착지에서 환승할 경우 사전에 연락하여 다음 구간에서 정확히 탑재될 수 있도록 해야 한다.

④ 권유 가능한 대체 음식을 권유하되, 승객이 선택한 음식에 한해 제공하며 객실승무원 임의대로 조리 및 가공하지 않는다.

주의
종교식, 야채식, 식사조절식의 경우 소스, 드레싱, ready made 식품은 현장에서 원재료의 성분 파악이 용이하지 않으므로 권유 지양. 소스, 드레싱은 lemon wedge, slice로 대체 권유 가능

영유아식과 아동식

① 양념이 강하지 않고 부드러운 질감의 주요리, 빵, 과일 및 Dessert, 주스류 권유
② 생후 12개월 미만의 영아에게는 생우유를 권하지 않도록 주의

종교식

① HNML : 쇠고기(송아지고기 포함), 돼지고기, 날 생선 및 훈제 생선 취식 불가
　　　　금기 식재료를 제외한 음식물을 준비하되 내용물을 소개하며 권유
　　　　ICN-BOM-ICN 노선에서 탑재되는 현지식(인도식)은 HNML로 제공 가능
② MOML : 원칙적으로 회교 율법에 따라 제조된 기내식만 취식 가능하며 돼지고기 및 부산물, 알코올 취식 불가
　　　　CAI, DXB, IST, CGK, DPS, KUL에서 탑재된 양식은 MOML로 제공 가능
③ KSML : 유대교 율법에 따라 제조된 기내식(KSML)이 없는 경우 대체 가능 식사는 없으며, 조심스럽게 일반식에 대한 안내를 하고 취식 의사를 파악하여 요청에 따라 제공

참고

ICN : 인천
BOM : 인도 뭄바이
CAI : 카이로
DXB : 두바이
IST : 이스탄불
CGR : 자카르타
DPS : 발리
KUL : 쿠알라룸푸르

113

① 뿌리채소(양파, 마늘, 생강, 당근), 유제품, 계란의 취식 여부를 대화를 통해 우선 파악 필요
② 승객과의 대화를 통해 파악한 것 중, 기내에서 확보 가능한 음식(채소, 과일류 위주)을 권유

식사조절식

① 개인의 건강 상태에 따라 식이조절을 해야 하는 경우로서 대체 기내식 준비가 어려움
② 채소, 과일류 위주의 식품을 우선 안내하되 반드시 승객의 선택에 따라서만 제공

기타 특별식

① 특별식 주문 내용과 목적 우선 파악(기념, 축하 등)
② 누락된 SPML의 주문 목적에 맞는 대체 식사 및 서비스 제공(샴페인, 케이크 등)

03 COVID 19로 인한 FSC 항공사 서비스 절차 변경

2019년 시작된 코로나19는 2021년 12월경 확진자수가 최저치까지 떨어졌고 이에 발맞추어 국내 모든 항공사에서 국내 및 해외 노선을 복구하고 재취항하는 등 항공여객운송 활동을 재개하였으나 2022년 7월 초 일본에서 20만명이 넘는 확진자가 발견되고 한국에서는 7만명의 확진자가 발견되는 등, 다시 확산되기 시작하였다. 따라서 기내서비스 시 객실승무원들의 감염복,고글은 벗었으나 아직까지 마스크는 계속 착용, 서비스에 임하고 있다. 현재 국내 FSC의 대표 항공사인 대한항공의 2022년 9월 , 승객탑승률, 기내 서비스 종류 및 절차는 코로나 이전 수준으로 복귀하였다.

하지만 특이한 점은 현재 장거리 노선의 대부분에서 2nd 기내식 서비스는 착륙 2시간 30분전으로 고정되어 기내식을 제공하고 있다는것이고 일반석 기내식의 종류는 1st 3종류, 2nd 는 2종류 중 1개를 선택하게 되어있다. 아래는 대한항공 장거리 노선(인천/뉴욕)과 국내 최초 하이브리드 항공사(HSC)인 에어프레미아의 중거리 비행(인천/싱가폴)구간 서비스 절차이다.

☑ 코로나 이후 대한항공 ICN/JFK 노선 일반석 기내서비스 절차

〈2022, 08 현재〉

시작 시점	제공되는 기내서비스 내용	실시 장소	시행자
항공기 이륙 전	Demo, Earphone SVC	객실	승무원
Fasten Seatbelt Sign Off 직후	갤리 브리핑	갤리	갤리장
Fasten Seatbelt Sign Off 후	기내식 준비	갤리	갤리장
Fasten Seatbelt Sign Off 후	세팅 완료 후 Meal Cart 상단 음료 및 와인 세팅	갤리	갤리장+승무원
이륙 후 2시간(APX)	1st 기내식 서비스	객실	갤리장+승무원
이륙 후 2시간 15분(APX)	HOT Beverage SVC	객실	승무원
이륙 후 2시간 40분(APX)	1st 기내식 회수	객실	갤리장+승무원
이륙 후 3시간(APX)	Asile Cleaning	객실	승무원
이륙 후 3시간 30분후(APX)	면세품 판매	객실	갤리장+승무원
이륙 후 4시간(APX)	CREW REST	BUNK	All Crew
2nd 서비스전 까지~	In-Between Snack SVC (컵라면 등…교재참조)	객실	갤리장+승무원
착륙 2시간 30분전(APX)	2nd 기내식 서비스	객실	갤리장+승무원
착륙 2시간 전(APX)	2nd 기내식 회수	객실	갤리장+승무원
착륙 1시간 45분 전(APX)	Asile Cleaning	객실	승무원
착륙 1시간 35분 전(APX)	Headphone 회수	객실	승무원
항공기 착륙 후	승객하기		

- ICN/JFK$^{(인천국제공항/뉴욕 존 에프 케네디 국제공항)}$구간의 비행시간 14시간 30분$^{(장거리}$ $^{비행)}$정도임.

- 면 타월 서비스는 제공되지 않으며 Meal Tray 위에 일회용 타월이 준비되어있음.

- 땅콩 서비스는 없어졌으며 Pretzel$^{(프레첼)}$로 대신한다. 일반석 기내 맥주는 Cass , Budweiser 두 가지만 제공.

- Beverage Tray Base SVC는 In-Between Snack SVC에만 실시함.

- 2022년 7월부터 기내식을 제공하는 객실승무원은 마스크만 착용하고 기내서비스함.

  - 갤리장: 해당 갤리에서 L,R Side Asile$^{(좌,우측 복도)}$ 서비스를 맡지 않은 선임

시니어 승무원을 말하고 승무원들의 식음료 서비스지원, 면세품 판매를 주로 담당한다.

- 승무원: 일반석 해당 구역의 L,R Side Asile(좌.우측 복도) 서비스를 맡은 승무원을 말하며 갤리장 보다 후임 승무원이다.

● 2022년 8월 현재 대한항공 일반석 모든 노선에서 칵테일은 제공하지 않고 있다.

● APX: Approximately

☑ HSC 에어프레미아 항공사 ICN/SIN 일반석 기내 서비스 절차

〈2022. 08 현재〉

시작 시점	제공되는 기내서비스 내용	실시 장소	시행자
항공기 이륙 전	Demo, Earphone SVC	객실	All Crew
Fasten Seatbelt Sign Off 직후	갤리 브리핑	갤리	갤리장
Fasten Seatbelt Sign Off 후	기내식 준비	갤리	갤리장
이륙 후 40분(APX)	세팅 완료 후 Meal Cart 상단 음료 및 와인 세팅	갤리	갤리장+승무원
이륙 후 1시간(APX)	1st 기내식 서비스	객실	갤리장+승무원
이륙 후 1시간 30분(APX)	HOT Beverage SVC	객실	승무원
이륙 후 2시간(APX)	1st 기내식 회수	객실	갤리장+승무원
이륙 후 2시간 30분(APX)	Asile Cleaning	객실	승무원
이륙 후 3시간(APX)	면세품 판매	객실	갤리장
이륙 후 3시간 30분(APX)	승객휴식		
착륙40분전(APX)	Headphone 회수	객실	승무원
착륙30분전(APX)	에어 퍼퓸 분사	객실	승무원
착륙 후	승객하기		

● ICN/SIN(인천국제공항/싱가폴국제공항) 구간의 비행시간은 6시간(중거리 비행) 정도임

● 에어프레미아 항공사의 기재는 B787-9 항공기

● 착륙 전 에어 퍼퓸 서비스는 기내 공기를 살균 및 향기롭게 하는 방향 서비스임.

● APX: Approximately

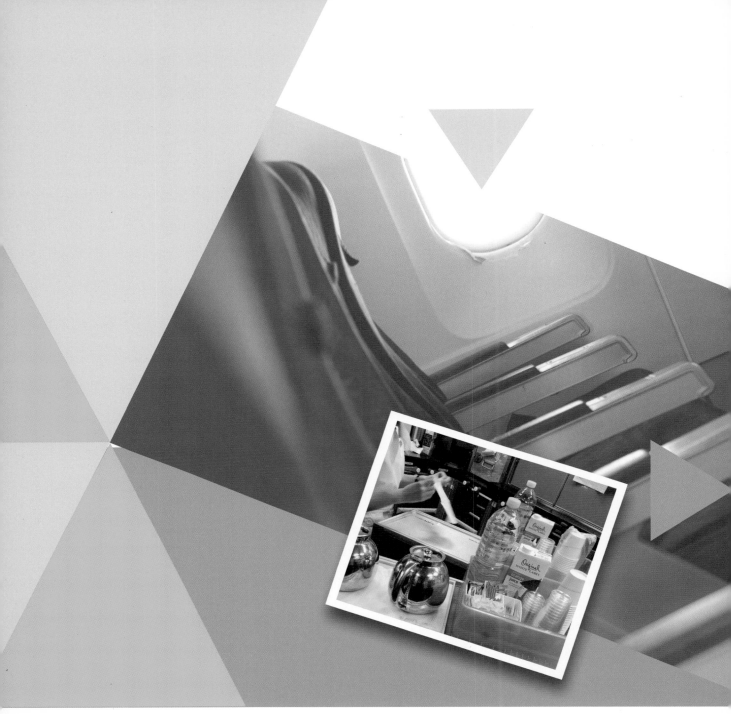

Cabin Food & Beverage Service

단거리/ 중·장거리 기내식 서비스 절차

Chapter

06 단거리 / 중·장거리 기내식 서비스 절차

01 단거리 노선 일반석 서비스 순서

FSC(Full service carrier), LCC(Low cost carrier)항공사의 비행패턴을 보면 단거리,중거리,장거리 패턴으로 나뉠 수 있으며 모든 항공사가 비행기의 회전율과 많은승객, 짧은 구간으로 인해 수익이 많이 발생하는 단거리 노선에 집중하는 것을 볼수 있다. 대부분의 항공사에서 단거리 노선은 2시간 내외의 비행시간을 의미하며 객실승무원 입장에서 보면 짧은시간 내에 지상업무, 안전업무, 기내서비스업무, 면세품판매업무 등 많은 업무를 동시에 처리해야 하므로 정확한 업무지식, 서비스 스킬(Skill)을 소지하지 않으면 같이 비행하는 동료, 탑승승객 에게 적지않은 불편을 끼칠 수 있다.따라서 항공사 객실승무원 사이에서는 단거리 노선을 "퀵 서비스(Quick service)"로 규정하여 호칭하는 경우가 있고 비행전·중·후 업무로드(Work load)가 많이 발생하여 힘들게 생각하는 경우가 대부분 이다.

단거리 노선에서 제공하는 기내식은 노선이 동일하지만 항공사 별로 차이가 있을 수 있다. 따라서 항공사 사정에 따라 전략적으로 COLD MEAL과 HOT MEAL 서비스 노선으로 나뉠 수 있고 서비스 가용시간이 장거리 노선에 비해 현저히 짧음을 감안하여 아래의 설명하는 업무를 숙지하고 사용하는 용어를 확실히 이해 하여야 한다.

(1) Cold Meal(가열하지 않은 기내식-2시간 이하 단거리: 주류 미제공)

플라스틱 컵 ···· / ··· 된장국(미소시루 용기) / ··· 커피, 차용 Tray

커피 Pot / 머들러 세트

Meal cart 준비된 모습

Cold Meal 서비스 순서

Cold Meal with Soup, Hot and Cold Beverage

▼

기내식 회수(Meal Tray Collection) 및 음료수 Refill

▼

Aisle Cleaning

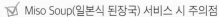
Cold Meal 서비스 시 주의점

- 가열하지 않은 식사를 제공함과 동시에 뜨거운 Miso Soup(일본식 된장국), 커피, 차 또는 음료수를 함께 서비스한다.

☑ Miso Soup(일본식 된장국) 서비스 시 주의점

① 갤리에서 Coffee Pot에 분말 형태의 Soup 8 pack과 뜨거운 물을 8부 정도 부은 뒤, 내용물이 가라앉는 현상을 방지하기 위해 잘 저어준다.

② Meal 제공 시, Soup을 용기에 부어 승객이 저을 수 있는 머들러(Muddler)와 함께 제공하며 뜨거운 국으로 승객이 화상을 입지 않도록 안내한다.

③ Meal과 Soup 제공 후, 밀 카트 상단에 준비된 음료를 주문받아 서비스한다.

④ 회수 시에는 밀 카트 상단에 음료를 준비하여 Refill한다.

- 기내식을 회수하는 과정에서 커피와 차의 Refill을 실시한다.
- 비행시간이 짧은 관계로 매우 바쁘므로 Meal Skip에 각별히 유의하여야 한다.
- 비행시간이 짧은 관계로 식사 제공 시 Tray를 던지듯 놓지말고 공손하게 서비스한다.
- 상기 비행구간에는 오븐 미장착 항공기가 투입될 수 있다.
- Box Meal Type 경우 회수 시 무리하게 쌓으면 무너질 염려가 있으니 지양하도록 한다.
- Meal Skip : 승무원이 바쁜 관계로 다음 순서의 승객에게 식사를 제공하지 않고 깜박 잊어버리는 현상

(2) Hot Meal(가열한 기내식-2시간 초과 단거리: 맥주 1종(카스)만 제공)

Hot Meal 서비스 순서

Hot Meal with Cold Beverage

▼

Hot Beverage

▼

기내식 회수(Meal Tray Collection) 및 음료수 Refill

▼

Aisle Cleaning

❶ Hot Meal Service 준비

가열된 기내식 Entree를
오븐에서 꺼내는 저자

Hot Meal Service 준비 시 유의사항

- 비행시간이 촉박하므로 항공기 출발 직전 기내식 Entree 가열을 시작한다.
- Meal Cart 상단 Drawer 내부에 각종 음료(생수, 오렌지주스, 콜라, 맥주, 소금, 후추, 고추장, 녹차 또는 우롱차, 플라스틱 컵, Small Tray)를 준비한다.
- C-pet Casserole/Film 포장 Hot Meal을 사용하는 경우에는 Meal Cart 바깥쪽 Tray에만 Entree를 세팅하고 안쪽은 그대로 두며 안쪽의 Entree는 Drawer를 이용하여 Meal Cart 내에 보관하여 승객 서비스 직전 Entree를 집어 Tray 위에 세팅하여 제공한다. Film 포장 Hot Meal도 서비스 방법은 동일하다.

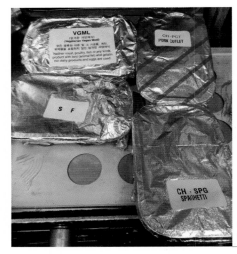

C-pet이란? 기존에는 도자기를 이용하여 Entree를 담았으나 항공기의 경량화, 위생적인 면을 고려하여 일회용 알루미늄 코팅 재질로 만든 Casserole이 사용된다. 다만, 항공기의 경량화에는 성공했지만 외부 충격에 견디는 힘이 예전만 못해 보관이나 취급 시 유의해야 하며 Film 포장 Hot Meal로 대체 중이다.

C-Pet 캐서롤
(알루미늄 호일 사용 앙뜨레)

Film 포장 Hot Meal이란?
2013년도부터 사용하기 시작한 일반석 기내식 Entree 포장방식으로 위생처리되고 열에 강한 일종의 강한 랩을 Entree위에 붙여 사용하는 것으로 지금까지는 일반석에서 알루미늄 포일 대신 사용해 왔다. Film 포장 앙뜨레는 플라스틱 캐서롤을 사용하며 요즘 일반석의 모든 Entree는 Film 포장 으로 진화하고 있다.

 앙뜨레(Entree) : 영어로 Entrance의 뜻을 가지고 있으며, 고대에서는 통째로 찜, 구이를 한 고기를 식사의 처음 코스로 제공하였다. 따라서 '처음 요리'라 하여 Entry(입구)가 Entree의 뜻으로 쓰이게 되었고 요즘에는 중심요리가 된 것이다.

필름포장 생선 앙뜨레 | 필름포장 소고기 앙뜨레

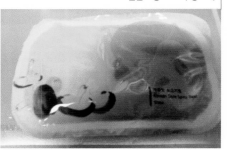

필름포장 앙뜨레에는 우측 하단에 메뉴 표기가 되어 있다.

❷ Hot Meal Service 제공(2시간 이상 단거리)

INC/TPE 구간
Hot Meal Service
하는 저자

Hot Meal Service 제공 시 유의사항

- 객실승무원 2인이 서비스할 경우 Meal Cart는 승객 좌석 6열을 기준해서 중간열에 정지시
  키고 각자 승객의 앞쪽에서 식사와 음료를 신속히 제공한다. 단, 1인이 혼자 서비스할 경우
  3열 단위로 이동시킨다.
- C-PET, 필름포장형 Entree가 사용되는 경우 기 세팅한 바깥쪽 Meal Tray부터 서비스 하
  고 안쪽의 빈 Tray는 Cart 내 Drawer에 보관되어 있는 Entree를 집어 Meal Tray 위에 손
  으로 세팅하여 제공한다.
- 콜라는 냉장된 상태로 얼음을 넣지 않고 제공한다.
- 뜨거운 음료는 승객 컵의 7부 정도 따라 주며 화상 입지 않도록 각별히 주의한다. 만일 승객
  Tray에 컵이 준비되어 있지 않은 경우에는 종이컵을 이용하여 제공한다.
- 2인 1조일 경우 후방의 승무원은 Meal Tray 배포를 전담하고 전방의 승무원이 음료수와
  Hot Beverage를 담당하여 서비스한다.

* 가열하여 뜨거운 식사를 제공함과 동시에 음료수를 함께 서비스
  한다.
* 기내식을 회수하는 과정에서 커피와 차의 Refill을 실시한다.
* 비행시간이 짧은 관계로 바쁘므로 Meal Skip에 각별히 유의 하
  여야 한다.
* 비행시간이 짧은 관계로 식사 제공 시 Tray를 던지듯 놓지 말고
  공손하게 서비스한다.

❸ Hot Meal Service Meal Tray 회수

- Meal Cart 상단에 냅킨, 생수, 오렌지주스, 맥주, 콜라, 커피, 커피크림, 설탕, 녹차 또는 우롱차, 플라스틱 컵을 준비한다.
- Meal Tray 회수 시에는 담당구역별로 1명씩 빈 컵이나 캔 그리고 부피가 많이 나가는 쓰레기를 먼저 수거한 후 Cart를 이용하여 Meal Tray를 회수한다.
- 회수 시 승객의 Table이 깨끗하지 않은 경우 준비된 냅킨, 타월로 닦아야 한다.
- 청결을 위한 복도 점검 시 수거하지 못한 Meal Tray가 없는지 다시 한 번 확인해야 한다.

ICN/TPE 구간
Meal Tray 회수 Cart

🔔 02 중 · 장거리 노선 일반석 1st 서비스

중 · 장거리 노선은 FSC(Full service carrier)항공사 각자 가장 자랑하고 싶어 하는 기내서비스를 제공한다. 사실 해당 항공사의 기내서비스 품질은 중·장거리 노선에서 차별화 될 수 있다고 보며 승객이 항공사의 서비스 평가를 내릴 수 있는 중요한 노선이다. 따라서 FSC(Full service carrier)항공사는 허용할 수 있는 범위 내에서 항공사 자신을 가장 잘 나타낼 수 있는 기내서비스를 제공하게 되며 비교적 서비스 능력이 우수한 객실승무원을 편조(Scheduling)하고, 양질의 식음료를 제공하게 된다. 다음에서 설명하는 기내 식음료 서비스는 국내 대형항공사인 KE 항공 일반석을 중심으로 하여 설명 하기로 한다.

여기서 특이한 사항은 2017년 상반기부터 아시아나항공과 대한항공 기내식 서비스순서에서 달라진 점이라 할 수 있다. 중장거리 1st 기내식 서비스 전 타월과 음료서비스를 따로 제공하지 않고 기다리는 승객을 위해 타월, 음료, 기내식을 동시에 서비스한다는 것이다. 즉 이륙 후 기내식 Cart를 준비하고 Cart 상단에 모든 음료수 및 와인을 세팅하여(아시아나항공에서는 승무원 용어로 카탑-Car top 라고한다) 음료+기내식을 동시에 제공하게 되었다. 기내식 서비스 전 Aperitif(식전음료)제공은 원래 대한항공과 아시아나에서 십수년 동안 해왔던 관행이었으나 식사 전 시장한 승객이 음료 한잔을 마시기 위해 1시간 이상씩 기다리게 하는 것이 이치에 맞지 않고 승객의 불편함이 끊임없이 제기되어 2017년 상반기 1st 기내식 서비스 전 타월과 음료서비스를, 2019년 10월에는 기내 땅콩서비스를 과감히 없애 버렸다.

서비스 순서

비행 편의용품(Amenity Kit, 헤드폰) 서비스
▼
기내식 서비스(Meal Tray) + 음료 + 와인
▼
Coffee, Tea 제공(Hot Beverage)
▼
기내식 회수(Meal Tray Collection)
▼
Aisle Cleaning

(본 교재에서 일반석만을 규정하여 설명하는 이유는 현재 4년제 대학, 2년제 전문대학, 2년제 학점은행제 항공서비스과에서 학습하는 예비승무원이 항공사에 입사하게 된다면 대략 약 5년~6년 동안은 일반석 근무만을 하게 되고 상위클래스로 이동하려면 이후 항공사별로 마련된 "상위클래스 서비스 특별교육"을 이수하게 된다. 따라서 상위클래스 근무까지 너무나도 충분한 시간이 있기 때문에 굳이 상위클래스에 대한 서비스절차 및 기물은 소개하지 않도록 한다.)

03 사진으로 이해하는 중·장거리 노선 일반석 기내식 음료 서비스 절차 및 유의점

❶ 비행 중 편의용품(Amenity Kit, 헤드폰) 제공

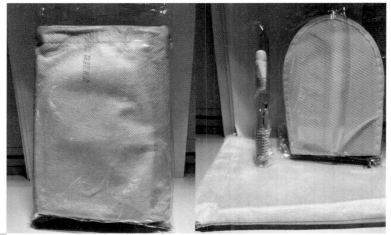

중·장거리 노선에서 제공하는 일반석 Amenity Kit

- Amenity Kit 내용물 : 칫솔, 치약, 슬리퍼, 안대
- 비행기가 고도 안정 후 서빙 카트(Serving Cart)를 이용하여 제공한다.
- 서비스 방법은 서빙카트 위에 Drawer를 놓아 Amenity Kit을 채운 후 각 Zone별로 제공하고 남은 것은 따로 보관하여 재사용할 수 있도록 한다.
- 일인당 1개가 원칙이나 필요 시 추가로 제공할 수 있으며 서비스 후 포장용 비닐은 승객안전(복도 방치 시 미끄러질 수 있음)을 위해 반드시 회수한다.
- 기내 서비스 시 빠르게 서비스하면 던진다는 느낌이 들 수 있는 물건이므로 공손하게 제공될 수 있도록 노력한다.
- 편의용품(Amenity Kit)은 이륙 후 제공하게 되어 있으므로 무리하게 지상에서 승객 좌석에 미리 세팅하지 않도록 한다. 승무원은 미리 준비해 두는 습성이 워낙 강해 모든 준비를 한꺼번에 하려는 경향이 뚜렷하나, 조금 여유를 가지고 서비스에 임하는 편이 경험상 고객 불만을 훨씬 줄일 수 있었다.

2022년 새롭게 제공되는 어린이용 헤드폰

국제선 중 장거리노선 일반석에 제공되는 헤드폰

❷ 비행 중 타월(Towel) 제공방법

2017년 4월까지 일반석(EY/CSL)에서 중·장거리 기내식 서비스 전 일회용 타월(Refreshing Towel)을 타월 바스켓에 담아 승객 개인에게 일일이 제공 하였으나 현재 국내 FSC 에서 일회용 타월은 승객의 편의를 위해 Meal Tray 위에 기내식과 함께 세팅되어 제공 되어 진다.

일반석에서 제공되는 일회용 타월

- 일회용 타월(Refreshing Towel)은 가열 등 별도의 조치 없이 탑재된 상태로 제공하며 고온의 밀폐된 장소에서 오랜 시간 보관할 경우 변질되어 냄새가 날 경우가 있으니 제공 전 반드시 상태를 확인한다.

❸ 면 타월(Cotton Towel)

코로나19 감염병이 발생하기 전까지 모든 일반석 중, 장거리 2nd Service 전, 갤리에서 충분히 가열하여 제공하였으나 코로나19로 인한 기내서비스 방법 변경으로 인해 2022년 8월 현재는 일회용 수건(Refreshing Towel)을 Meal Tray 위에 세팅하여 제공하고 있다.

일반석 Cotton Towel

타올에 뿌리는 방향제 - - - -

- - - - 타월집게 : 타월 통(tong)이라 한다.

일반석 면수건은 타월 바스켓에 담아 방향제를 충분히 뿌린 후 타월 통(Towel tong)으로 제공한다. Towel Basket, Spray, Towel tong 모습

- - - - 타월담는 타월 바스켓

일반석 면수건 회수한 모습 –
회수 후 전용수거봉투에 담아
일정장소에 보관하며 목적지
에 도착 후 케이터링 관계자
에게 인계한다.

회수한 면타월을 이곳에 담아
목적지에서 케이터링 담당직
원에게 인계한다.

기내 서비스 방법 및 유의점

- Galley 내 오븐을 이용하여 뜨겁게 가열한 후 위쪽에서 적정량의 방향제를 뿌린 후 제공한다.
- 제공 전 습기, 온도의 적정성을 확인하고 적정량의 방향제를 뿌린다.
- 면타월은 서비스 전 Towel Basket에 30개 정도를 담는게 적당하며 초과되지 않도록한다.
- 각 기종별 정해진 서비스 순서에 의거해서 제공한다.
- 손바닥으로 Towel Basket의 하단을 받치고 타월 Tongs를 이용하며 둥글게 말려있는 초기 형태를 그대로 제공해야 한다(승객 앞에서 털거나 입으로 부는 행위 금지).
- 회수 시에는 갤리 내 장착된 타월전용 수거함에 넣거나 비닐백에 넣어 빈 Cart에 보관한다.
- 일반적으로 면 타월은 두 번째 식사 전 서비스함이 원칙이며, 이때 객실승무원이 제일 피곤할 때가 아닌가 생각된다. 따라서 서비스하는 객실승무원은 뒤나 앞에 있는 갤리를 두번 왔다갔다 해야 되는 관계로 한꺼번에 다량의 타월을 가지고 나가 서비스하는 경향이 있어 미관상, 안전상의 문제가 제기된다. 조금 피곤하더라도 적정량만 바스켓에 담아 서비스하는 깔끔한 모습이 요구된다.

☑ Beverage Tray란?

상기 Nuts Basket and Beverage Tray와 동일한 방법으로 서비스하나 땅
콩 서비스가 생략된다.

오렌지 주스 ----- ○

냅킨 ----- ○

파인애플 주스 ----- ○

구아바 주스 ----- ○
(생수로 대체할 수 있다.)

Large Tray ----- ○

Beverage(Tray Base) 서비스 시 유의점

- 음료수가 준비된 Large Tray는 냅킨이 놓인 쪽이 승객 쪽으로 향하도록 하고, 승객이 음료를 집은 후 바로 냅킨을 집을 수 있도록 권유한다.
- 음료수가 별로 남지 않은 Tray는 바로 Galley로 가져와 새것으로 교체하여 승객의 선택이 원활해지도록 해야 한다(마지막 한 잔까지 강요하듯 제공하지 말고 적정량 소비 후 갤리에서 새로운 음료로 교체하여 승객 선택의 폭을 넓힌다).
- 칵테일이나 위스키 등 준비 안 된 음료를 원할 경우 잠시 기다릴 것을 양해를 구하고 Galley에서 즉시 준비해서 제공한다.
- Soft Drink는 냉장한 후 컵에 얼음을 먼저 넣고 Soft Drink류를 넣어 제공한다.
- 회수 시에는 승객의 만족도를 확인하고 회수 여부를 물어본 뒤 치워야 한다.

04 기내식 서비스

대부분의 국내 FSC(Full service carrier)항공사 중,장거리 서비스에서 명칭은 틀리지만 공통적으로 일반석 기내식 서비스는 1)Meal cart 상단준비, 2)Entree setting, 3)기내식 제공, 4)디저트(아이스크림-KE 에서는 동남아 노선 중 중거리 노선만 제공, 5)뜨거운 음료(Hot beverage) 제공, 6)회수, 7)Aisle cleaning 순서로 진행되고 있으며 순서별로 준비요령, 주의사항, 서비스원칙에 대해 심도있게 알아보도록 하자.

1. 기내식 Lunch, Dinner, Supper Cart 상단 준비

① 중·장거리 Lunch, Dinner, Supper Meal Cart 상단에는 화이트 와인, 레드 와인, 오렌지주스, Soft Drink류, 얼음, 플라스틱 컵, 고추장, 린넨, 소금, 후추, 서비스 스티커(Service Tag)를 준비한다.

② 비빔밥을 서비스하는 경우에는 뜨거운 물을 Coffee Pot에 담아 서비스

레드 와인 ---- 화이트 와인 ---- 오렌지 주스

생수 ---- 플라스틱 컵

얼음

콜라, 사이다

여분 고추장

밀 카트

미역, 된장국용 뜨거운 물

잘 정리된 기내식
Meal Cart 상단

직전 상단에 준비하며, Pot는 깨끗이 닦아 얼룩이 없는 청결한 상태를 유지하도록 한다.

③ 비빔밥이 제공될 경우 외국인을 위해 비빔밥 안내지를 역시 Cart 상단에 준비한다.

2. 기내식 Lunch, Dinner, Supper Entree Setting 시 유의사항

Entree setting이란 승객에게 제공하게 될 가열된 육류, 조류, 생선등의 주메뉴(Main menu)를 오븐(Oven)에서 꺼내 기내식 TRAY 위 지정된 곳에 올려놓는 절차를 말한다. 이러한 절차는 주로 갤리듀티(Galley duty)로 지정받은 승무원이 시행하게 되며 객실사무장(캐빈매니저)은 비교적 서비스 경험이 풍부한 승무원을 갤리듀티로 지정 한다.

항공기내 모든 승무원은 갤리듀티와 아일듀티(Aisle duty)로 지정되어 있으며 갤리듀티는 갤리업무 즉 서비스를 잘 할 수 있도록 뒷받침 해주는 업무이고 아일

갤리에서 Entree를 오븐에서 꺼내 Meal Cart 내 승객 Tray 에 세팅하는 저자

듀티는 승객과 대면하여 서비스를 제공하는 업무를 말한다. 일반적으로 갤리듀티는 경력자 시니어(Senior) 승무원을 배정하고 아일듀티는 비경력자 주니어(Junior) 승무원을 배정한다.

① 모든 Entree는 미리 정해진 조리시간표에 의해서 뜨겁게 가열한다.

② 하절기에는 기내식 보관위해 기내식 Cart 위에 드라이아이스가 놓일 수가 있으므로 지나친 냉동을 막기 위해 객실승무원은 탑승 후 적정시점에 제거하여 음식물이 얼지 않도록 해야 한다.

③ 가열된 Entree를 미리 세팅할 경우 승객 제공 시점에 식는 경우가 많으므로 적당한 시점에 세팅하여 지나치게 식은 기내식이 승객에게 제공되지 않도록 한다.

④ 양식에 제공되는 빵은 적절하게 가열하여 전체적으로 따뜻한 상태를 유지해야 하며, 식사 서비스 제공 직전 카트 위에 세팅하여 식은 상태로 제공되지 않도록 한다.

⑤ Entree Setting 시에는 커튼을 잘 쳐서 승객에게 보이지 않도록 해야 한다.

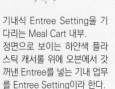

기내식 Entree Setting을 기다리는 Meal Cart 내부. 정면으로 보이는 하얀색 플라스틱 캐서롤 위에 오븐에서 갓 꺼낸 Entree를 넣는 기내 업무를 Entree Setting이라 한다.

이곳 빈 플라스틱 접시 위에 뜨겁게 가열한 앙뜨레를 놓는다.

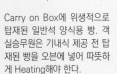

Carry on Box에 위생적으로 탑재된 일반석 양식용 빵. 객실승무원은 기내식 제공 전 탑재된 빵을 오븐에 넣어 따뜻하게 Heating해야 한다.

빵을 포장한 비닐은 가열해도 녹아 붙지 않는 특수 비닐로 되어 있어 가열해도 무방하다.

⑥ Entree를 포개 놓으면 모양이 변형되고 내용물이 눌리므로 포개어 놓지 않도록 한다.

⑦ Entree를 절대 갤리 바닥에 놓지 않도록 한다.

⑧ 훼손된 Entree 알루미늄 포일(Tin foil)은 완전히 제거한 후 새것으로 교환 하도록 한다.

⑨ Entree를 기울이면 국물이 새어나와 지저분해지므로 기울이지 않도록 노력한다.

⑩ 냉장고가 장착된 기종에서는 Entree Setting이 끝난 후 Cart를 보관할 때 냉기가 남아 있지 않도록 유의한다.

3. 기내식 Lunch, Dinner, Supper 제공

기내식 제공은 승객이 제일 기다리고 설레이는 순간이라 할 수 있다. 항공기 내에서 기내식 제공은 일반적으로 객실승무원 한명 또는 두명 으로 이루어져 기내식 밀카트(Meal cart)를 밀고 다니며 앉아있는 승객에게 원하는 메뉴를 안내하고 제공하게 된다. 기내식 카트는 1인용 (Half cart)와 2인용 카트(Long cart)로 제작되어 있고 1인용 카트는 비교적 경력이 풍부한 시니어 승무원, 2인용 카트는 시니어와 주니어 승무원으로 배정되어 운용되며 각각 승객을 마주보는 위치에서 서비스 하게 되어있다. 2인용 카트의 경우 아래 그림에서 볼 수 있듯이 주니어 승무원이 승객을 마주보는 위치에 배정되고 시니어 승무원이 승객에게 등을 보이는 상태로 서비스 한다.기내식 서비스 도중 부족한 서비스 품목을 보충할 경우 갤리(Galley)에서 가까운 승무원이 갤리로 이동하여 서

비스 물품을 가져오게 되어있으나 자신의 경력을 고려하여 주니어 승무원이 자진하여 부족한 서비스 물품보충을 전담 하기도 한다.

 기내식 Lunch, Dinner, Supper 제공 시 유의사항

① 일반 기내식보다 Special Meal 주문 승객에게 우선 제공이 가능하도록 준비한다.

② Special Meal을 제공할 때는 주문 승객을 확인하고 내용이 맞는지 재확인한다.

③ 갤리듀티(Galley Duty) 승무원은 남은 기내식 Entree의 세팅을 완료하고 Meal Service에 가담하며 적정시점을 보아 Meal Cart 상단의 부족한 용품을 보충한다.

④ 갤리 듀티(Galley Duty) 승무원은 담당구역, 각 Aisle의 진행 여부를 관찰하고 담당구역 내 모든 승객이 동시에 같은 서비스를 받을 수 있도록 조정해야 한다.

⑤ 갤리 듀티(Galley Duty) 승무원은 Aisle 담당 승무원으로부터 Meal Tray 제공 완료 여부를 확인한 뒤 혹시 Meal Tray를 받지 못한 승객의 유무를 파악한다.

⑥ Meal Tray를 제공할 때는 승객의 테이블을 펴고 식사의 종류, 내용, 조리법 등을 설명드린 후 식사 주문을 받아야 한다.

⑦ Meal Cart는 승객 좌석 6열을 기준해서 중간열에 정지시키고 승객의 앞쪽에서 식사와 음료를 신속히 제공한다. 단, 1인이 혼자 서비스할 경우 3열 단위로 이동시킨다.

⑧ 와인과 기타 음료는 Meal Tray를 제공함과 동시에 주문받아 즉시 제공한다.

⑨ 기내식 서비스가 진행되는 동안 혹시 Skip되는 승객의 유무를 반드시 재확인하여야 한다.

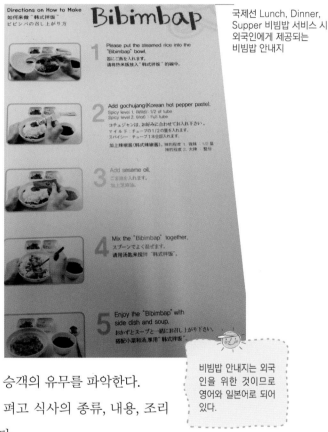

국제선 Lunch, Dinner, Supper 비빔밥 서비스 시 외국인에게 제공되는 비빔밥 안내지

비빔밥 안내지는 외국인을 위한 것이므로 영어와 일본어로 되어 있다.

137

⑩ 비빔밥이 제공되는 경우 Pot의 뜨거운 물을 된장국 또는 미역국의 Bowl(용기)에 즉시 부어 드리며 뜨거운 국물이 넘쳐 화상을 입지 않도록 각별한 주의를 기울인다.

⑪ 비빔밥용 국은 Meal Tray를 서비스한 후 직접 승객의 Tray 위에 놓아 드리는 것이 원칙이나 안쪽, 또는 창측 승객인 경우 의향을 물어보아 Meal Tray와 함께 제공해도 된다.

⑫ 비빔밥을 주문한 외국 승객에게는 비빔밥 안내지를 동시에 제공하고 간단한 설명을 곁들여 식사에 어려움이 없도록 한다.

⑬ 식사 제공 시 와인도 함께 권유하며, 기타 음료수는 원하는 승객의 위주로 제공한다.

⑭ 와인 서비스 시 와인의 흘러 내림을 방지하기 위해 Wine Server를 병 입구에 꽂아 사용하며 Wine 서비스용 린넨을 다른 한 손에 준비한다.

⑮ 고추장은 추가로 원하는 승객에게 제공한다.

⑯ Meal Tray 제공이 끝나면 즉시 와인 Refill을 실시해야 한다.

 일반석 중 장거리 노선 Lunch, Dinner, Supper 기내식의 종류(KE 기준)

저칼로리 미인국수
샐러드와 함께 제공된다.

약 380kcal의 저칼로리 체
중 조절용 식단으로 비타
민, 단백질 등 필수 영양소
를 균형 있게 섭취하도록
식단을 구성함

비빔국수
미주 동부 노선
비행 시 제공

오방색 떡국(설날)

치킨 카레밥

익힌 버섯

양식 생선 ENTREE

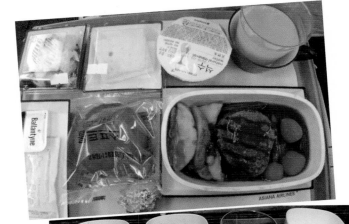

아시아나항공
일반석 비빔밥

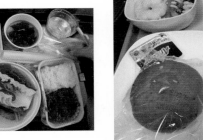

아시아나항공
일반석 쌈밥

일반석 양식 소고기

아시아나항공 일반석
묵밥과 소스

일반석 양식 해산물

기내식 Meal Choice가 안됐을 경우 조치방법

인천공항에서 미주나 유럽으로 향하는 항공기 일반석에서 제공되는 기내식은 한식과 양식으로 나뉘고 대한항공의 경우 한식은 비빔밥과 국수 등을 사용하고(아시아나항공은 쌈밥, 국밥 등을 사용), 서양식은 소고기, 닭고기, 생선을 사용하여 만든다. 사실 모든 승객이 원하는 기내식 메뉴를 부족함 없이 제공하는 것이 각 항공사의 목표이지만 개인마다 취향이 다른지라 기내식 제공시점에 승객 개인의 선호를 100% 만족시키기는 사실상 불가능하다. 물론 일반석 예약시점에 해당편의 메뉴와 조리법을 알려주고 예약을 받으면 가능하다고 하겠지만 장소와 시간에 따라 수시로 바뀌는 개인의 선호 음식을 길면 6개월 전 빠르면 한 달이나 15일 전 미리 정해두는 것도 약간 이치에 안맞는 방법인 것 같기도 하며 그 많은 승객에게 일일이 메뉴와 조리법을 알려주고 주문을 받는 것도 정말 쉬운 방법은 아닌 것 같다.

저자도 32년간 객실 사무장으로 근무하면서 쉽지 않은 업무 중에 하나가 기내식 제공시점인 것만큼은 틀림없고 모든 승무원들이 승객의 양해를 구하며 선택받지 못한 기내식을 제공하려는 노력과 인내는 겪어보지 않고는 상상하기 힘들지 않을까 한다. 따라서 원하는 기내식 메뉴를 제공받지 못하게 될 때 아래와 같은 조치를 시행하였으며 승객으로부터 매우 좋은 Feed Back을 얻었다. 국적별 선호하는 식음료는 제11장에 국적별로 상세히 분류해 놓았으니 참조하면 큰 도움이 될 것 같다.

1. 원하는 기내식 메뉴를 선택하지 못하는 구역은 따로 있다.

일반적으로 일반석에서 1st 기내식을 제공하게 될 때는 일반석 제일 앞에서 뒤로, 제일 뒤에서 앞으로 진행하여 가운데서 함께 만나 끝내는 것을 원칙으로 한다. 따라서 기내식 Meal Cart가 서로 만나는 지역 부근에서 기내식 메뉴 선택이 매우 어려워지며 저자의 경험상 항공기 양측 날개쪽 부근 지역이 아닌가 생각한다.

따라서 객실승무원은 직업상 기내식 메뉴 선택이 어려워지는 구역을 사전에 알고 있으므로 탑승 시부터 그 구역의 승객들과 좋은 커뮤니케이션을 통해 친밀도를 높여 놓는 것이 매우 필요하다 할 것이다. 이러한 친밀도는 나중 기내식 서비스 제공시점에 '보이지 않는 큰 손(Invisible Hands)'으로 작용할 수 있고 심지어 동료 일행이 메뉴 선택을 못해 불평하는 경우 일행인 다른 승

항공기 Meal Choice가 잘안되는 날개주변 승객의 짐을 들어주는 저자

객까지도 나서서 말려 줄 수 있는 '매우 긍정적인 힘'으로 다가온다.

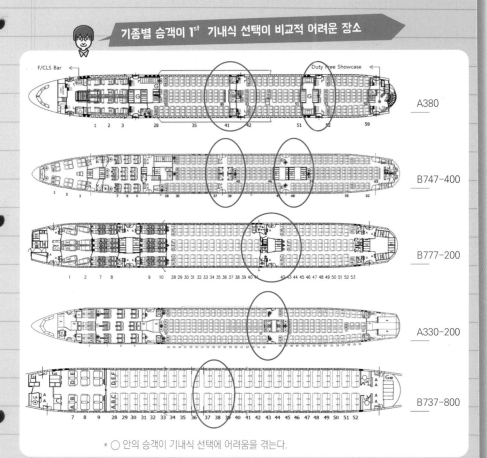

기종별 승객이 1st 기내식 선택이 비교적 어려운 장소

* ◯ 안의 승객이 기내식 선택에 어려움을 겪는다.

2. 기내식 메뉴 선택을 못한 승객에게는 일단 음료수나, 포도주, 땅콩 그리고 Basic Meal Tray부
터 제공하여야 한다.

저자의 경험으로 본다면 모든 기내 승객들은 다른 승객이 식사를 하고 있는데 본인 Table에 아무
것도 없이 무작정 기다리는 것을 정말 못참아 한다. 그때 기다리는 시간은 1분이 10분 정도로 긴 시
간이라 생각하지 않을까?

따라서 승무원이 승객이 원하는 기내식을 찾는 동안 음료수나, 포도주, 땅콩 그리고 기본 Meal
Tray 위에 있는 식음료를 마시고 먹으면서 기다리면 마시고 먹는 자체가 화를 많이 누그러뜨릴 수
있기 때문에 약간의 시간이 지체돼도 괜찮다. 이러한 조치가 미리 이루어지지 않으면 나중에 승객

이 원하는 식사를 제공해도 기분이 상해 안먹
겠다는 승객이 대부분이고, 이는 바로 고객 불
만으로 이어지게 되는 것이다.

Entree가 없는 Basic Tray위에 빵과 물 그리고
디저트가 있으니 기다리는 동안 즐길 수 있다.

이곳에 승객이 원하는 종류의 식사 앙
뜨레가 제공돼야 하나 선택이 불가하
여 일단 앙뜨레 없는 빈 트레이만 우
선 제공한다.

원하는 기내식 선택을 못한 경
우 취식을 할 수 있는 빵과 버
터, 디저트, 생수, 전채요리,
후식 등을 제공(일반석)

3. 열심히 찾아보는 진지한 모습을 보이자

승객이 원하는 기내식 메뉴를 어차피 제공해 드리지 못한다는 것은 웬만한 근무경력 있는 승무원은 다 아는 사실이다. 기내식은 비율에 맞추어 탑재되는데 정해진 비율을 다 썼다면 시속 1,000km로 비행하는 기내에서 어찌 만들어 내겠는가? 한두 개 정도야 할 수 있다쳐도 날개 부근 모든 승객의 원하는 메뉴 기내식을 만들어 내는 것은 불가능하며 어차피 다시 가서 승객의 양해를 구해 다른 종류의 기내식을 권해야 하는바, 승객의 가시권에서 다른 업무를 하고 있는 것보다 이리저리 구해보고 앞뒤로 왔다갔다 하면서 진지하게 찾고 있는 모습을 보면 그제서야 승객들도 마음속으로 포기를 하고 있을 것이다. 이후 승객에게 다가가서 정중히 사과드리고 다른 기내식을 권하면 마지못해 양해하고 받아들이는 형식을 취하며 큰 불만 없이 마무리할 것이다.

> 만일 승무원이 상기의 방법을 다 시행했는데도 승객이 선택한 기내식(한식/양식)을 계속 주장하는 경우에는
>
> ① 한식만 주장하는 경우 : 기내에 비교적 여유가 있는 햇반과 고추장 또는 라면을 권한다.
> ② 양식만 주장하는 경우 : 승객에게 시간적 여유에 대해 양해를 구하고 두 번째 식사 중 양식 Entree를 가열해 제공한다.

4. 간식과 두 번째 기내식의 우선 선택권을 제공한다.

첫 번째 식사가 끝나면 두 번째 식사 제공 전 간식을 제공한다. 간식의 종류는 대한항공의 경우 막걸리쌀빵, 컵라면, 마블케이크, 브라우니, 새우깡, 피자 등 여러 종류가 있으므로 간식의 종류를 말씀드리고 개인당 한가지씩 선호하는 간식을 미리 받아 메모해 놓으며 어차피 두 번째 식사는 처음 서비스의 반대로 제공하게 되어 제일 먼저 제공하게 되지만 메뉴를 말씀드려 선택하게 한 후 승객 앞에서 메모하여 두 번째 식사 서비스 전 선 제공하면 어느 새 승객의 입가에 빙그레 미소가 퍼지며 만족한 표정을 짓게 된다. 기내에 없는 건 활용할 수 없지만 있는 자원을 활용할 수 있는 좋은 방법인 것이다.

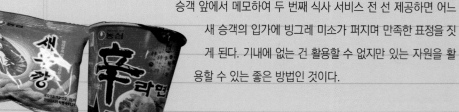

5. 객실사무장/캐빈매니저에게 보고한다.

객실/캐빈에서 일어나는 모든 사항은 객실사무장/캐빈매니저에게 보고해야 하지만, 특히 많은 승객에게 원하는 메뉴의 식사를 제공하지 못했을 경우 반드시 객실사무장/캐빈매니저에게 보고하여 회사에 건의하는 방식을 거쳐 비율이나 개수를 조정하는 방법을 취해야 한다. 승무원 한 개인은 이번 비행만 무사히 마치고 빠져나올 수 있지만 매일 반복되는 고객불만을 미연에 방지하고 원만한 기내식 Meal Choice를 위해 절대로 간과할 수 없은 부분이며 기내식 메뉴 선택을 하지 못한 승객을 기록하였다가 항공기 Approching 전 담당구역 승무원과 객실사무장/캐빈매니저가 함께 가서 기내식 서비스 시 원하는 메뉴를 못드린 점에 대한 사과의 말씀을 드리면 거의 모든 승객이 만족하며 환한 웃음과 함께 맞아 줄 것이다.

객실사무장/캐빈매니저에게 상황을 보고한다.

4. 아이스크림(Icecream) 서비스 방법(동남아 중거리 비행에만 제공함)

아이스크림은 중거리 비행에 탑재되어 제공되며, 주로 동남아 구간에 탑재된다.

 아이스크림(Icecream) 서비스 시 유의점

- 아이스크림은 녹지 않도록 전용가방에 유의해서 보관한다.
- 식사 서비스 후 디저트 개념으로 제공하며 채식 스페셜 밀을 주문한 승객에게는 의향을 물어본 후 제공한다(동물성 지방으로 만들기 때문)
- 일반석과 상위 클래스의 아이스크림 종류가 상이하므로 섞어서 제공하지 않는다.
- 아이스크림 제공 순서는 식사 제공 순서와 동일하게 제공한다.
- 아이스크림용 스푼은 뚜껑 안쪽에 보관되어 있다.

KE 일반석 제공용 아이스크림

05 Hot Beverage 서비스(Breakfast/Brunch 제외)

Hot beverage 서비스는 일반석에서 기내식 제공 후 승객 개인별로 서비스하는 커피,녹차,홍차를 의미하며 조식 서비스(Breakfast service)에는 조식과 동시에 제공하고 그 외에는 기내식을 먼저 제공하고 승무원이 갤리에서 Hot beverage를 포트(Pot)에 준비한 후 스몰트레이(Small tray)를 사용하여 담당 구역별로 원하는 승객에게 제공한다. 일반적으로 기내에서는 주니어 승무원이 "차"종류를 서비스하고 시니어 승무원이 "커피"를 전담하는 제도로 시행되고 있다.

 Coffee, Tea 제공(Hot Beverage)

KE에서 사용하는 신형 Coffee Pot-분리형 뚜껑으로 되어있다.

Hot Beverage 제공 위해 만들어지고 있는 일반석 원두커피

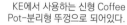 **Hot Beverage 서비스 시 유의사항**

① 기내식 서비스가 끝난 후 실시한다.

② Coffee Pot, Tea Pot, Tea Bag, Sugar, 레몬 슬라이스

③ Hot Beverage 서비스는 기내식 제공 순서와 동일하게 제공한다.

④ Hot Beverage를 서비스할 때에는 Small Tray를 이용하여 승객의 잔을 건네받고 통로 쪽에서 따른 후 설탕, 크림과 함께 제공하며 승객이 직접 집도록 한다.

일반 녹차　　크림　　　　　　설탕　　　　현미녹차　　홍차

Hot Beverage 서비스에
사용되는 녹차, 커피크림,
설탕, 홍차를 준비한 모습

⑤ Tea 제공인 경우 뜨거운 물을 먼저 제공하고 Small Tray 위의 티백, 레몬
슬라이스, 설탕, 크림을 집을 수 있도록 안내하며 승객의 화상방지에 신
경써야 한다.

06 Lunch, Dinner, Supper Meal Tray 회수

승객의 Meal Tray 회수는 식사가 끝난 승객이 원할 시 개별적으로 회수 하여
도 무방하나 일반적으로 식사종료 시간을 추정하여 기내식에 관한 만족도를 물
어본 후 한꺼번에 회수하고 있다.

> **Lunch, Dinner, Supper Meal Tray 회수 시 유의사항**

① Hot Beverage 서비스가 완전히 끝난 후 실시한다.
② Meal Cart 상단에 생수, 주스, 플라스틱 컵, 냅킨을 준비하며 사용한 컵
과 캔의 회수용으로 별도의 Drawer를 준비한다.

Meal Tray
회수한 Cart 모습

③ 식사를 빨리 끝낸 승객의 Meal Tray 는 개별적으로 회수하며 식사를 끝내고 커피나 차를 계속 드시는 승객에게는 Meal Tray 회수 후 냅킨을 컵 아래 받치도록 권유한다.

④ Meal Tray의 회수는 식사 제공 순서와 동일하게 실시한다.

⑤ Meal Tray 회수 시 승객의 Table이 깨끗하지 못한 경우 준비된 냅킨, 타월로 닦아야 한다.

⑥ Meal Tray를 회수 할때에는 회수한 Meal Tray를 Cart의 제일 윗부분부터 넣어야 한다.

⑦ Meal Tray 회수 시 취식에 대한 승객의 만족도를 확인하고 회수 여부를 물어본 뒤 치운다.

⑧ 청결을 위한 복도 점검 시 수거하지 못한 Meal Tray가 없는지 다시 한 번 확인해야 한다.

⑨ 이 시점이 승객들이 제일 화장실 사용에 대한 욕구가 많은 시점이므로 2/3 정도 회수하면 곧바로 화장실 점검에 착수해야 한다.

● 식사 시간대 별 기내식 명칭-KE 기준

식사 시간대 별 기내식 명칭	제공시간(출발지 시간 기준)
Breakfast (아침식사)	04:00~09:00
Brunch (아침 겸 점심식사)	09:00~11:00
Lunch (점심식사)	11:00~14:00
Light Meal (가벼운 식사)	14:00~17:00
Dinner (저녁식사)	17:00~22:00
Supper (밤참)	22:00~24:00

Aisle Cleaning

Aisle Cleaning^(복도청결업무)이란 기내식 회수 후 담당 구역의 복도에 떨어진 음식 부스러기,쓰레기,오물등을 청결하게 하는 절차이며 일반적으로 아일담당^(Aisle Duty) 승무원 즉 주니어 승무원이 담당 하게 된다. Aisle Cleaning시 부스러기나 쓰레기가 많이 발생되는 아기동반 승객, 노약자 및 환자승객의 주위를 특히 신경 써서 청결하게 하여야 한다.

☑ Aisle Cleaning 시 사용하는 솔 : 바닥을 문지르면 과자나 땅콩 부스러기가 솔 안쪽으로 모이며 청결 업무가 끝난 후 뚜껑을 열고 쓰레기통에 털어 버리면 된다. 반드시 비닐 장갑을 끼고 사용한다.

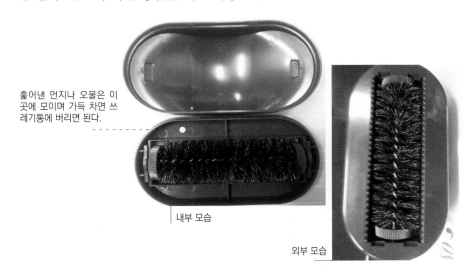

훑어낸 먼지나 오물은 이곳에 모이며 가득 차면 쓰레기통에 버리면 된다.

내부 모습

외부 모습

 중 · 장거리 노선 일반석 2nd 서비스

일반석 두 번째 기내식 서비스는 중거리 비행인 경우 Refreshments^(샌드위치등 간편하게 취식할 수 있는 기내식), 장거리 비행인 경우 일반적으로 조식^(Breakfast)을 의미하는 경우가 많다. 특히 장거리 비행인 경우 조식 서비스에 앞서 뜨겁게 가열된 면수건이 승객에게 제공되고 차별없는 공평한 서비스를 위해 특별한 사유가 없는 한 1st 서비스 순서와 역방향으로 진행하는 것을 원칙으로 한다.

서비스 순서

타월 제공(Hot Towel)

▼

음료 제공(Aperitif, Tray Base)

▼

기내식 서비스(Meal Tray)

▼

Coffee, Tea 제공(Hot Beverage)

▼

기내식 회수(Meal Tray Collection)

▼

Aisle Cleaning

* 두번째 식사 제공은 첫 번째 식사 제공 순서의 역방향으로 제공하며 처음 식사 시 Meal Choice를 못한승객, 스페셜 밀 주문 승객을 먼저 제공하고 일반 기내식을 제공한다.
* 그외 모든 음료/기내식 제공 방법/Hot Beverage 서비스/회수는 중장거리 Lunch, Supper 서비스와 동일하다.

09 기내 일반석 소스(Sauce)의 종류

소스의 어원은 라틴어의 소금(sal)에서 나온 것으로 원래는 소금을 기본으로 한 조미용액이란 뜻이며, 세계 각국에서 조미료라고 하는 말의 머리에 s자가 많이 붙어 있는 것은 이 때문이라고 한다. 소스는 고대 로마시대부터 사용되어 온 것으로 중요한 것만 해도 400~500종이며 생선, 고기, 달걀, 채소 등 각종 요리에 각각 맞는 것이 따로 있고, 쓰임에 따라서 요리와의 조화에 커다란 영향을 끼친다. 프랑스의 요리가 세계적으로 유명한 것은 각종 요리에 따라 끼얹는 소스의 종류가 약 700종에 이르기 때문이라고 한다. 이제 항공기 기내 일반석에 제공되는 소스의 종류에 대해 알아 보도록 하자.

✈️ 기내 일반석 소스 : 고추장, 토마토케첩, 핫소스(Hot Sauce, 타바스코 소스), 머스터드(Mustard), 소금, 후추.

☑ 고추장

고추장은 간장·된장과 함께 우리 고유의 발효 식품으로, 탄수화물의 가수분해로 생긴 단맛과 콩단백 아미노산의 감칠맛, 고추의 매운맛, 소금의 짠맛이 잘 조화를 이룬 복합 조미료이자 기호 식품이다.

대한항공 기내에서는 일등석, 비즈니스석, 일반석 모두 우측 사진과 동일한 제품의 고추장을 사용하고 있으며 추가로 필요시 승무원에게 요청하면 제공한다.

작은 것이 비빔밥용 고추장, 큰 것은 비빔국수용 고추장

☑ 겨자소스(Mustard Sauce)

겨자의 열매나 씨로 만들어 매운맛이 나는 향신료로 그 종류가 매우 다양한데 현재 재배되고 있는 대부분은 브라운 머스터드가 차지하고 있고, 개어놓은 상태로 많이 판매된다. 겨자, 통후추 부순 것, 간장, 마늘, 올리브유, 적포도주, 소금, 후추를 넣고 잘

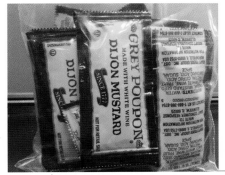

일반석에 제공되는 머스터드 소스

섞어 차가운 고기나 소시지·샐러드·샌드위치에 드레싱으로 사용한다.

일반석 기내에서는 주로 아침식사에 제공되는 계란요리 즉 스크램블드 에그와 오믈렛 서비스 시 제공한다.

☑ 토마토케첩(Tomato Ketchup)

토마토 가공품 중 생산량이 많고, 가장 많이 쓰인다. 케첩이란 채소나 과일을 체로 걸러 향신료나 조미료를 가해 만든 것의 총칭인데, 원료인 토마토를 으깨어 즙을 걸러낸 것에 설탕과 소금을 넣어 녹인 다음, 각종 향신료와 식초·양

일반석 아침식사에
제공되는 토마토케첩

파·마늘 등을 넣어 저으면서 끓인다. 뜨거울 때(90℃ 이상) 용기에 담고 밀봉한 후 약 5분 지나서 빨리 냉각시킨다. 일반석 기내에서는 머스타드와 동일하게 주로 아침 식사에 제공되는 계란 요리 즉 스크램블드 에그와 오믈렛 그리고 어린이용 스페셜밀 서비스 시 제공한다.

☑ 타바스코 소스(Tabasco Sauce)

타바스코 소스는 1868년 미국의 에드먼드 매킬레니가 상품화하였다. 매킬레니는 타바스코 씨를 얻어다 심은 후에 잘 익은 것을 참나무통에 보관해 두었는데 어느 날 타바스코가 발효하면서 향을 내자 여기에 소금과 식초를 넣고 3년 이상 발효시켜 소스를 만들었다.

아침식사나 육류에 넣어서 음식을 맵게 하는 핫소스, 아주 매우니 주의하여야 한다. 저자의 경험으로는 전날 숙취가 있을 때 컵라면에 Tabasco Sauce를 듬뿍 넣어 국물과 함께 취식하면 숙취가 절로 사라진다.

일반석/상위 클래스에
제공되는 타바스코 소스

- 한국인 승객에게 고추장은 모든 요리에 잘어울리나 머스터드, 토마토케첩은 조식의 소시지나 오믈렛에 잘어울리므로 기내식을 확인 후 권유하도록 한다.
- 모든 객실승무원은 소스 서비스 직전 반드시 유효기간을 확인해야 한다. 지상의 기내식 사업소에서 철저한 위생관리가 되고 있지만 다시 한 번 재확인이 필요하다.
- 타바스코 소스는 매운맛과 신맛이 상당히 강하므로 승객에게 미리 알려주어 너무 많은 양을 음식에 넣지 않도록 한다. 서비스 후에는 반드시 회수하여야 하며, 특히 타바스코 소스는 일회용이 아니기 때문에 뚜껑을 잘 보관하여야 복편 비행기에서 쓸 수 있으니 뚜껑을 분실하지 않도록 하여야 한다.

☑ Salt & Pepper

일반석에서는 Meal Service 시 종이포장 일체형 소금, 후추팩을 원하는 승객에게 제공한다.

일반석에서 제공하는 소금, 후추팩
S : Salt(소금)
P : Pepper(후추)를 의미한다.
PINCH: 작은 수량을 의미한다.
A PINCH OF PEPPER: 약간의 후추

이 곳을 절단하여 사용한다.

- 종이재질로 되어 있으므로 오물이 묻으면 위생상 불결할 수 있다. 깨끗이 보관하도록 하며 물에 젖지 않도록 항상 유의해야 한다.

153

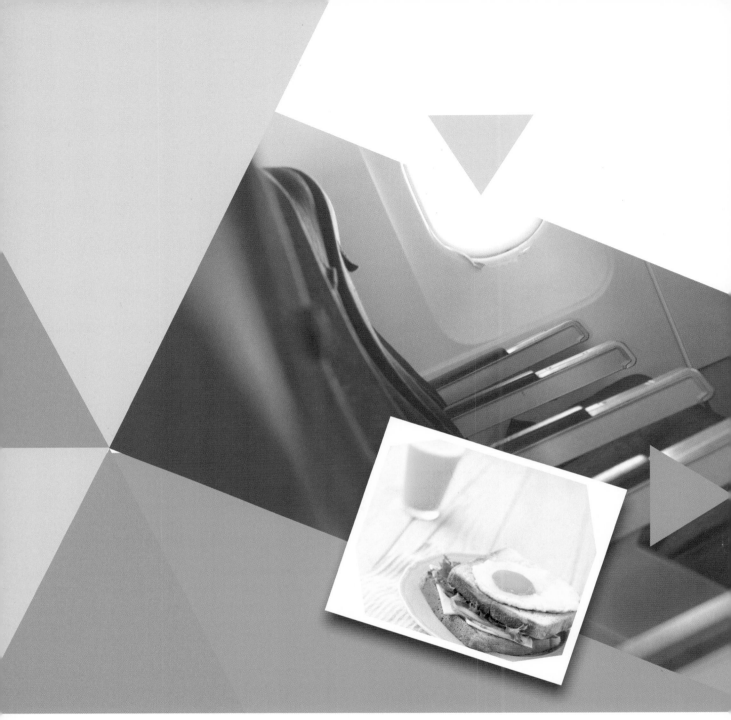

Cabin Food & Beverage Service

Breakfast
and Brunch

Chapter

07 Breakfast and Brunch

중장거리 비행 중 조식
제공 전 동트는 기내

🍵 기·내·식·음·료·서·비·스·실·무

Breakfast and Brunch Meal Cart 상단 준비 시 유의사항

조식 서비스(Breakfast service)는 기내식 제공과 동시에 Hot beverage가 제공되기 때문에 카트상단의 세팅이 중요하다. 카트 상단 세팅은 아래의 사진을 참조하기 바라며 장시간 비행 후 피곤하여 수면을 취하는 승객이 많기 때문에 모든 승객이 기상할 수 있도록 적절한 조명조절 또는 기내방송이 필요하고 자발적 미 취식 승객과 비자발적 미 취식 승객 즉, 수면 중이라 못드시는 경우의 승객을 잘 구분하여 비자발적 미 취식 승객에게는 착륙 전 추가로 적절한 서비스 및 기내 응대가 이루어질 수 있도록 하여야 한다.

승객이 장거리 비행 후 항공사에 조식서비스에 관해 불만을 토로하는 경우는 자신은 조식 기내식 서비스를 원했었고 조식 제공시 잠깐 졸았던 상황 이었음에도 불구하고 승무원이 고지없이 일방적으로 지나쳐 조식을 취식하지 못해 보

이곳에 아침식사용 빵인 크루아상(Croissant)을 서비스 직전 준비한다.　　생수　　오렌지주스　　종이, 플라스틱 컵

서비스 Tag : 식사 시 간 중 주무시는 승객 에게 안내하는 스티커

준비된 아침식사 Cart, Lunch, Dinner, Supper 기 내식과는 달리 Meal Cart 상 단에 커피, 차 등의 Hot Bev- erage Pot가 보이며 와인 등 주류가 없는게 차이점이다.

커피 Pot　　뜨거운 물　　머들러 박스　　Drawer

상을 요구하는 경우가 대부분이었다. 항공사에서는 이러한 경우를 방지하기 위해 승무원 및 승객용 "서비스 TAG^(안내서비스 표식)"을 제작하여 주무시는 승객이 기상 후 볼 수 있는 부분에 붙여놓는 절차를 시행하고 있다. 서비스 TAG 사진은 03절 "Breakfast and Brunch 제공"을 참고하기 바란다.

아침식사 양식용 Tray에 함께 제공되는 크루아상 : 식는 것을 방지하기 위해 Crois-sant은 서비스 직전 카트 위에 세팅한다.

빵은 이곳에 담아 카트 상단에 세팅한다.

① Meal Cart 상단에 오렌지주스, 머들러 박스(Muddler Box), 레몬 슬라이스, 플라스틱 컵, Small Tray, 소금, 후추, 서비스 스티커를 준비한다.

② 토마토케첩, 머스터드, 고추장을 플라스틱 컵에 적당량 담아 준비한다.

③ 가열한 빵은 식지 않도록 서비스 직전 오븐에서 꺼내어 준비된 빵 바스켓에 담는다.

④ Meal Tray 위에 생수가 준비되지 않았을 경우 생수병을 준비한다.

⑤ 커피는 Pot의 내부 청결상태를 점검하고 깨끗한 상태로 Coffee Maker에 장착하여 새로 준비하며 산뜻한 커피를 위해 서비스 직전에 Brew를 실시한다.

⑥ 커피나 차를 담아 서비스하는 Pot가 차가우면 내용물도 차가워지므로 서비스 전 뜨거운 물을 조금 담아놓아 뜨거운 상태를 유지하고 외부의 얼룩진 부분을 잘 닦아 청결한 상태를 보일 수 있도록 한다.

02 Breakfast and Brunch Entree Setting 시 유의사항

참고

132페이지 Entree setting부분에 자세히 기술하였으니 해당페이지를 참고하기 바란다.

① 모든 Entree는 미리 정해진 시간과 방법에 의거해서 뜨겁게 가열하여야 하나 아침식사의 주요리는 한식 죽과 계란요리로 이루어져 적절한 온도 조절이 필요하다.

② 하절기에는 기내식 보관 위해 기내식 Cart 위에 드라이아이스가 놓일 수가 있으므로 지나친 냉동을 막기 위해 객실승무원은 탑승 후 적정시점에 제거하여 Tray 위의 내용물이 얼지 않도록 해야 한다.

③ 가열된 Entree를 미리 세팅할 경우 승객 제공 시점에 식는 경우가 많으므로 적당한 시점에 세팅하여 지나치게 식은 기내식이 승객에게 제공되지 않도록 한다.

④ 양식에 제공되는 빵(크루아상)은 적절하게 가열하여 전체적으로 따뜻한 상태를 유지해야 하며, 식사 서비스 제공 직전 카트 위에 세팅하여 식은 상태로 제공되지 않도록 한다.

- - - - 이미 세팅을 끝낸 한식 죽 앙뜨레

국제선 아침식사 주요리 Entree 세팅하는 저자

Breakfast and Brunch 제공

Breakfast and Brunch 서비스와 Lunch, Dinner, Super 서비스의 차이점은 Breakfast and Brunch 서비스는 식사제공과 동시에 커피와 차등의 Hot beverage를 현장에서 주문받아 제공한다는 점이다. 따라서 앞에서 기술 하였듯이 Breakfast and Brunch 서비스 직전 커피와 뜨거운 물을 담은 포트^(Pot)을 카드 상단에 세팅 하여야 하며 1st Service와 반대방향에서 부터 시작하기 때문에 서비스 직전 일반석 담당 승무원들과 사전협의하여 적절한 서비스가 동시에 이루어 질 수 있도록 해야 한다. 제공 시 유의사항은 아래와 같다.

일반석 기내식 아침식사

 Breakfast and Brunch 제공 시 유의사함

① 갤리 듀티^(Galley Duty) 승무원은 남은 기내식 Entree의 세팅을 완료하고 Meal Service에 가담하며 적정시점을 보아 Meal Cart 상단의 부족한 용품을 보충한다.

② 갤리 듀티(Galley Duty) 승무원은 Aisle 담당 승무원으로부터 Meal Tray 제공 완료 여부를 확인한 후 혹시 Meal Tray를 받지 못한 승객의 유무를 파악한다.

③ Meal Tray를 제공할 때는 승객의 테이블을 펴고 식사의 종류, 내용, 조리법 등을 설명드린 후 식사 주문을 받아야 한다.

④ 일반 기내식보다 Special Meal 주문 승객에게 우선 제공이 가능하도록 준비한다.

⑤ Special Meal을 제공할 때는 주문 승객을 확인하고 내용이 맞는지 재확인 한다.

⑥ Meal Cart는 승객 좌석 6열을 기준해서 중간열에 정지시키고 승객의 앞쪽에서 식사와 음료를 신속히 제공한다. 단, 1인이 혼자 서비스할 경우 3열 단위로 이동시킨다.

⑦ 아침 새벽에 기내식을 제공할 때 휴식을 취하거나 수면 중인 승객에게는 수면 중이라 그냥 지나쳤다는 스티커를 사용해서 나중에 제공하도록 한다.

식사 안 합니다

Wake-up Tag '식사 제공 시 깨워주세요' Tag을 붙인 승객

식사 제공 시 깨워주세요.

⑧ 계란요리 제공 시에는 준비된 토마토케첩과 머스터드^(Mustard) 소스를 원하는 승객에게 제공하도록 해야 한다.

⑨ Meal Tray를 제공하는 즉시 커피와 차를 권하고 기타 음료는 원하는 승객 위주로 제공한다.

⑩ Hot Beverage를 서비스할 때에는 Small Tray를 이용하여 승객의 잔을 건네받고 통로 위에서 따른 후 설탕, 크림과 함께 제공한다.

⑪ Meal Cart 위의 커피, 차 Pot은 식지 않도록 자주 점검하여 항상 따뜻한 차를 제공할 수 있도록 한다.

⑫ 아침식사가 두번째 식사로 제공될 경우 첫번째 식사 진행 순서와 반대로 제공한다.

04 Breakfast and Brunch Hot Beverage 제공 시 유의사항

Breakfast and Brunch 제공 시 Hot beverage는 식사와 함께 즉시 제공되기 때문에 밀카트 상단에 세팅하여야 하며 특히 유의해야할 사항은 식사서비스가 오래 지속되면 상단의 포트^(Pot)의 커피와 물이 식기 때문에 승객에게 제공하기 적절치 않다. 따라서 어느 정도 시점에 갤리로 돌아와 다시 만들어 커피와 물이 항상 뜨거운 상태를 유지해야 한다. 사실 기내현장에서 서비스를 시행하다 보면 이러한 일련의 동작이 상당히 번거로워 일부 승무원들이 포트의 물과 커피온도를 점검하지 않고 그대로 서비스하여 승객에게 불편을 끼치는 경우가 종종 발생하고 있다. 본 교재로 학습한 예비승무원은 뜨거운 음료는 항상 뜨거운 상태를 유지할 수 있도록 하자.

① Breakfast and Brunch Meal Cart에서 승객이 원하는 메뉴를 제공해 드리고 즉시 Hot Beverage를 주문받아야 한다.

② Breafast and Brunch Meal 서비스가 끝난 후 회수 시에도 뜨거운 음료를 Meal Cart 상단에 세팅하여 주문 시 즉시 제공해야 한다.

어느정도 시점이란?

• 밀카트(Meal cart) 상단에 포트(Pot)를 세팅한지 10분
~15분정도를 의미하며 손바닥으로 커피나 물 포트(Pot)
를 만져보았을 때 즉시 손을 떼야하는 정도의 뜨거움을
항상 유지해야 한다. 담당 승무원은 서비스 도중 하단의
사진처럼 포트의 온도를 측정하여 커피나 뜨거운물의 교체
시기를 알 수 있다.

③ 수면 후 기상한 승객의 상태를 유심히 살펴보아 승객이나 승무원의 실
수로 인해 뜨거운 음료를 쏟지 않도록 복도 측에서 따르고 안전하게 제
공할 수 있도록 해야 한다.

05 Breakfast and Brunch Meal Tray 회수

① Hot Beverage 서비스가 완전히 끝난 후 실시
한다.

② Meal Cart 상단에 생수, 주스, 플라스틱 컵,
냅킨을 준비하며 사용한 컵과 캔의 회수용으
로 별도의 Drawer를 준비한다.

③ 식사를 빨리 끝낸 승객의 Meal Tray는 개별
적으로 회수하며 식사를 끝내고 커피나 차를
계속 드시는 승객에게는 Meal Tray 회수 후
냅킨을 컵 아래 받치도록 권유한다.

④ Meal Tray의 회수는 식사 제공 순서와 동일
하게 실시한다.

⑤ Meal Tray 회수 시 승객의 Table이 깨끗하
지 않은 경우 준비된 냅킨, 타월로 닦아야
한다.

Meal Tray 회수한
Meal Cart 내부

163

380 기내에서 아침식사 기내식
Tray 회수하고 있는 객실승무원

⑥ Meal Tray를 회수할 때에는 회수한 Meal Tray를 Cart의 제일 윗부분부터 넣어야 한다.

⑦ Meal Tray 회수 시 취식에 대한 승객의 만족도를 확인하고 회수 여부를 물어본 뒤 치운다.

⑧ 청결을 위한 복도 점검 시 수거하지 못한 Meal Tray가 없는지 다시한 번 확인해야 한다.

⑨ 이 시점이 승객들이 제일 화장실 사용에 대한 욕구가 많은 시점이므로 2/3 정도 회수하면 곧바로 화장실 점검에 착수한다.

06 Aisle Cleaning

간혹 발생되는 고객불만 중 서비스 하던 승무원이 맨손으로 바닥에 떨어진 물건이나 부스러기 쓰레기를 주웠고 손을 닦지 않고 승객에게 서비스하여 불쾌하였다는 내용의 고객불만 서신을 많이 보았다. 따라서 승객의 가시권에서 서비스 하고 있는 승무원은 바닥에 떨어진 물건이나 부스러기를 회수할 경우 항상 냅킨(Napkin)을 사용하여 물건을 감싼 후 줍는 습관을 가져야 하며 따라서 Aisle cleaning 시 모든 승무원은갤리 내 비치된 비닐장갑을 끼고 바닥솔을 사용하여 Aisle Cleaning을 수행하여야 하며 담당 승무원은 일반적으로 주니어 승무원이 실시하고 있다.

사용전 기내 복도
청소용 솔

사용 후 솔 모습

깨끗하게 청소된
기내 복도(Aisle)

☑ Aisle Cleaning

Aisle Cleaning 시 사용
하는 솔. 바닥을 문지르
면 과자나 먼지, 부스러
기가 솔 안쪽으로 모이며
업무가 끝난 후 뚜껑을
열고 쓰레기통에 털어 버
리면 된다. 승객이 승무
원의 행동을 주시하고 있
으므로 위생에 주의하며
실시 해야 한다.

갤리에 항상 비치되어 있는
비닐장갑, Aisle Cleaning
or LAV 정리 시 사용

참고

일반석 기내 식음료 서비스 시 승무원 듀티 : DUTY 근무 기준표

음료 제공	☐ 준비된 음료를 종류별로 소개하고 주문을 받아 제공하며 냅킨 및 땅콩을 함께 제공 ★ 중간열 승객에 대한 서비스 공백이 발생하지 않도록 유의하여 양쪽 Aisle 에서 상호 확인하며 진행 ☐ Tray로 제공하는 경우 Choice가 될 수 있도록 Galley에서 수시로 Refill하며 제공 ☐ 음료 제공은 창 측, 회수 시에는 통로 측 먼저 실시하되 '한 잔 더 드시겠습니까?'라고 문의 후 회수	Aisle 담당
식사 제공	☐ Main Dish Heating 상태 점검하여 적정 Setting 시점 조절 ★ Main Dish Setting 시 Tray의 물기는 반드시 닦고, Butter가 녹지 않도록 유의 ☐ Tin Foil이 훼손된 것은 새 것으로 교환해서 최상의 상태로 제공 ☐ 준비된 식사 메뉴를 안내하고 양식 Entrée는 조리법과 Starch도 함께 소개 ☐ 외국인에게 비빔밥 서비스 시 비빔밥 안내지 제공 및 취식방법 설명 ☐ 와인 종류를 소개하고 주문받아 제공하고 드시지 않는 분께 다른 음료도 준비되어 있음을 안내 ★ 어린이에게 음료 제공 시에는 필히 보호자의 동의를 구한 후 제공 ☐ 미역국 제공 시 반드시 '뜨거우니 조심하라'는 안내 후 주의해서 제공 ☞ 손에서 손으로 전달 금지 ★ 미역국을 전달할 경우 Tray 기울기 및 놓는 위치에 유의하고 승객 머리 위로 이동하지 않도록 주의 ★ 취침 및 미취식 승객 정보를 Galley Briefing Sheet에 기재/정보공유하여 운항 중 취식 여부 재확인 ★ SPML 제공 시 주문 승객 및 주문 내용을 재차 확인한 후 제공하되, 식사 제공 직후 필히 음료를 제공 ♣ 주무시는 승객은 서비스 스티커를 부착하고 깨어나면 식사 여부 확인한 후 서비스 스티커 제거 ♣ 전문용어 사용 지양(차일드밀 오더하셨습니까? → 어린이 식사로 햄버거를 주문하셨습니까?) ♣ 메뉴 선택 불가 시 상황 설명 및 양해를 구한 후 2nd Meal 제공 시 우선적으로 드린다고 안내 ♣ 식사 제공 후 Galley 담당 시니어 승무원은 필히 Meal Skip 여부 재확인 ♣ 바쁜 상황에서 신뢰감과 정확성을 유지하기 위해 메모패드 적극적으로 활용	전 승무원
Tea & Coffee	☐ Coffee는 제공 직전에 Brewing하여 신선하고 뜨겁게 제공 ☐ Tea 제공 시 준비된 Tea 종류를 소개한 후 제공 홍차, 현미녹차, 춘설차 등 ★ 승객의 화상 방지를 위해 항상 조심하고, Tray 높이를 낮춰 승객이 안전하게 집을 수 있도록 배려	전 승무원
식사 회수	☐ Meal Tray는 천천히 회수하되, 먼저 치워주기를 원하는 승객에게는 우선적으로 응대 ☐ Meal Tray 회수 시 승객과 자연스런 대화를 유도하며, 식사,서비스에 대한 만족도 확인	전 승무원

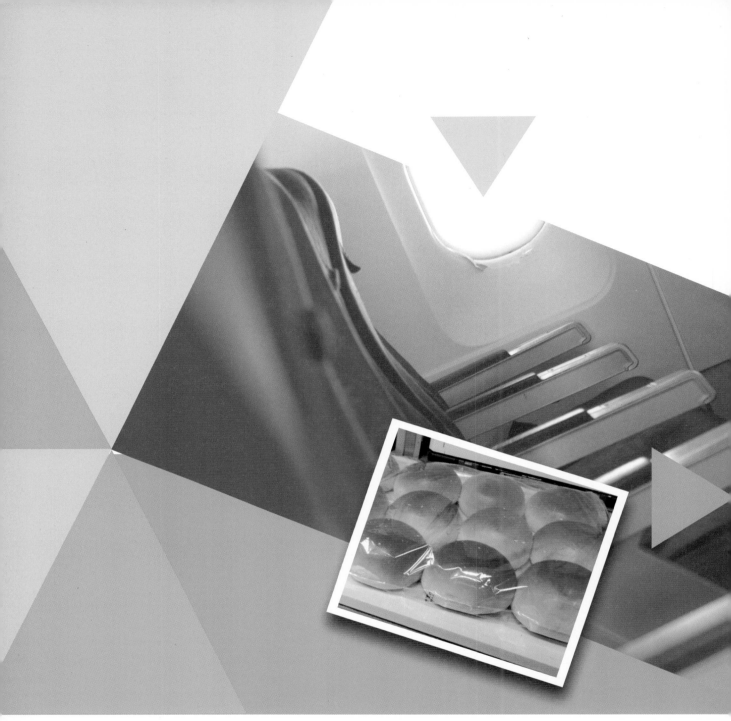

Cabin Food & Beverage Service

In-Between Snack(간식)

Chapter

08 In-Between Snack (간식)

In-Between Snack이란 장거리 노선에서 정규 Meal 외의 시간에 제공하는 간식 개념으로서 영화상영, 승객 휴면, 기내판매 등의 시점에 제공하며 비행 중 Meal 서비스와의 적정 시간 간격을 유지하여 1st Meal과 2nd Meal 사이에 제공한다. 하지만 승객이 간식을 요청한 경우, 스낵 서비스를 계획한 시점이 아니라도 즉시 제공하고 있다.

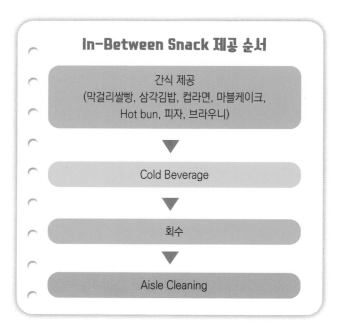

In-Between Snack 제공 순서

간식 제공
(막걸리쌀빵, 삼각김밥, 컵라면, 마블케이크,
Hot bun, 피자, 브라우니)

▼

Cold Beverage

▼

회수

▼

Aisle Cleaning

01 In-Between Snack의 종류

간식의 종류는 항공사,노선별 약간씩 차이가 있을 수 있으며 KE 항공사의 경우 In-Between Snack의 종류에는 핫번(Hot bun : 빵 안에 고기 다진 것을 넣은 것), 치킨불고기 주먹밥, 피자, 삼각김밥, 컵라면, 마블케이크, 브라우니, 새우깡, 바나나 등이 있고 OZ 항공사의 경우 브리또,피자,스낵과자가 있다.

주먹밥은 오븐에서 22분 정도
가열하여 제공한다.

2022년 8월 현재, 대한항공에서는 장거리노선 In-Between Snack,
초단거리 노선 기내식에 주먹밥을 제공하고 있다.(냉동가열식품)

국제선 일반석에 Snack
으로 제공되는 브라우니
(Brownie)

대리석 모양으로 생겨서 마블케이크라 한다.

국제선 일반석에 Snack으로 제공되는 삼각김밥과 마블케이크

국제선 일반석에 Snack으로 제공되는 컵라면과 새우깡 : 새우깡은 비행 중 압력차 때문에 상당히 부피가 늘어나게 된다. 서비스 직전 깨끗한 이쑤시개같은 뾰족한 물체로 비닐에 구멍을 조금 내주면 정상으로 돌아옴.

국제선 일반석에 Snack으로 제공되는 핫 번(Hot Bun), 오븐을 이용해 따뜻하게 데워서 제공하며 빵 안쪽에 소고기가 들어 있음. 따라서 채식주의 승객, 종교적인 이유로 소고기를 취식하지 않는 승객에게는 제공하지 않는다.

국제선 일반석에 Snack으로 제공되는 바나나(일반적으로 스페셜밀 취식했던 승객에게 제공한다)

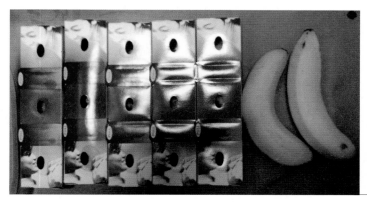

가열하여 제공하는
박스형 피자

① Heating이 필요한 Snack은 미리 Heating한다.

② Drawer(또는 Bread Basket)에 종류별 Snack과 Cocktail Napkin을 준비한
다. Hot Bun 등 포장이 되지 않은 Snack이 포함된 경우에는 Bread Tongs도
함께 준비한다.

③ 가열이 필요한 피자는 해동된 상태의 피자를 오븐에 넣고 약 15분 정도 가열하
여 제공한다.

④ 가열한 피자는 2분 정도 식힌 후 서비스하되, 실온에서 지나치게 시간이 많이
경과하면 표면이 굳어 딱딱해지므로 유의해야 한다.

⑤ 컵라면이 제공되는 경우 나무젓가락도 동시에 준비한다.

⑥ Snack과 함께 제공할 음료를 Tray에 준비한다.

기내 일반석 탑재되
는 라면 젓가락

173

In-Between Snack 서비스 방법

In-Between Snack은 노선별로 차이가 있으나 다음 사진과 같이 종류별로 Drawer나 Bread Basket에 정돈하여 냅킨과 함께 제공하며 의외로 In-Between Snack 서비스 시 고객불만이 발생하는 경우도 있으니 다음 페이지의 "제공시 유의사항"을 유심히 학습하여 승객에게 간식제공 시 적절히 대처하기 바란다.

Snack 제공시점

① 영화상영 시, 승객 휴식 시, Walk Around 시, 기내판매 시 등에 제공한다.
② 1st와 2nd Meal 사이 시점에 서비스하되, Meal 서비스와의 적정 시간 간격을 유지한다.
③ 승객이 간식을 개별적으로 요청하는 경우에는 사전에 계획한 시점과는 별도로 해당 승객에게 즉시 제공한다.

아시아나항공사의
간식 : 브리또와
피자

미주에서 출발하여 한국으로 비행하게 될 때
제공하는 간식

아시아나항공사의
스낵과자

① 승객이 자유롭게 취식할 수 있도록 하며 승객이 만석인 상태에서 창측이나 내측에 있는 승객이 요청하면 객실승무원이 제공할 수 있다.

② 승객이 라면을 취식하는 경우 객실승무원은 용기에 뜨거운 물을 부어 제공하고 1인당 1개씩만 들고 좌석으로 돌아갈 수 있도록 권유한다(화상 방지).

③ 가열한 피자는 상당히 뜨거울 수 있으므로 승객에게 조심하도록 안내한다.

④ Aisle 담당 승무원은 영화상영 시, 승객 휴식 중 기내를 순회하며 준비한 음료수와 함께 제공한다.

⑤ 준비된 Snack을 Drawer(또는 Bread Basket)에 담긴 채로 승객에게 보여주며 종류를 소개하고 권한다.

⑥ 승객이 직접 집도록 안내하되, 통로에서 먼 곳에 착석한 승객에게는 승무원이 Table에 Napkin과 함께 놓아드린다. 이 경우 Hot Bun, 막걸리쌀빵 등은 Bread Tong(빵 집게)을 이용한다.

⑦ Snack 제공 직후, Tray에 준비한 음료를 서비스한다.

In-Between Snack 서비스 시 사용하는 Bread Basket : 린넨(Linnen)을 사용하여 먼저 바스켓을 감싸고 후에 In-Between Snack을 넣어 서비스한다.

⑧ 서비스 후 잔여 Snack은 Drawer에 담아 Self Service Corner에 준비해 두거나 승객 요청에 따라 개별 서비스한다.

⑨ 스낵을 제공함으로써 많은 승객의 불편이 줄어든 것은 명확한 사실이나 제공 과정에서 의외로 적지 않은 고객 불만이 발생하기도 한다. 사실 기내에 탑재되는 간식은 탑재 공간상 무한정 탑재가 불가능하기 때문에 승객 대비 적정량을 계산하여 갤리 공간에 탑재되어 서빙하는 객실승무원의 마음을 안타깝게 하는 원인이 되기도 한다. 유난히 많은 승객들이 한 가지 스낵만을 선택할 때 또는 지나치게 많이 원하시는 승객이 있을 때 뒤편의 승객의 원활한 스낵 선택을 위해 제공하는 승무원이 개수를 제한하기도 하고 이 과정에서 표정도 조금 불편해지는 것은 사실이다. 이러한 경우 스낵을 이용하는 승객으로 하여금 불편한 감정을 가지게 하고 목적지나 한국에 도착 후 바로 고객 불만으로 이어지는 것이다. 저자의 생각으로는 In-Between Snack을 제공할 때 개수, 종류를 제한하지 말고 승객의 선택에 맡기며 모자랄 경우 상위 클래스에 문의하거나 다른 품목으로 대체하는 등의 적극적인 서비스 자세가 요구된다 할 것이다.

In-Between Snack과 동시에 제공하는 음료수 Tray

기내 간식용으로
제공되는 라면

라면 및 기내 일반석에서 제공되는 미역국, 된장국, 커피, 녹차 등은 뜨거운 물을 부어 승객에게 제공되므로 객실승무원은 뜨거운 음료 제공 시 각별한 주의를 요한다.

2015년 8월 인천공항에서 파리로 가는 비행기에서 국내 A항공사에 전직 모델이었던 한 승객이 뜨거운 라면국물에 화상을 입어 항공사에 2억원의 민사소송을 제기하여 큰 이슈가 되었다. 라면국물, 커피 등 뜨거운 물을 취급하는 승무원은 그 자체가 위험물이라는 생각으로 서비스 시 주의를 해야 한다.

① 승객에게 화상을 입힐 수 있으므로 제공이나 회수 시 집중해야 한다.

② 기체 요동 시에는 승객에게 미리 양해를 구하여 안정된 후 서비스해야 한다.

③ 승무원, 승객의 실수로 뜨거운 액체를 엎질렀을 경우에는 즉시 아래의 화상 응급처치를 하고 필요한 경우 기내 의사 호출방송을 하여 의료진의 전문치료를 받도록 한다.

2016년부터 시작된 기내 화상 발생 시 신개념 화상 응급처치법

치유 환경을 제공하고, 상처 부위에 지속적인 냉각 효과를 제공하여 상처 부위의 통증을 경감시켜 주는 제품이다. 또한 상처에 달라붙지 않아 드레싱 교환 시의 통증을 완화해 주며 나아가 흉터 생성도 완화시켜 주는 효과가 있다. 이러한 첨단기술 하이드로겔 드레싱 "Burntec"은 화상 부위, 비감염성의 모든 상처 등 적용 범위가 넓고, 5 x 5cm ~40 x 60cm 등 제품의 크기 또한 다양하여 2016년부터 항공사에서 승객이나 승무원 화상 응급 치료용으로 도입할 예정이다.

기존의 기내 화상 응급처치 방법은 응급조치 시 처치 자의 손과 화기를 빼는 물을 통하여 감염을 일으킬 수 있는 소지가 다분하여 항공사에서는 "Burntec"이라는 제품을 사용하기 시작하였다.

첨단기술 하이드로겔 드레싱 "Burn-tec"은 "냉각 효과"를 지닌 다기능성 상처 드레싱으로 90% 이상의 수분을 포함하고 있는 흡수성 드레싱 제품이다.

Burntec은 화상 부위의 열을 신속히 냉각시켜 상처 부위를 진정시킬 뿐만 아니라 적절한 열 교환과 수분균형을 통해 최적의 습윤한 상처치유 환경을 제공하고, 상처 부위에 지속적인 냉각 효과를 제공하여 상처 부위의 통증을 경감시켜 주는 제품이다. 또한 상처에 달라붙지 않아 드레싱 교환 시의 통증을 완화해 주며 나아가 흉터 생성도 완화시켜주는 효과가 있다. 이러한 첨단기술 하이드로겔 드레싱 "Burntec"은 화상 부위, 비감염성의 모든 상처 등 적용 범위가 넓고, 5 x 5cm ~ 40 x 60cm 등 제품의 크기 또한 다양하여 2016년부터 항공사에서 승객이나 승무원 화상 응급 치료용으로 도입하여 2022년 9월 현재도 계속 사용되고 있다.

화상 응급처치 절차

[현행] 물 이용 화기제거	[변경] BurnTec 이용 화기제거
① 화상 부위의 의복, 장신구 등을 조심스럽게 제거하여 화상 부위를 노출시킨다. ② 화상 부위를 흐르는 물(10~15℃)에 약 20분 이상 대거나 담근다. 만약, 흐르는 물로 화기 제거가 어려운 경우에는 거즈나 깨끗한 수건에 물을 적셔 화기를 제거한다. ③ 화상 연고를 충분히 도포하거나 FAK 내 리도아거즈를 사용한 후 멸균거즈와 붕대로 느슨하게 고정시킨다. ④ 통증 지속시 진통제(타이레놀)를 제공한다.	① 화상 부위의 의복, 장신구 등을 조심스럽게 제거하여 화상 부위를 노출시킨다. ② FAK 내 화상 치료용 거즈(Burn Tec)을 환부에 얹고 탄력 붕대로 느슨하게 고정한다. Burn Tec을 사용하기 어려운 경우에는 상온의 흐르는 물 또는 차가운 린넷 등을 이용하여 화기를 제거 후 화상연고 도포 및 멸균거즈와 붕대로 느슨하게 고정시킨다. ③ 필요 시 진통제(타이레놀)를 제공한다. 주) 화상 부위 이물질이 있는 경우 깨끗한 물로 세척한다.

공통 주의 사항

- 화상 응급처치 시에는 얼음이나 얼음주머니를 사용하지 않는다.
  - 얼음찜질 경우 피부조직 손상 및 상처 악화 가능
- 화상으로 인한 수포를 터뜨리지 않도록 주의한다.

Burn Tec 사용 방법

1. 포장 개봉 후, 플라스틱 몰드에서 제품을 꺼낸다.

2. 이때, 제품의 상부에 부착되어 있는 필름은 제거하지 않는다.

3. 플라스틱 몰드에 접해 있던 부분을 화상부위로 향하게 하여 적용시킨다.

4. 상처에 드레싱을 적용 시킨 후 상부에 있는 필름을 제거한다.

5. 탄력붕대를 이용하여 고정한다. 필요 시 진통제를 제공한다.

기내 화상환자에 Burn Tec를 사용하여 도포 한 모습

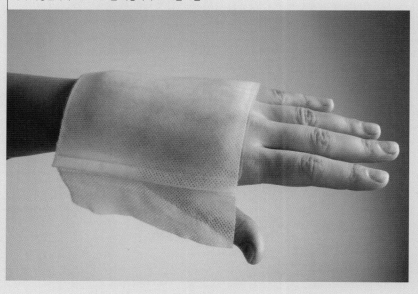

In-Between Snack 회수

In-Between Snack 서비스 후 기내 쓰레기가 많이 발생됨에 따라 신속히 회수하지 않으면 객실의 쾌적성이 많이 떨어지게 되고 특히 비닐 포장지 같은 물질은 승객이 잘못 밟을 시 미끄러져 상해를 입을 수 있다. 따라서 서비스 직후 준비된 Drawer를 사용하여 모든 쓰레기를 회수 하여야 하고 갤리 쓰레기통이나 탑재된 In-Between Snack 카트의 빈 공간을 이용하여 처리하여야 한다. 회수 시 유의사항은 아래와 같다.

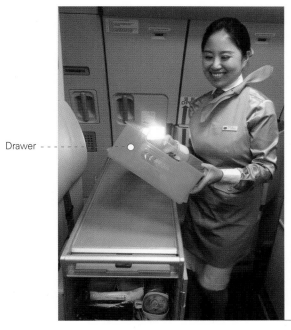

Drawer

간식 회수용 Drawer를 들고 있는 중국 현지 승무원. 현재 대한항공에는 상당히 많은 수의 중국 현지 승무원이 자국인 승무원 못지않게 열심히 근무하고 있다.

① 객실승무원은 제공한 모든 In-Between Snack의 잔여물을 회수해야 하며, 회수 시에는 기내의 Drawer를 이용하여 사용한 컵과 쓰레기류를 수거한다.
② 취식하고 남은 라면은 일반 수거용 쓰레기통에 버려야 하며 갤리 내 물방수구(Water Drain)나 압축 쓰레기통(Trash Compactor)에 넣으면 안 된다. 이러한 찌꺼기가 있는 물품은 막힘현상과 고장을 일으킬 수 있기 때문이다.

Cabin Food & Beverage Service

국내선
음료 서비스

Chapter

09 국내선 음료 서비스

01 국내선 비행(Domestic Flight) 음료 서비스

국내선에서는 제공되는 음료수는 FSC, LCC 항공사 별 종류,용량등 차이가 있을 수 있으며 본 교재 에서는 항공사 중에 제일 많은 국내노선을 운항하는 KE 항공사에서 사용되는 음료수를 중심으로 학습 하기로 한다. 2022년 8월 현재, 아직도 대한항공에서는 국내선에서 다양한 종류의 음료서비스를 재개하지 않고 있으며 코로나 19 종식 후 시작될 예정이다.

비행시간이 짧은 구간에서는 아래와
같이 Tray로 음료를 서비스한다.

종이컵 : 국내선에선
종이컵만 사용한다.

감귤주스 : 제주행
비행기에서 사용

토마토주스

시원한 녹차

오렌지
주스

냅킨

커피

KE에서 Tray를 이용하여
음료수를 제공하는 구간

- 제주/광주/제주
  (비행시간 32분)
- 제주/여수-제주
  (비행시간 34분)

국내선 음료 서비스 카트
서비스 직전 준비된 상태

더운 녹차를 위한
뜨거운 물

콜라

생수

커피크림

종이
타월

어린이용 발대

어린이용
컵뚜껑

- 국내선 구간은 Half 카트가 아닌 Full Cart$^{(긴 카트)}$를 이용하여 음료 서비
  스를 진행하는 것을 원칙으로 하나, 다만 비행시간이 상당히 짧은 다음
  의 국내선 구간은 Tray를 이용하여 제공한다.

국내선에 서비스되는 음료 종류

    국내선 비행(Domestic Flight)에서는 아래와 같이 생수, 토마토주스, 냉녹차, 뜨거운 녹차, 오렌지주스, 콜라, 감귤주스(제주구간), 커피를 제공하고 있으며 국내선 승객은 항공기에서 제공하는 음료수가 상당히 특이하고 맛있는 음료라고 생각할 수 있으나 이러한 음료수는 국제선에서 사용되는 외국산 기내음료와 달리 국내 마트에서 흔히 볼 수 있는 즉, 국내 음료회사가 제조한 음료를 항공사에서 대량 구입 하여 제공하고 있다. 또한 승객의 위생을 위해 왕복구간에서 사용하고 남은 음료는 재사용 하지 않고 전량기하여 폐기처분 하고 있다.

국내선에 제공되는 커피와 녹차-인스턴트 커피는 Coffee Maker가 없는 경우 사용

03 국내선 비행 음료 제공 시 유의점 13가지

국내선 에서는 국제선과 달리 기내서비스 시 발생하는 고객불만 사항이 적을 수 있다. 하지만 국내선 고객불만 대부분이 기내음료 서비스 과정에서 발생 하므로 아래의 유의사항을 꼼꼼히 학습하여 미연에 방지 하도록 해야 한다. 국내선은 비행시간이 워낙 짧아 승객에게 불편을 끼치게 되면 사후 수습할 수 있는 가용시간이 많지 않은것이 특징이다. 따라서 기내 서비스 도중 승무원의 실수를 최대한 줄여야 하며 이러한 점이 본장을 학습하는 이유이기도 하다.

① Tray를 이용하여 서비스할 경우 Large Tray에 오렌지주스, 냉녹차, 생수를 준비하여 냅킨과 함께 제공하고, 커피를 원하는 승객에게는 개별적으로 서비스한다.

② 승객에게 Tray를 이용하여 음료를 제공할 때에는 냅킨이 승객쪽을 향하도록 한다.

③ 국내선 구간 중 제주/광주/제주, 제주/여수/제주 구간을 제외한 모든 구간은 Full Cart 서비스를 실시하며, 카트 상단에는 냅킨, 커피 Pot, Tea Pot, 종이컵, 찬 음료, Muddler Box를 준비하고 카트 내부에 여분의 음료를 세팅한다.

④ 서비스 진행은 앞에서 뒤로, 뒤에서 앞쪽으로 진행하며 창측 승객에게 제공할 때에는 통로 측 승객에게 양해를 구하고 제공한다.

⑤ 음료를 주문받았을 때에는 냅킨을 먼저 깔고 음료를 승객의 Meal Table위에 놓아 드린다.

⑥ 커피를 원하는 승객에게는 크림과 설탕도 같이 주문받아 동시에 제공한다.

⑦ 녹차는 냉녹차와 뜨거운 녹차를 제공하는데 승객이 뜨거운 녹차를 주문했을 경우 티백과 냅킨을 먼저 서

컵 뚜껑과 빨대 : 국내선, 국제선 공용

컵과 발대가 완성된 모습 :
국내선, 국제선 공용

비스하고 뜨거운 물을 준비하여 냅킨을 한 장 더 깔고 놓아 드린
다.(사용한 티백은 냅킨 위에 건져 놓도록 안내하는 것을 잊지말아야 한다)

⑧ 뜨거운 음료를 제공할 경우에는 승객이 화상을 입지 않도록
각별히 유의해야 하며, 취침 승객에게는 안내 문구가 적힌
Tag을 붙여 추후 다시 의향을 물어 보도록 한다.

⑨ 국내선 주스류 서비스 후 잔량이 있는 경우 패턴 비행 종료 시 사
용분 전량 폐기한다.

⑩ 어린이 승객에게는 종이컵 뚜껑을 닫고 빨대를 꽂아서 제공
한다.

⑪ 음료 서비스 시 전방을 바라보고 있는 승무원도 승객에게 응대할 때에는
반드시 몸을 충분히 돌려 정면으로 응대하도록 한다.

⑫ 커피, 녹차 등의 뜨거운 음료는 뜨겁게, 주스나 콜라 등 시원하게 제공하는
음료는 반드시 시원하게 된 상태에서 제공한다.

⑬ 객실 음료 서비스는 기내 조명을 제일 밝게 한 상태에서 제공하며, 야간 운
항이거나 대부분의 승객이 취침 중일 경우 적절히 조절할 수 있다.

국내선 음료 서비스
후 갤리로 들어온
음료 Cart

04 국제선, 국내선 비행 중 기체 요동(Turbulence) 시 음료 서비스 방법

3만5천~4만피트 정도 고도를 높게 비행하는 국제선 노선과 달리 국내선은 2천~5천피트로 비교적 낮은 고도를 유지하며 비행하기 때문에 구름이나 기타 기류의 영향을 많이 받을 수 있다. 따라서 국내선 비행 시 기체요동에 특히 유의해야 하며 하단의 유의사항을 철저히 학습하여 승객의 피해를 사전에 방지할 수 있도록 하여야 한다. 국내선/국제선 비행 중 기체요동 시 음료서비스 방법 및 처리방법 아래와 같다.

① 항공기 상승 중 켜 있던 벨트사인이 한 번 더 점멸하고 다시 켜진 경우 객실승무원에 의한 국내선 기내 음료 서비스 준비는 가능하나, 음료 서비스는 실시하지 않는다.

② 음료 서비스 도중 기체 요동이 발생하면 즉시 기내방송을 실시하고 커피, 녹차와 같은 뜨거운 음료는 음료 카트 내부에 넣어두어 승객의 안전을 도모하며 찬 음료 위주로 제공하여야 한다.

KOREAN AIR
메뉴 / 마이페이지
〈 이전   전자우대할인권

2018-04-04 ~ 2019-04-03
사용 가능 금액
KRW 40,000

• 성명
• 쿠폰 번호
• 최초 발행 금액   KRW 40,000

ⓘ **유의사항**

• 사용 가능한 쿠폰만 조회되며, 이미 사용하셨거나 유효기간이 만료된 쿠폰은 조회되지 않습니다.
• 본 쿠폰은 본인만 사용하실 수 있으며, 양도가 불가합니다.
• 당사 항공권(공항이용료 및 세금 제외) 구매 시 또는 당사 운항구간의 초과수하물 요금 지불 시 표시된 금액을 할인하여 드립니다. (공동운항편 제외) 단, 원화(KRW) 이외의 통화로 환산할 경우에는 접수일의 기준환율을 적용합니다.
• 발행일로부터 1년간 유효하며, 현금 환불이 불가합니다.
• 본 쿠폰에 대한 자세한 문의는 대한항공 서비스센터 혹은 customersvc@koreanair.com 으로 연락하여 주시기 바랍니다.

③ 기체 요동으로 인해 음료를 승객에게 엎질렀을 경우 즉시 사과드리고 닦아 드려 승객의 불편함을 해소해야 한다.

④ 항공사 에서는 승무원이 기내에서 개인의 현물,현금을 사용하여 승객에게 보상하는 것을 엄격히 금지하고 있으며 승객이 기내 서비스 감사 표시로 제공하는 후의(팁.Tip)를 수수하는 행위 역시 금지하고 있다.

[대한항공 / Korean Air]

전자우대할인권 발송 안내 / Information about 'Complimentary e-Coupon'

항상 저희 대한항공을 이용해 주심에 감사 드리며, 금번 여행시 불편을 겪으신 점에 대해 송구스러운 마음을 담아 전자우대할인권을 제공해 드리고자 합니다. Thank you for flying Korean Air. We regret that you experienced inconveniences on your recent flight. Please accept our complimentary e-Coupon.

[전자우대할인권 / Complimentary e-Coupon]

[대한항공 / Korean Air]

전자우대할인권 발송 안내 / Information about 'Complimentary e-Coupon'

항상 저희 대한항공을 이용해 주심에 감사 드리며, 금번 여행시 불편을 겪으신 점에 대해 송구스러운 마음을 담아 전자우대할인권을 제공해 드리고자 합니다. Thank you for flying Korean Air. We regret that you experienced inconveniences on your recent flight. Please accept our complimentary e-Coupon.

[전자우대할인권 / Complimentary e-Coupon]

■ 성명/Name   MS]
■ 금액/Amount [KRW 20,000]
■ 쿠폰번호/Coupon Number [EC

참고

* 과거부터 2021년까지 기내에서 승무원이 음료를 엎질렀을 때 기내 사무장에 의해 승객에게 지급되던 클리닝 쿠폰(Cleaning Coupon:세탁쿠폰, 장당 $10)은 2022년부터 승객의 이메일로 발송되는 전자우대할인권(Complimentary e-Coupon)으로 교체되었다.
전자우대할인권은 기내에서 해당편 사무장이 승객의 연락처를 확보해야 하며 목적지 도착 직후 작성된 보고서에 의해 회사에서 승객의 이메일로 발송되고 장당 1만원, 최대 5장까지 발송 되어진다.

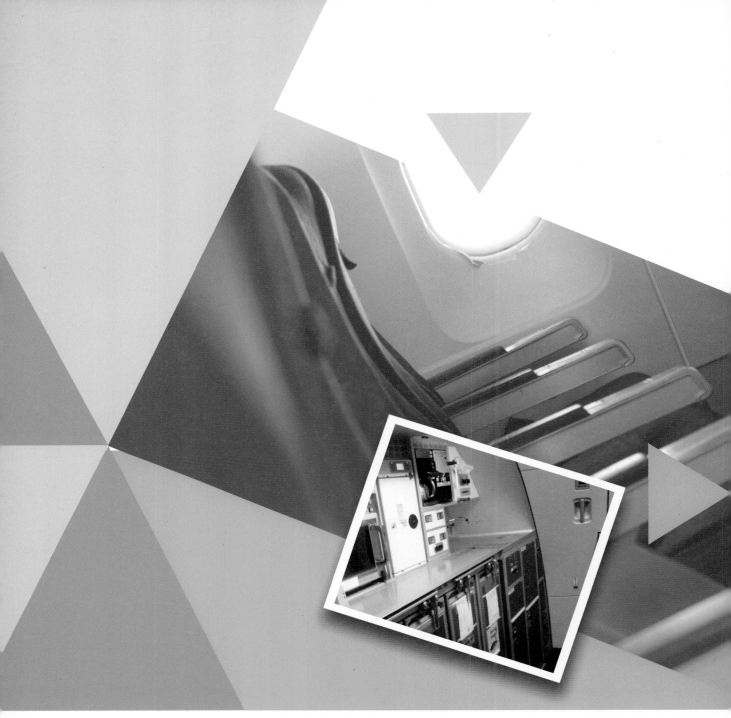

Cabin Food & Beverage Service

오븐(Oven) 및
일반석 서비스
기물의 이해

10 오븐(oven) 및 일반석 서비스 기물의 이해

서비스 기물이란 기내 서비스에 사용되는 모든 집기를 의미하며 항상 깨끗하고 청결하게 관리되어야 한다. 서비스 시 사용하는 기물은 아래의 규정을 준수하여 사용하여야 한다.

① 각 클래스 별로 정해진 서비스 기물을 사용해야 하고
② 모든 서비스 기물은 위생을 고려하여 갤리바닥이나 복도에 내려놓지 않아야 하며
③ 서비스 시작 전에 서비스 기물의 청결도 및 상태를 점검한 후 사용해야 한다.
④ 그리고 사용한 기물은 다음팀이 연속 사용할 수 있도록 안전하게 회수,보관 하여야 하며
⑤ 갤리에서만 사용해야 하는 기물은 승객이 볼 수 있는 장소에서 사용하지 않는다.
⑥ 마지막으로 서비스 기물을 취급 시 에는 부딪히거나 떨어뜨리는 등 기물로 인해 소음이 발생하지 않도록 유의해야 한다.

또한 기내 각 클래스별로 사용하는 기물이 상이하나 본 교재에서는 예비 승

무원이 항공사 입사 후 가장 많이 근무하게 될 일반석의 기물에 대해 심도있게 알아보고자 한다.

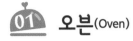 오븐(Oven)

(1) 오븐의 원리

오븐의 원리를 설명하기 전에 초등/중학교 때 배웠던 열의 이동에 대한 원리를 먼저 기억하고 넘어가기로 한다. 열(Heat)이 이동하는 현상은 크게 3가지가 있는데 전도(Conduction), 대류(Convection) 그리고 복사(Radiation)이다.

열이라는 에너지(Energy)는 어떤 매개체가 전달을 도와주게 되는데, 열을 가진 두 물체가 서로 직접 맞닿아서 전달되면 전도(Conduction), 공기를 매개체로 두 물체 간의 열을 전달해주면 대류(Convection), 매개체 없이 직접 열 에너지가 전달되는 경우는 복사(Radiation)라고 한다. 여기서 중요한 건 대류(Convection)가 되겠는데, 공기가 열 에너지를 전달할 때는 가장 핵심적인 내용은 따뜻한 공기는 가벼워서 위로 올라가고, 차가운 공기는 무거워서 아래로 내려온다는 내용이다. 방을 데울 때 아랫공기를 데워도 데워진 공기가 위로 올라가고 위의 차가운 공기가 내려와서 다시 데워지는 게 바로 대류(Convection) 때문이다.

만약에 난방기를 천장에 달아놓으면 난방기의 바로 밑은 따뜻할 지 몰라도

참고

일반적으로 흔히 알고 있는 가정용, 업소용 오븐은 모두 컨벡션 오븐이다.

열의 순환(대류)이 잘 이루어지지 않아 방안이 모두 따뜻해지는 데는 시간이 훨씬 오래 걸리고 흔히 오븐을 부를 때 컨벡션 오븐(Convection oven)이라고도 부르는데, 대류(Convection)의 원리를 이용해서 음식을 데워주기 때문에 일반오븐을 그렇게 부르게 되었다.

항공기 오븐 내부도 마찬가지로 오븐 스위치를 작동시키면 일정한 온도의 뜨거운 공기가 오븐 내부에 가득 차기 때문에 오븐 안에 꽉 차있는 기내식을 둘러싸고 있는 뜨거운 공기에 의해서 조리가 되는 것이라 생각하면 되겠다.

하지만 최근에 도입되는 최신형 A380. B737MAX, B7478i, 항공기 갤리에는 습식오븐도 장착되어 오븐 상단 작동메뉴에 장착되어 있는 습식(Moisture) 버튼만 누르면 앙뜨레(Entree)나 면타월(Cotton Towel)이 습기를 머금을 수 있게 가열하는 초현대식 오븐도 현재 하늘에서 선보이고 있다.

보온 스위치 표시등
보온 스위치   냉장고 스위치   보안 비상벨   갤리 전원
                            갤리 조명   차단 스위치

작동되고 있는 구형 타이머식 오븐 및 타이머

오븐 작동 스위치 가열이 끝나면 경보음이 울리면서 Ready 부분에 파란불이 점등된다.

가열의 강약을 조절하는 스위치 Hi-Med-Low 순으로 되어 있다. 일반적인 기내식은 Med를 많이 사용한다.

오븐타이머, 원하는 시간만큼 시계 방향으로 돌리면 되며 숫자는 분을 표시한다.

(2) 오븐(OVEN)의 구조

OVEN은 국제선 모든 클래스 갤리에 장착되고 기내식을 데우거나 면타월/빵을 따뜻하게 하는 용도로 사용되며 국제선 승무원들이 가장 먼저 익혀야 하는 기내설비 중 하나이다.

사용법은 먼저 기내식 Entree를 넣고 오븐 상단에 장착되어 있는 타이머 스위치 또는 디지털 버튼을 원하는 시간으로 맞춘 후 작동스위치를 누르기만 하면 가열되며 Heating(가열)이 완료되면 일정한 경고음을 울려 객실승무원이 인지할 수 있게 되어 있다.

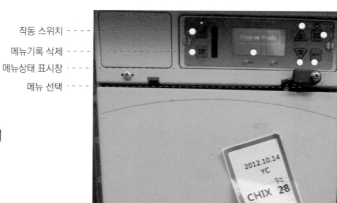

작동 스위치 - - - -
메뉴기록 삭제 - - - -
메뉴상태 표시창 - - - -
메뉴 선택 - - - -

- - - - 시간 조절
- - - - 잠시 정지
- - - - Enter 스위치

디지털식 신형 오븐 모습(Touch 방식)

- - - - 오븐랙을 고정해 주는 프레임 (Frame)

- - - - 수증기가 빠져나가는 구멍

- - - - 기내식 앙뜨레를 오븐 안에 정렬할 수 있는 선반 – 오븐랙(Ovenrack)이라고 한다.

신형 오븐 내부 모습

상당히 고열이 발생하므로 취급 시 각별한 주의가 필요하며, 오븐 내부에는 인화성 물질의 지입이 오븐 화재 방지를 위해 엄격하게 금지되어 있다.

(3) 기내 오븐 사용 시 유의점

① 기내식은 식사 준비시간, 식사 제공시간을 미리 예상하여 모든 승객에게 뜨거운 식사를 제공할 수 있도록 여유 있게 가열한다.

② 기내식 제공시간에 수면을 취하는 승객 등 식사 시간대가 맞지 않는 승객에게 기내식을 제공하는 경우 Entree 상태 및 온도를 점검하고 뜨겁게 하여 제공한다.

③ 기내식의 가열은 온도 설정이나 오븐상태에 따라 상이할 수 있으니 가열 후 적정성을 반드시 점검하여 추가 가열 여부를 결정한다.

④ 계란요리는 가열 후 오븐에서 방치해 두면 굳어지고 색이 검거나 푸르게 변하므로 가열 종료 후 즉시 제공한다.

⑤ 화재예방 위해 오븐 내부에는 일체의 가연성 물질(종이, 비닐, 플라스틱 제품 등)을 넣지 말아야 한다.

⑥ 오븐 화재가 발생할 경우 객실승무원은 즉시 서킷브레이커(Circuitbreaker)를 차단하고 소화기를 이용해 화재를 신속히 진압해야 한다.

A380 신형 습식 Oven 소개

DOOR KNOB MUST BE IN "LOCK" POSITION DURING TAXI, TAKE-OFF, TURBULENCE, OPERATION AND LANDING.

가운데 손잡이를 오른쪽, 왼쪽으로 회전하여 오븐을 개폐한다.

A380 Galley 내에는 다음 사진과 같은 최신형 오븐이 설치되어 있다. 해당 오븐은 습식 기능을 갖추고 있어 가열 중 음식이 지나치게 눌어붙거나 타는 현상을 방지하며 계속 뜨거운 증기를 공급하여 항상 촉촉한 맛을 유지하는 기능이 있다. 또한 건열 오븐보다 조리시간이 매우 짧은 장점 또한 갖추고 있다.

OVEN Door

(4) 신형 오븐 작동법

1. 프로그램 설정

2. 문을 닫는다.

3. 온도 메뉴 설정

4. 가열 중

신형 오븐과 구형 오븐의 차이점은 신형은 디지털로 오븐을 작동하며 습기가 공급되는 메뉴가 있어 기내식의 원형을 잘 살려 제공할 수 있다. 또한 구형 오븐은 오븐 도어(Oven Door)가 열려 있는 상태에서도 작동이 가능하나 신형 오븐은 안전 및 화재 방지를 위해 오븐 도어(Oven Door)가 완전히 닫기지 않으면 작동되지 않는다.

아날로그식(Analog) 오븐 모습

구형 OVEN 조절 스위치는 TIME TO PAST 방식으로 10분을 작동시키고자 하면 12분 정도에 놓아야 원하는 시간에 정확히 작동될 수 있으며 기 세팅된 시간이 경과하면 부저가 울리게 되어 있다.

Entree를 올려놓는 알루미늄 판(Rack '랙'이라고 함)의 개수가 오븐 구성과 일치하는지 점검해야 하며, 가열 후 랙은 상당히 뜨겁기 때문에 취급 시 반드시 면장갑을 착용하고 사용해야 한다.

오븐 내부 모습

(5) Entree Heating 시간 및 방법

① Beef Stew^(Diced Beef) : 20분

② Veal : 20~25분

③ Fish : 20분

④ Seafood : 20분

⑤ Poultry : 20분

⑥ Omelet : 18분

⑦ Crepe : 18분

⑧ Pasta : 18분

⑨ Porridge^(C/CLS) : 25~30분

⑩ Porridge^(Y/CLS) : Low 10분 → 여열로 15분 보관 → Low 5분 Reheating

⑪ Ready Made Rice : Low 15분^(여열로 10분 보관)

* 여열 : 오븐을 작동시킨 후 스위치를 끄더라도 오븐 안에 남아 있는 뜨거운 열을 말한다.

(6) 마이크로웨이브 오븐(Microwave Oven)

항공기 갤리 내에 설치되어 있는 마이크로웨이브 오븐(Microwave Oven)은 전자파를 사용하여 메뉴를 빠르게 데우거나 익히기 위해 사용되는 장치이며 마이크로웨이브 오븐은 일반석 갤리에는 장착되어 있지 않고 상위클래스 갤리에 설치되어 있다. 주로 스테이크, 스프, 라면을 급히 끓이거나 익히는 용도로 많이 사용되며 사용 시 유의점은 다음 페이지에 기록되어 있다.

소리조절 버튼
상태표시창
시간기억 버튼
세기조절 버튼
정지 버튼
전원

시작 버튼
내부확인창, 항공기 마이크로웨이브 오븐은 내부가 회전하지 않고 고정시킨 채로 가열한다.
도어 고정장치
문을 열고 닫는 손잡이

① 마이크로웨이브 오븐전용 Item을 사용하여 메뉴를 가열한다.

② 종이, 플라스틱류 용기에 담긴 메뉴를 가열할 때는 적정상태를 주의깊게 관찰하고, 특히 밀봉된 용기나 유리병, 알루미늄 포일, 금속, 생달걀 등 오븐에 손상을 주거나 화재위험이 있는 용기와 음식은 삼간다.

③ 메뉴상태에 따라 적당한 가열시간을 예측하기 어려울 경우 가열시간과 Power Level을 최소로 선택하여 가열을 하고 필요 시 입력된 시간을 추가 연장하는 방법으로 사용한다. 껍질이 있는 음식(통감자, 과일) 및 비닐랩에 싸여있는 음식은 표면에 구멍을 내어 폭발하지 않도록 한다.

④ 오븐 내부에 불꽃, 연기 등 화재위험을 감지하였을 경우 오븐 도어를 열지 말고 전기 스위치를 사용하여 전원을 꺼야 한다.

⑤ 오븐을 사용하지 않을 경우 음식 및 기타 음식용기 보관장소로 사용하지 않는다.

⑥ 전자파 노출과 내부 손상을 방지하기 위해 도어가 열려 있거나 내용물이 없는 상태에서 작동시키지 않는다.

⑦ 현재 항공기에 장착되어 있는 마이크로웨이브 오븐은 내부 회전판이 없어 오븐 바닥에 기내식/음료를 놓고 그냥 가열하면 된다.

02 카트(Cart)

카트의 종류에는 밀 카트(Meal Cart), 음료 카트(Beverage Cart), 서빙 카트(Serving Cart)가 있다.

점검사항

카트 작동상태(문짝, 바퀴, 브레이크), 청결 여부, 내부 물품 확인

- 소음이 나지 않도록 하고 항상 두 손을 사용해서 움직이며 기내 복도를 지날 때 승객 무릎이나 손을 다치지 않게 유의한다.
- 비교적 무거운 물품이 많으므로 허리에 무리가 가지 않도록 유의한다.
- 서비스하지 않거나 잠시 중단할 때에는 반드시 Brake Pedal을 밟아서 안전하게 고정시킨다.
- 고장 시 즉시 수리할 수 있도록 조치한다.
- 비행 중 터뷸런스를 만났을 때 즉시 브레이크 페달을 밟고 고정시켜야 한다.
- 이착륙 시 모든 카트는 정해진 카트 보관함에 넣고 브레이크 페달을 밟아 고정시키며 보관함(Comp't)의 고정장치를 이용하여 시건*한다.

* 시건 : 물건을 잠그는 행위

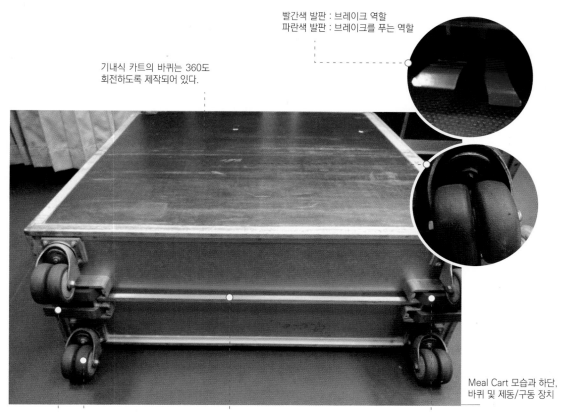

빨간색 발판 : 브레이크 역할
파란색 발판 : 브레이크를 푸는 역할

기내식 카트의 바퀴는 360도 회전하도록 제작되어 있다.

Meal Cart 모습과 하단, 바퀴 및 제동/구동 장치

바퀴

브레이크

Anti Brake - 밟으면 잠금장치를 풀어준다.

연결축 : 어떤 방향에서 밟던지 동일한 작동이 되도록 한다.

201

국제선 음료 카트

국제선 주류 카트

드라이아이스 취급 시 절대 맨손으로 잡지 말고 장갑을 사용하여 취급해야 한다(초저온으로 인한 화상 방지).

드라이아이스(Dry Ice)

두 번째 식사용 앙뜨레를 냉장보관하기 위한 드라이아이스. 지나친 냉동을 막기위해 Tray 이용하여 칸막이를 설치함

두 번째 식사용 앙뜨레

2nd 기내식 Entree가 보관된 카트 모습

카트 제일 상단부에 두 번째 식사 Entree의 위생을 위해 사각형 드라이아이스(Dry Ice)를 넣은 종이봉투가 보인다.

03 캐리어 박스(Carrier Box or Carry on Box)

 점검사항

문잠금 장치 작동 여부, 손잡이 부착 여부, 청결 상태

세계 또는 항공사가 공통으로 사용하며 음료, 각종 서비스용품, 기물, 기내 면세품을 담아 갤리 선반에 장착하는 철제 박스이다. 상당히 단단한 알루미늄 재질로 되어 있고 봉인장치(Seal)를 할 수 있도록 손잡이와 본체에 열쇠고리가 달려 있다.

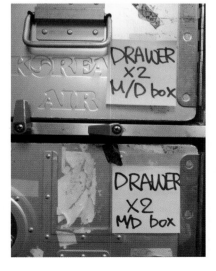

‐ ‐ ‐ 큰 사이즈
캐리어 박스

‐ ‐ ‐ 작은 사이즈 캐리어 박스

‐ ‐ ‐ 이동용 손잡이

‐ ‐ ‐ 캐리어 박스 손잡이 : 문을 닫고
여는 용도로 사용한다.

비교적 무겁고 취급 시 승무원이 기내 부상을 많이 입어 취급에 각별한 주의가 필요하며, 항공기 출발 전 기내식 센터에서 특장차로 싣고 나와 기내에 탑재한 후 항공기가 다시 모기지로 귀환하면 케이터링 조업원에 의해 하기되어 재세팅된다.

203

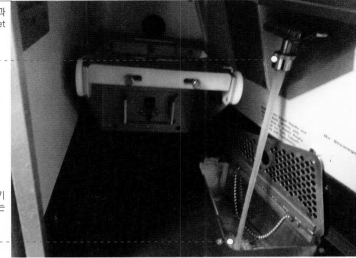

B737 Water Drain과
Water Faucet

갤리에 음용수를
공급하는 수도꼭
지-Water Faucet

갤리의 물을 비행기
외부로 방출시키는
Water Drain

필수 상식
항공기 내 수도꼭지,
알고 계세요?

Water Faucet(수도꼭지)

기내에서 마실 수 있는 음용수가 나오는 수도꼭지를 말한다. 비행기에는 음용수 공급을 위해 기종별 상이하지만 2~3개의 큰 물탱크를 가지고 있으며 도착지에서 다시 재공급한다. 일반적으로 식수로는 항공사별 지정된 생수를 공급하지만 기내의 수도꼭지에서 나오는 물은 마시는 데 전혀 지장이 없을 정도로 정수되어 있다. 즉, 현지의 수도물을 한 번 더 정수하여 기내에서 사용하는 물이라고 생각하면 된다.

04 핫 컵(Hot Cup)

점검사항

핫 컵 및 타이머 작동 여부, 내부 청결 상태

기내에서 핫 컵의 용도는 물과 라면을 끓이거나 북어국, 죽, Soup, 우유 등의 액체를 데우는 용도로 많이 사용하며 일반용 핫 컵과 A380에 설치되어 있는 핫 컵의 모양이 상이하다. 독자 여러분들도 항공사에 승무원으로 입사하여 비행을 하게 되면 장거리 비행 근무 중 입맛이 없을 때 라면을 취식하는 등 Hot Cup의 중요성을 장차 알게 될 것이다. 일반석에서도 아기 보호자의 요청에 의해 우유팩을 데우는 용도로 사용하지만 주로 상위 클래스에서 사용한다.

핫 컵 작동버튼
(타이머)

기류 이상 시 핫 컵
고정시키는 장치

핫 컵에 전기를 공급하는 콘센트
이곳에 핫 컵을 꽂는다.

물을 끓이는 장치
핫 컵(Hot Cup)

일반용 핫 컵 둥그란
내부에 라면과 함께
물을 넣고 타이머를
돌리면 빠른 속도로
끓는다.

A380에 설치되어 있는 Hot Cup은 바닥에 있는 철판을 가열하여 수프 같은 음식을 데우는 용도이지 물을 끓이는 용도로는 부적합하다. 따라서 라면 등을 조리 시 시간이 매우 많이 소요되므로 전자레인지를 사용하는 것이 시간을 절약할 수 있는 방법이다.

A 380 가열/보온 플레이트

A 380 가열/보온
플레이트 작동 타이머

작동 표시등

고장 표시등

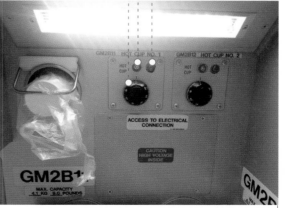

A380에 장착된 핫 컵 가열판과 작동 스위치

 Chapter 10 오븐(Oven) 및 일반석 서비스 기물의 이해

🔔 05 Tray

Large Tray

👆 Tray, Tray Mat 수량, 청결 상태

Tray란 기내 서비스 시 객실승무원이 사용하는 크고, 작은 모양의 쟁반을 의미하고 플라스틱 직사각형으로 제작되어 있으며 종류는 Large Tray, Small Tray로 구분된다.

Small Tray

Tray Mat의 종류

사용방법

- Large Tray, Small Tray는 항상 Tray Mat를 깔아 사용해야 한다. Mat를 깔지 않고 사용 시 서비스용품의 미끄러짐 현상이 발생하여 승객에게 불편을 줄 수 있다.
- Large Tray, Small Tray는 직사각형으로 제작되어 있으며 긴 쪽(장축) 부분이 옆으로 위치하게끔(길이가 짧은 쪽이 정면을 향하게) 하여 사용한다.
- 승객에게 기용품이나 기내 식음료를 제공할 때 직접 사용해야 하는 기물이므로 청결에 각별히 유의하고 Tray 위에 메모(Memo)를 하지 않아야 한다(메모는 메모패드-'Memo Pad'를 활용한다).
- Tray Mat를 Large/Small Tray 위에 깔 때에는 약간의 물기를 Tray 위에 뿌려 주어야 Tray와 Tray Mat가 잘 밀착되어 사용하기 좋다.

06 Refreshing Towel

항공기 내 일반석에서 제공되는 일회용 타월을 말하며, 약간의
손세정제가 묻어 있어 식사 전, 중, 후 사용할 수 있다.

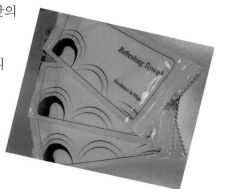

- Refreshing Towel의 뒷면에 유효기간이 적혀져 있으니
  기내 서비스 전 무작위로 한 개씩 뒷면을 보아 유효기간
  을 확인해야 한다.
- 사용 후 비닐은 완벽히 수거해야 한다.

 ## 07 면 타월(Cotton Towel)

국제선 모든 클래스에서 사용하는 면으로
제조된 타월이며 습기가 있어서 가열하여 제
공하고 있다.

상위 클래스에서는 모든 서비스의 시작 시
점에 서비스하고 일반석에서는 보통 2nd Ser-
vice 직전에 타월 스프레이를 충분히 뿌린 후
펴지않고 말아져 있는 상태로 제공해야 하며,
간혹 뜨거운 관계로 서비스 시 펼쳐서 흔들며
제공하는 것은 규정에 맞지 않는다.

말린 모습 : 이대로
제공한다.

펼친 모습

08 타월 스프레이(Towel Spray)

누르는 꼭지 작동 상태, 탑재 수량

윗부분을 누르면 액체가 분사되며 일반 시중에서는 $45 정도로 고가의 상품이다.

국제선 모든 클래스의 면타월을 제공하기 전에 뿌리는 일종의 방향제이며 프레시하고 상큼한 향기를 나게 해준다.

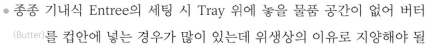

각 갤리당 1개씩 탑재되며 보관 시 타월 바스켓, 통과 함께 보관하여 교대팀이 쉽게 찾을 수 있도록 해야 한다. 분실 경우가 상당히 많다.

208

09 일반석 커피 및 찻잔(Coffee or Tea Cup)

점검사항

Cup의 실금 상태, 탑재 수량, 내부 청결 상태

커피나 각종 차류를 담을 수 있도록 되어 있으며 인체에 전혀 무해한 플라스틱 제품으로 가볍고 견고하다.

● 종종 기내식 Entree의 세팅 시 Tray 위에 놓을 물품 공간이 없어 버터(Butter)를 컵안에 넣는 경우가 많이 있는데 위생상의 이유로 지양해야 될 것이다.

실금(Crack)이 있는지 재확인이 요구된다.

● 많은 경우는 아니지만 커피잔에 크랙(실금)이 있어 커피를 받은 승객이 마시려고 하면 그대로 흘러 승객 신체와 의복에 손상을 주는 경우가 있으니 차, 커피 서비스 시 찻잔의 상태를 유념히 살펴 깨진 잔에 뜨거운 음료를 제공하지 않도록 해야 한다.

 **캐서롤**(Casserole)

탑재 수량, 청결 상태

국제선 일반석에서 차나 커피를 제공할 때 설탕, 프림, 레몬 슬라이스 등을 넣어 스몰 트레이(Small Tray) 위에 세팅하여 서비스하는 기물이다.

차, 커피의 설탕, 크림용 보관용기로 사용되며 일반석의 디저트볼(Dessert Bowl)용도로도 쓰인다.

 와인잔(Wine Cup)

점검사항
Tray Setting 여부, 실금 및 파손 상태, 청결 여부

국제선 일반석의 와인잔은 상위 클래스와는 달리 잔을 잡는 손잡이(Stem)부분이 없고 평평하게 되어 있으며 유리로 제작되어 있고 일반석 Tray 위에 Entree와 함께 세팅되어 있다.

2013년까지만 해도 플라스틱으로 제작되고 와인잔의 부피도 작았으나 2014년부터 고급화를 위해 유리잔과 함께 와인을 담는 부피도 증가하였다.

209

컵 : 플라스틱 컵/종이컵(Plastic Cup / Paper Cup)

 승객수 × 4 탑재 여부, 탑재 위치, 청결 및 파손 상태

국제선 일반석에서 사용하는 컵은 가열되지 않은 음료수를 담는 플라스틱컵 (Plastic Cup)과 가열된 뜨거운 음료를 담는 종이컵(Paper Cup)으로 구분된다.

- 일반석에서 사용되는 두 종류 모두 일회용 컵으로 간주되어 한 번 사용 하면 재사용하지 않는다.
- 플라스틱 컵 사용 시 실금이 가 있으면 담은 액체가 새어 나와 승객의 의 복을 오염시킬 수 있으므로 서비스 직전 한 번씩 유심히 보아 완전한 제 품을 서비스하도록 해야 한다. 기내는 조명이 지상보다 밝지 않아 크랙(갈 라진 틈)이 잘 보이지 않는 경우가 있다.
- 종이컵은 지상에서 사용하는 종이컵보다 훨씬 더 좋은 재질로 되어 있으 나 액체를 오래 담아 두면 쉽게 물러지므로 사용 전 점검이 필요하다.
- 플라스틱 잔이 깨져 부스러기가 내부에 있을 경우 투명한 관계로 기내의 약한 조명 상태에서 잘 보이지 않는 경우가 있다. 꼼꼼한 재확인이 필요 하다.

화장실 양치용 3온스컵

실금(Crack) 상태
재확인해야 한다.

텅(Tong : 집게)

수량, 작동 여부, 청결 상태

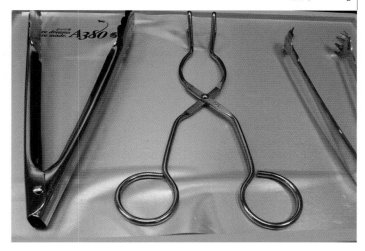

왼쪽부터
빵용 Bread Tong,
타월용 Towel Tong,
얼음용 Ice Tong

Tong이란 기내 서비스 시 서비스용품을 집거나 운반할 때 사용하는 집게 형태의 기물을 의미하며 일반석에서는 타월을 서비스하거나 회수할 때 사용하는 타월 텅(Towel Tong), 얼음을 집는 용도의 아이스 텅 (Ice Tong), 양식 제공 시 빵을 집는 빵 텅(Bread Tong)이 있다.

다른 기물에 비해 비교적 튀어나온 부분이 많아, 승무원과 주위 승객이 다치지 않도록 텅을 잡고 서비스할 때에는 될 수 있으면 팔 동작을 작게 하여야 한다. 모든 기물과 마찬가지로 서비스 전 청결도와 작동 상태를 점검하여야 한다.

 바스켓(Basket)

수량, 탑재 위치, 청결 상태, 대나무 올 풀림 상태

기내 서비스 시 승객에게 제공할 용품을 담거나 운반 시 많이 사용하는 기물 중 하나로 보통 강한 대나무나 플라스틱으로 제작된 바구니 형태의 기물을 말한다. 종류는 타월 바스켓(Towel Baskets), 빵 바스켓(Bread Baskets)이 일반석에 탑재되

211

와인 바스켓 : 상위 클래스에서 와인 제공 시 와인의 종류를 보여
줄 수 있도록 제작한 바구니

왼쪽부터 타월 바스켓, 빵 바스켓

어 사용되고 있으며 상위 클래스에서는 대나무를 재료로 제작한 제품으로 와인
을 담아 서비스하는 와인 바스켓(Wine Basket)도 사용되고 있다.

바스켓은 일반적으로 면 타월 제공 시만 제외하고 린넨(Linnen, 천)으로 감싸서
서비스하고 있으며 대나무 형태로 짠 매듭이 풀려 손을 찔리거나 의복을 손상
하는 경우가 있으니 서비스 전 면밀한 상태 점검이 요구된다.

 15 아이스 텅(Ice Tong)

점검사항

수량, 작동 여부, 탑재 위치, 청결 상태

아이스 텅은 얼음박스에서 얼음을 집어 승객의 컵에 넣는 동작에
사용되는 금속재질의 기물이다.

아이스 텅은 끝이 날카로워
유니폼 훼손이나 승객 의복
에 상해를 입히지 않도록 각
별히 조심하여야 한다.

16 머들러 박스(Muddler Box)

수량, 탑재 위치, 청결 및 파손 상태

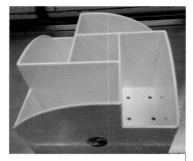
머들러 박스

주로 기내에서 커피, 홍차, 녹차 제공 시 이용하는 기물로 설탕, 크림, 티백, 머들러를 담을 수 있는 사각형 홀더(Holder)를 의미한다.

머들러(Muddler)란?

음료를 휘젓는 플라스틱, 종이, 나무로 만든 막대기를 말한다.

머들러 세트에 정리된 서비스용품

- 수십년 동안 플라스틱 재질로 제작되었던 머들러는 지구환경과 승객의 건강을 보호하는 차원에서 종이 재질로 변경되고 있고 2022년 8월 현재, 대한항공도 친환경 종이 재질로 만든 머들러를 사용하고 있다.

대한항공: 2021년까지 일반석에서 사용했던 플라스틱 머들러

- 일반석 머들러의 가운데 구멍이 2개 있어 기내 빨대가 탑재되지 않았을 경우 빨대용도로 사용할 수 있음을 참조하여 서비스한다.

대한항공: 2022년부터 제공되는 친환경 종이 재질 머들러

213

17 얼음 탑재 공간(Ice Drawer)

 점검사항

위치, 청결 상태, 얼음 파손 여부 및 얼음 보관용 드라이아이스 탑재 여부

국내선에서는 비행시간이 짧은 관계로 얼음이 탑재되지 않고 냉장된 음료가 캐리어 박스에 실리며 비행시간이 긴 국제선에서는 기내 얼음 보관용 공간에 얼음이 탑재되게 된다.

이륙 후 처음 실시하는 기내 서비스용 얼음은 평상시와 같이 탑재되나 두 번째 기내 식사 서비스에 사용할 얼음은 아래와 같이 드라이아이스를 사용하여 녹지 않도록 조치된다.

기내 방송문

SHR(Special Handling Request)

갤리 선반

얼음 담는 곳과 하단의 구멍이 있는부분은 배수구 이다(B737 항공기).

B737 국제선 얼음 탑재 공간

18 아이스 스쿱(Ice Scoop)

수량, 탑재 위치, 청결 상태

아이스 스쿱은 얼음을 퍼서 일정장소에 옮겨 담는 주걱 모양의 철제 기물을 말하며, 위생 상태 및 청결 상태에 유의하여 사용하여야 한다.

- 비행시간이 짧은 노선에서 승무원들이 흔히 플라스틱 컵을 사용하여 얼음을 담는 경우가 발생하나, 이러한 행동은 플라스틱 컵이 깨져 조각이 식도를 통해 체내로 들어가면 상당히 중대한 상해를 입을 우려가 있으므로 바쁘더라도 반드시 정해진 기물을 사용하여 승객과 승무원의 안전을 도모해야 한다.

 19 아이스 버킷(Ice Bucket)

수량, 탑재 위치, 아이스 버킷 내부 감싸는 비닐 탑재 여부, 청결 상태

얼음을 담는 용도로 사용하는 스테인리스로 제작된 철제 통을 말하며 일반석의 아이스 버킷은 플라스틱으로 제작되었고 상위 클래스 아이스 버킷은 스테인리스로 제작되어 있다.

하얀색 직사각형 기물이 일반석 아이스 버킷이다(기내에서 사용할 때 비닐 커버를 씌운 상태에서 사용한다).

215

20 오븐장갑(Oven Gloves)

수량, 탑재 위치, 훼손 및 청결 상태

Galley에서 Entree를 오븐에서 꺼내 제공할 Tray에 옮겨 담는 등 뜨거운 물체를 잡거나 이동시킬 때쓰는 장갑이다. 오른손잡이나 왼손잡이 공용으로 사용할 수 있으며 작업시 청결이 요구되는 기물인 만큼 깨끗한 상태로 사용할 수 있도록해야 한다.

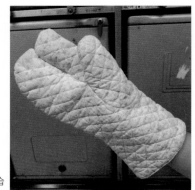

착용한 모습

모든 클래스 공용이며 재실은 천으로 되어 있다.

 ## 21 비닐 위생장갑(Vinyl Gloves)

점검사항

수량, 탑재 위치, 훼손 및 청결 상태

비닐 위생장갑의 용도는 기내식 Entree를 취급하거나 기내 복도 정리 및 화장실 정리를 할 때 쓰이며 승객과 승무원의 위생적인 면을 고려하여 탑재 운용되는 일회용 기물이다. 시중에서 쉽게 볼수 있다.

22 커피, 녹차용 포트(Pot)

대한항공 기내에서는 2017년 3월부터 뜨거운 커피 및 물로 인한 승객의 화상 방지를 위해 아래와 같은 보온력이 상당히 우수하고 안전한 신형 커피포트(Pot)를 사용하고 있다.

신형 커피포트

신형 커피포트 뚜껑 분리 모습

신형 커피포트 뚜껑

신형 커피포트는 보온력이 상당히 높아 기내에서 승객에게 Coffee, Tea, 뜨거운 물을 제공할 때 주의하여야 한다.

커피를 담거나 뜨거운 물을 담아 승객에게 녹차 및 커피를 서비스할 때 사용하는 철제용기를 의미한다. 기내 서비스 직전에 포트(Pot)의 안을 들여다 보아 항상 깨끗한지 점검해야 하며 외부도 면 타월 등으로 깨끗이 닦아 승객이 보기에 청결해야 한다.

최근에 탑재되는 포트(Pot)에는 사진과 같이 뚜껑이 달려 있어 기체 요동 시에도 바깥으로 내용물이 흐르지 않도록 되어 있다.

신형 커피포트를 이용한 상위클래스 커피 제공 모습

와인 서버(Wine Server)

와인을 서비스할 때 와인병 입구에 끼워 사용하며 와인의 고른 흐름을 유지하고 방울져서 떨어지는 낙수현상을 막는 플라스틱 장치를 말한다. 이전에는 상위 클래스에만 사용하였으나 현재는 일반석에서도 사용한다.

 아래쪽을 와인병 입구에 끼우면 와인을 흘림없이 제공할 수 있다.

일반적으로 코르크(Cork) 마개로 밀봉되어 있는 와인병을 열고 끼워 사용한다. 와인 서버 역시 사용전, 후 오물이 묻지 않도록 항상 청결함이 요구된다.

 와인 오프너(Wine Opener)

와인병을 막고 있는 코르크(Cork)를 뽑아내는 기구를 말하며 기내 중장거리 비행 기물로 함께 탑재되어 운용하고 있으나 A380 비행기에는 Galley 내 다음 사진과 같이 설치되어 있다.

예전에는 모든 승무원들이 입사하자마자 스위스 등 해외에서 외국산 휴대용 와인 오프너를 구입하

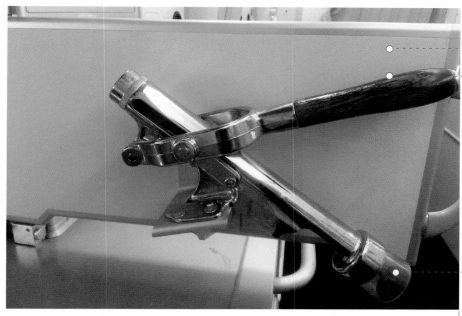

밀고 당길 수 있는 공간절약형으로 설치되어 있다.

나무막대를 들어 올리면 와인병의 코르크가 나오게 된다.

와인병 입구 끼우는곳

A380 갤리에 설치되어 있는 고정형 와인 오프너

여 소지하고 다녔으나 미국의 9·11 사태 이후 항공기 보안검색이 강화되어 항공기내 휴대금지품목으로 되어 있어 기내 탑재된 상태로 운용된다.

25 앙뜨레 캐서롤(Entree Casserole)

 점검사항

종류별 수량, 청결 상태, 비닐 커버 밀착 상태

국제선 일반석 기내식의 주요리를 담는 그릇을 말하며, 기내에 탑재된 후 서비스 전 가열하여 뜨거운 형태로 승객에게 제공한다. 예전에는 사기재질을 사용하여 상당한 무게를 지녔으나 최근에 C-Pet이라는 일회용 가벼운 재질이 발명되었고 또한 가열해도 인체에 해가 없는 고강도 플라스틱을 주재료로 사용하며 모든 국제선 항공기 양식 Entree용기에 이 제품을 사용하고 있다. 국내선 포함

229

한식용
햇반 Entree

한식 죽
Entree

단거리 근무용 승무원에게 제공되는 도시락도 넓은 의미의 Entree에 포함된다.

객실승무원용 도시락

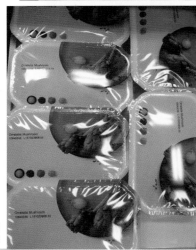

일반 양식
Entree

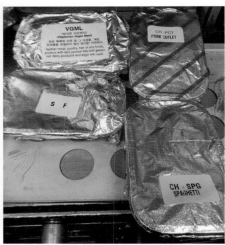

양식용 Special
Meal Entree

26 알루미늄 포일(Aluminum Foil)

점검사항

박스 수량, 탑재 위치

국제선 모든 비행기 갤리 내에 탑재되어 있으며 용도는 Entree의 포장이 손상 또는 훼손되었을 때 손상된 포일을 벗겨 버리고 새로 Wrapping하는 용도로 사용된다.

해당편 Entree의 모양과 동일한 색상, 재질로 탑재되며 포일의 앞면, 뒷면의 사용법에 대해 현장에서 한때 서로 다른 의견이 있었으나 일반적으로 앞뒤 구분이 없이 사용해도 무방하다.

27 페이퍼 타월(Paper Towel)

 점검사항

묶음 개수, 훼손 상태, 청결 여부

국제선/국내선에서 탑재되어 사용되며, 주로 Galley내 물기나 오물을 닦는 데 사용하고 국제선, 국내선 화장실에도 비치되어 있어 화장실 내 오물과 물기를 닦는 데 사용한다. Hand Paper Towel이라고도 한다.

기내에 탑재되는
Paper Towel 모습

비행 중 페이퍼 타월이 물에 젖지 않도록 객실승무원들이 쓰는 재치있는 방법 : 비닐백 안에 넣어서 사용한다.

221

28 Aisle Cleaning용 도구

점검사항

수량, 탑재 위치, 내외부 청결 상태, 솔의 작동 여부

기내의 소모품 박스
내부에 탑재된다.

갤리(Galley)나 기내 복도(Aisle)의 먼지 또는 이물질을
제거하는 데 사용되는 기물이며 사용 시 반드시 비닐
장갑을 착용하고 사용해야 한다.

29 갤리 인포(Gly Info : Galley Information의 약자)

222

점검사항

수량, 인쇄 상태

* Dish-up : 상위 클
래스에서 가열한
ENTREE를 승객 제
공용 접시(Dish)에
세팅하는 것을 말한
다.

GALLEY INFO
KE031/2 EY/CL

▶ 반납 : ICN - 인천공항 TASER룸
GMP - 국내수원팀 / PUS - 도착사무실

객실승원부

인천/달라스 구간의
갤리 인포 모습

GALLEY INFO
KE887/8 EY/CL

▶ 반납 : ICN - 인천공항 TASER룸
GMP - 국내수원팀 / PUS - 도착

객실

대한항공 인천/중국샤먼
구간 갤리 인포

갤리 인포란 기내 서비스를 전적으로 준비
해주는 갤리 듀티(Galley Duty) 승무원이 소지하
는 일종의 메뉴 가이드 지침서이다. 상위 클
래스에서부터 일반석까지 해당편에 서비스
하는 메뉴의 종류 및 서비스 방법까지 사진
과 함께 자세한 설명이 함께하여 보기 편하
며 모든 승무원이 애용하는 해당편 메뉴 설
명책이다. 기내식 Dish up* 및 상위 클래스,
일반석 기내 식음료 서비스 방법에 관한 일
종의 Bible이라 할 수 있다.

● 갤리 인포는 사용 후 반드시 반납해야 하며
기내에서 분실되지 않도록 유의해야 한다.

인천/달라스 구간 갤리 인포 내용

승무원 간 해당 구역 서비스 상황을 알려주는 문서, 객실승무원은 보통 갤리 냉장고 벽에 붙여놓고 누구라도 작성 가능하며 이곳에 각 승무원이 담당하고 있는 담당구역 승객에 관한 정보를 공유한다. 따라서 객실사무장/캐빈매니저, 상위 클래스 승무원, 다른 갤리에서 근무하는 승무원도 이 문서만 보면 해당 담당구역의 유아동반승객, 비동반소아, 장애인승객, 노약자승객동향, 갤리시설 고장 여부, 스페셜밀, 객실승무원 휴식교대조, 담당구역 승무원을 한눈에 파악할 수 있다.

대한항공 프라하/인천 구간 갤리 인포 01	대한항공 프라하/인천 구간 갤리 인포 02	대한항공 프라하/인천 구간 갤리 인포 03
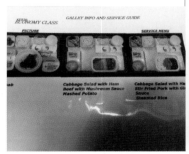	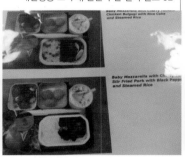	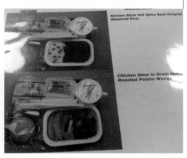

날짜 및 구간(인천공항/시카고 오헤어 공항 비행 중)

비행편수

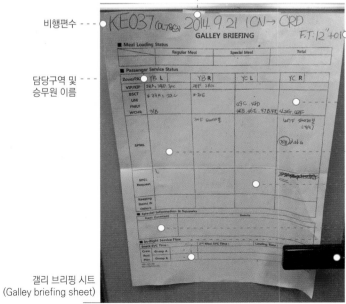

담당구역 및 승무원 이름

갤리 브리핑 시트 (Galley briefing sheet)

비행소요시간, 당일 시카고까지 비행시간은 12시간 1분 소요된다.

담당구역 내 특수 승객 : 유아동반, 비동반소아, 노약자, 휠체어 승객 기록

스페셜 밀 기록

특별한 요구 승객 기록

갤리시설 정비사항, 고장사항 기록

장거리 비행 시 승무원 휴식조 기록

냉장고 손잡이

223

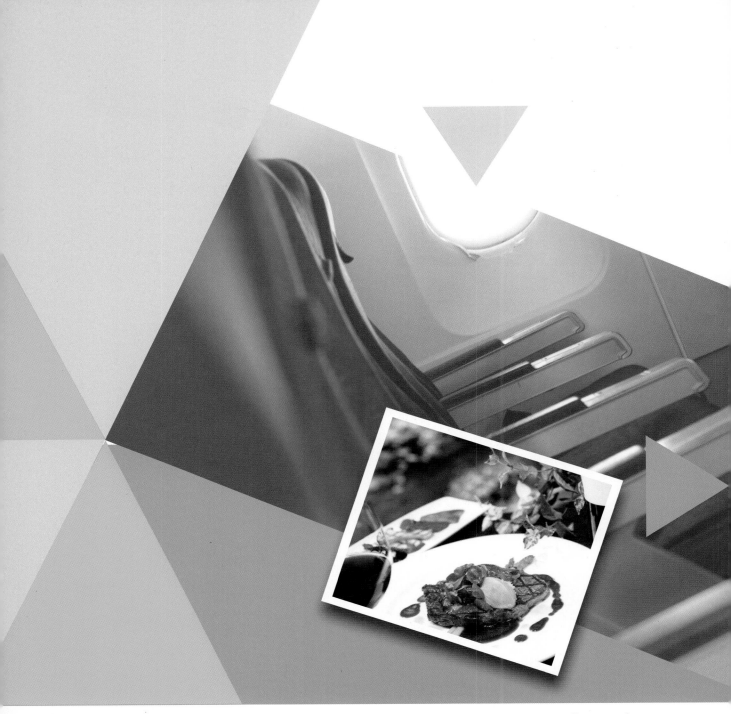

Cabin Food & Beverage Service

승객 국적별 선호 식음료

11 승객 국적별 선호 식음료

 한국

 음료

　2022년 8월 현재 한국인의 항공 수요가 국내선 중심으로 늘어나고 있지만 2020년 코로나19사태 전까지만 해도 한국 탑승객은 여행 자유화 이후 꾸준히 늘어 국내여행객이 1억명을 돌파하였고 이제 국민의 절반 정도가 해외여행을 다녀왔다고 말해도 과언이 아닐 정도로 많은 국민이 항공여행을 즐기게 되었다. 따라서 음료와 기내식의 선택도 선진국에 맞먹을 정도로 까다롭고 요구하는 사항도 많아 기내 식음료를 서비스하는 객실승무원의 세심한 관심이 요구된다.

식사 전　남성 승객과 여성승객의 차이가 확연히 드러나며 남성 승객인 경우 와인을, 여성 승객인 경우 콜라와 사이다, 페리에(Perrier)를 선호한다.

식사 중　와인과 Soft Drink를 선호하며 와인 중에서 예전에는 백포도주인 White Wine을 선호했지만, 현재는 건강상의 이유로 Red Wine을 선호하는 편이다.

식사 후　홍차보다는 커피, 녹차를 선호하며 커피 중에서도 갓 만들어진 원두커피(Brewed Coffee)를 제일 선호한다.

식사

① 기내에서 한국인 승객의 특징은 시장할 땐 한식을 선택하고 시장하지 않을 때는 즐기면서 취식할 수 있는 양식을 선호하는 경향이 다른 국적 승객에 비해 매우 뚜렷하다.

② 한국 출발편에서는 양식을 선택하고 한국 도착편은 한식인 비빔밥을 매우 선호하며, 현재 국내 항공사에서도 입국 편 비빔밥 총량을 늘여 서비스한다. 따라서 비빔밥을 선택할 수 없는 경우에 한식의 개념인 컵라면과 햇반을 고추장과 함께 제공하면 좋은 반응을 보인다.

③ 한국인 승객은 주인 의식이 강해 자국기에 탑승한 외국인에게 한식에 대한 승무원의 설명이 부족할 경우 기내 서비스에 대해 불만족하는 경우가 많다. 외국인과 함께 착석한 한국인이 많을 경우 외국인에 대해 한식의 장점 및 건강에 좋은 이유를 적극적으로 설명하는 모습을 보여야 한다.

④ 양식 중에서도 소고기의 선호도가 매우 높으며 돼지고기 및 닭고기는 전통적으로 피하고 있는 실정이나 젊은 층에서 닭고기의 선호도가 빠르게 상승하고 있다.

⑤ 식사 시 레드 와인과 주스를 선호하고, 어린이는 주로 콜라를 선택한다.

⑥ 2022년 승객 중 건강상이나 동물보호를 목적으로 채식 스페셜 밀을 주문하는 경향이 많다. 또한 종교의 다양성으로 인해 한국인인 경우에도 MOML(Moslem meal,모슬렘밀, 회교도 식사), KSML(Kosher meal,코셔밀, 유태인 식사)을 주문하는 경우도 있으니 주의한다.

⑦ 한식 Meal Choice 불가한 승객에게는 되도록 소고기를 권유하고 양식 소고기를 선택하였으나 불가한 승객에게는 두 번째 식사에서 반드시 소고기를 제공할 수 있도록 미리 주문받아 주변 승무원과 함께 정보를 공유한다.

 한국인의 음주 문화 특징

폭탄주 : 미국 사람들은 폭탄주를 보일러메이커(boilermaker)라 부른다. 원래 폭탄주는 주로 탄광, 벌목, 부두 노동자들이 즐겼으며 러시아에서도 폭탄주처럼 맥주 잔 속에 보드카잔을 넣어 마시는 「요르식」이라는 주법도 있다. 이처럼 저렴하게 금방 효율적으로 취하려는 한국 사람 취향에 딱 들어 맞으면서 한국에서도 많이 즐기고 있다.

미국

 음료

식사 전   주스나 다른 음료수보다 생수를 가장 선호하며 탄산음료는 Diet Coke을 선호하고 높은 알코올 도수의 주류보다는 도수가 약한 포도주 계통의 식전주를 즐기며 종종 칵테일 주문도 있다.

식사 중   알코올 음료보다는 식전 음료와 같은 종류로 생수나 탄산음료를 주문하며 노트북으로 업무를 하거나 영화나 단편물을 보면서 식사하는 승객이 많다.

식사 후   Hot Beverage 서비스 시 종류에 관계없이 음료 주문이 상당히 많으며 설탕과 크림을 듬뿍 넣은 차나 원두커피를 천천히 즐기나, 요즘 미국승객의 커피, 홍차의 취음률이 현저히 감소 추세에 있다.

식사

① 닭고기와 소고기를 선호하나 Meal Choice 불가 시 비빔밥 등 한식을 간단한 영어 설명과 함께 안내 시 우호적으로 흥미를 보이는 편이나, 막상 취식 후의 반응을 보면 맛만 보고 즐기지는 않는 편이다. 이유를 물어보니 한식

미국인의 음주 문화

미국의 음주 문화는 깔끔하여 삭막하다는 평도 있다. 기본적으로 옥외에서는 술을 마실 수 없다. 운동경기장에 술을 갖고 들어갈 수 없는 것은 물론이다. 미국의 대표적인 구멍가게 체인인 세븐 일레븐에서도 빵과 음료수 등의 생필품 외에 술은 팔지 않으며 술을 판매하려면 우선 주정부나 시당국으로부터 허가를 받아야 하는데, 대부분의 주에서는 신규허가를 내주지 않고 있다. 함께 어울려 마셔도 서로 잔을 권하거나 2차를 가는 일은 거의 없으며 비틀거릴 정도로 마시는 사람도 드물다. 술값도 특별히 초대한 경우가 아니면 각자 계산하며 한국이나 일본처럼 단합대회식 술자리는 물론 없다. 퇴근 길, 딱 한 잔이 미국에도 있다. 마시는 술은 맥주, 칵테일 등 가벼운 것이 주종이며 위스키 등 증류주를 마시더라도 한두 잔으로 그친다. 안주는 팝콘이나 콘칩 정도이며 대학생들은 대체로 술을 많이 마시나 직장인이 되거나 결혼을 하게 되면 덜 마시는 경향이 농후하다.

에 사용되는 나물에 대한 개념이 전혀 없고, 비빔밥과 함께 제공되는 북어국에 대해 '생선을 말려서 물에 넣어 끓이는 방법'을 설명하면 전혀 이해하지 못하는 경우가 많다.

② 식사와 함께 와인을 즐기는 승객이 많으므로 적극적인 와인 Refill이 필요하다.

③ 양식이 부족하여 Meal Choice가 안 될 경우 비빔밥 안내지 등을 이용하여 한식으로 유도 시 반응이 좋다.

④ 식사 서비스 후 젊은 층 미국인 승객은 기내 복도^(Aisle)를 맨발로 다니는 승객이 많아 개인 안전에 유의하도록 적극적인 안내가 필요하다.

캐나다

 음료

식사 전   미국인 승객과 마찬가지로 주스나 다른 음료수보다 생수를 가장 선호하며 탄산음료는 얼음이 들어간 일반 콜라와 Diet Coke을 선호한다.

식사 중   다른 국가와 달리 캐나다 승객은 개인 사생활을 상당히 중요시 하므로 식사 중 영화나 책을 보면서 식사하는 경우가 많고 생수나 탄산음료를 즐긴다.

식사 후   Hot Beverage 서비스 시 종류에 관계없이 음료 주문이 많으며, 보통 차나 블랙커피를 천천히 즐기는 편이다.

식사

① 양식 생선, 소고기를 선호하나 Meal Choice 불가 시 비빔밥 등 한식을 간단한 영어 설명과 함께 안내 시 흥미를 보이는 편이나, 막상 취식 후의 반응을 보면 맛만 보고 즐기지는 않는 편이고 특히 비빔밥과 동시에 제공되는 북어국^(상위 클래스), 미역국^(일반석)은 전혀 취식하지 않는다. 일반적으로 현지에서 생

선이나 해조류를 물에 넣고 끓이는 음식이 없는 데 기인하는 듯하다.

② 메이플시럽(Maple Syrup)의 주산지라서 그런지 식사와 함께 단맛이 풍부한 아이스 와인(Ice wine)을 즐기는 승객이 많으므로 서비스 전 아이스와인을 충분히 냉장해 두고 적극적인 와인 Refill이 필요하다. 자국의 와인이 기내에서 서비스되는 데 대한 자부심이 있다.

③ 다른 선진국에 비해 캐나다 국적 인도, 베트남, 중국 승객이 주로 인천발 / 밴쿠버, 토론토발 비행기에 탑승하며 승객의 분포가 매우 다양하다.

 04 호주

 음료

식사 전   차가운 탄산음료(Coke , Sprite,,,)와 자국의 맥주, 생수를 선호한다.

식사 중   자국의 호주산 와인과 맥주를 선호한다.

식사 후   영국 영향을 받아 커피보다는 녹차와 홍차를 선호한다.

식사

① 일반적으로 양식 메뉴를 선호하나 Meal Choice 불가 시 간단한 안내와 함께 한식 메뉴를 권유해도 젊은 층 호주 승객은 긍정적으로 받아들이나 나이드신 호주 승객은 한식에 대한 개념이 부족하여 좀 더 적극적인 안내가 필요하다.

② 사용된 음료수 컵이나 오물, 식사 Tray를 기내 바닥이나 복도에 방치하는 경우가 많으므로 식사 서비스 후에는 수시로 회수를 실시한다.

③ 외국 항공사는 알코올 음료를 유상으로 제공하므로 알코올 음료의 주문 시 비용을 물어보고 무료라는 것을 확인한 다음 주류를 주문하는 승객이 많다.

④ 자국 호주산 포도주가 대한항공이나 아시아나 기내에서 서비스되는 것을 무척 자랑스럽게 여기므로 호주산 와인의 적극적 홍보 및 Refill 서비스가 필요하다.

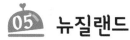 **뉴질랜드**

 음료

① 알코올성 음료보다는 생수, 주스류와 다이어트 콜라(Diet Coke)를 선호한다.
② 젊은 층 승객의 경우 맥주도 즐겨 마시나, 전반적으로 Hard Liquor나 칵테일을 선호한다.

식사

① 한국과의 매우 우호적인 국가관계 영향으로 대부분 양식 메뉴를 선호하지만, 한식에 대해서도 거부감이 별로 없다.
② 다른 나라 승객에 비해 한식 비빔밥 취식률이 높아 특별하지 않는 한 양식이 부족한 경우는 없다.
③ Meal Choice 불가 시 다른 메뉴에 대해 충분하게 설명하면 보통 불만이 없으므로 한식에 관련된 자세한 설명을 미리 준비한다.
④ 맥주보다는 Hard Liquor, 칵테일의 선호도가 높으므로 비행 전 학습을 통해 사전 지식을 가지고 임하도록 한다.
⑤ 대양주 승객인 관계로 와인은 식사 시 함께 마시는 경우가 많으므로 사전에 충분량을 준비하여 레드 와인은 실내에서, 화이트 와인은 냉장 보관한다.

일본

음료

2021년 도쿄올림픽 개최국 일본 젊은 층의 경우 다양한 음료를 선호하는 추세이며, 장년층인 경우 과거에는 위스키 등의 독한 술을 좋아했으나 2022년 최근에는 유명한 유투버 마츠다씨가 제작하는 "오사카에 사는 사람들"에 의하면 와인,맥주,하이볼 등의 부드러운 알코올성 음료를 선호한다.

식사 전   맥주에 대한 선호도가 매우 높다. 반드시 차게 서비스한다.

식사 중   대부분의 일본인 승객은 맥주를 즐기나 장거리의 경우 와인의 선호도 또한 높아지는 추세이다. 와인 중 레드 와인을 특히 선호한다.

식사 후   차와 커피를 모두 좋아한다. 커피는 블랙커피를 선호하며 상위 클래스의 경우 아이스크림 및 콜라와 어울리는 풍부한 향을 가진 베일리스(Baileys Cream Liqueur)를 많이 찾는다. 따라서 일본 승객이 많은 장거리 비행에서는 베일리스에 대한 사전 학습이 꼭 필요하다.

🍽 식사

① 일본식, 서양식 모두 좋아하나 섬나라의 특성상 특히 해산물 요리를 선호한다.
② 한식으로는 비빔밥이 꾸준히 인기가 있으며 외국에서 귀국하는 일본 승객은 모두 비빔밥을 주문하는 경향이 많고 최근 한식에 대한 관심이 높아지는 추세라 양식 취식 시에도 고추장을 주문하는 승객이 많다. 비빔밥은 일본 승객이 발음할 때 '비빔바'라고 한다.
③ 식후에는 케이크, 초콜릿, 아이스크림 등 단 맛의 디저트를 매우 선호한다.
④ 시원한 맥주를 좋아하므로 서비스 전 충분량의 냉장이 필요하고 맥주를 종류별로 준비한다. 특히 일본산 삿포로 맥주와 한국 맥주(카스,Cass)의 선호도가 매우 높다.
⑤ 일반적으로 세계 모든 승객을 대상으로 보면 식사의 취식 속도가 상당히 느린 편으로 코스별 식사 서비스 시에는 승무원이 상당한 여유를 가지고 진행하여야 한다. 일본인 승객은 식사 중 다른 승객들의 Tray를 회수하는 모습을 좋아하지 않는다.
⑥ 단거리 구간의 짧은 비행시간으로 인하여 Meal Tray를 빨리 회수해야 하는 경우 승객이 후식과 차를 즐길 수 있도록 충분한 사전 양해를 구하고 회수 후 Meal Tray 위에 냅킨을 제공해야 한다.

일본 국민들이 찾는 대표적인 선술집은 '술이 있는 곳'이라는 뜻의 이자카야(居酒屋)이다. 이런 대중적인 술집은 문 앞에 빨간 종이등(아카초칭-赤提燈)을 내걸어서 눈에 잘 띤다. 큰 길가에 있는 이자카야는 직장인들이 즐겨 찾는 보편적인 선술집으로 생맥주 한 잔에 4백엔, 간단한 안주 한 접시에 7~8백엔을 받는다. 직장 동료들끼리 모여 술잔을 기울이지만, 한국처럼 술잔을 돌리거나 못한다는 술을 강요하는 모습은 거의 찾아볼 수 없다. 각자 자기가 즐기고 술을 시켜 주량만큼만 마신다. 그러면서 상대방이 조금 마시고 아직 바닥이 드러나지 않은 술잔에 상대방이 시킨 술을 따라서 늘 가득 하도록 해 놓는다. 이른바 첨잔 방식이 일본식 주법이다. 술자리는 보통 한 시간이나 길어야 두 시간 정도. 다음 날 업무에 지장을 주지 않는 정도만 마시는 경우가 보통이다. 일본의 선술집에서 큰소리를 내거나 취해서 주정하는 사람을 찾기는 쉽지 않으며 남에게 피해 주는 것을 무엇보다 꺼려하는 문화 속에서 형성된 풍속도이다. 이런 모습은 술값을 치를 때도 그대로 나타난다. 한국에서는 보통 직장상사, 초청한 사람, 나이가 많은 사람이 술값을 내지만 '와리깡'이라고 해서 일행이 똑같이 나눠 내거나 자기가 시켜서 먹고 마신 것에 대한 값만 내는 것이 보통이다.

브라질

 음료

식사 전　2016년 8월 리우올림픽을 개최하였던 국가이며 브라질 승객은 현지 상파울루와 마찬가지로 탄산음료 중 얼음이 들어간 일반 콜라(Coke)를 매우 선호한다.

식사 중　특별한 사항은 없으나 식사 내내 생수나 탄산음료(Coke)를 즐긴다.

식사 후　Hot Beverage 서비스 시 종류에 관계없이 커피에 설탕과 크림을 두세 개씩 넣어 천천히 즐기는 편이라 로스앤젤레스에서 브라질까지 가는 항공편에 충분량의 설탕과 커피크림이 항상 탑재된다.

식사

① 일반적으로 양식 육류요리를 매우 선호하나, Meal Choice 불가 시 낙천적

인 브라질 승객의 특성상 비빔밥 등 한식을 간단한 영어 설명과 함께 안내 시 싫더라도 권유하는 승무원의 성의를 감안해 흥미를 보이는 편이며, 한식은 권유하지 않으면 전혀 취식하지 않는 편이다.

② 보통 비행 중 단맛을 즐기는 승객이 많아 시원한 콜라류의 탄산음료를 냉장해서 제공해야 한다.

③ 브라질 노선은 해당 국가의 인종 다양성에 기인해 승객의 분포가 매우 다양하다.

④ 제일 선호하는 메뉴는 육류, 생선, 빵 순이며, 음료는 콜라, 주스 순으로 선호하고, 한식은 별로 즐기지 않는 편이다.

08 인도

 음료

식사 전 오렌지주스와 다이어트 콜라(Diet Coke)를 선호한다.

식사 중 알코올성 음료보다는 식전 음료 같은 종류의 음료를 선호하나, 주류인 알코올성 음료는 즐기지 않는다.

식사 후 Hot Beverage 서비스 시 종류에 관계없이 많은 양을 요청하며 영국의 영향을 많이 받아 차와 커피는 설탕과 크림을 듬뿍 넣어 매우 천천히 즐기는 편이다.

식사

① 힌두교 신자가 전체 인구의 3/4를 차지하고 있어 스페셜 밀의 주문이 상당히 많다. 인도행 비행기는 전체 기내식의 1/2 정도가 스페셜 밀로 채워져 있는 경우가 많다.

② 수저를 사용하지 않고 오른손으로 식사하는 승객이 많으나 요즘 기내에서는 수저 및 포크를 사용하여 식사하는 승객도 많아지고 있다.(인도인들이 손으로 식사하는 것은 부정한 계급이 만든 수저를 이용하여 식사하면 오염이 될 수 있다는 인도의 카스트 제도에서 나온 개념)

③ 주류보다는 탄산음료나 주스를 선호하므로 충분히 냉장해야 한다. (특히 다이어트 콜라, 오렌지주스)

④ 스페셜 밀 탑재량이 많으므로 승객의 성명 대조에 유의하여야 한다. (성명도 우리나라 사람이 이해하기엔 상당히 길고 복잡하니 유념)

⑤ 승객이 주문한 스페셜 밀이 미탑재된 경우 상위 클래스의 더운 야채나 햇반을 대체식품으로 적극 이용하여야 하나, 인도 상류층인 경우 본인이 주문한 식사 이외에는 취식을 안하려는 경향이 짙어 스페셜 밀의 사전 점검에 유의 해야한다.

⑥ 대부분 인도 승객은 단맛 나는 음료를 선호하므로 Hot Beverage 서비스 시 설탕과 크림을 충분히 제공한다.

09 인도네시아

 음료

① 더운 기후의 영향인지 시원한 맥주를 많이 마시며, 콜라와 사이다 등 탄산음료의 주문이 상당히 많다.
② 주스와 기내 땅콩을 매우 좋아하며 커피에 설탕을 많이 넣는다.
③ 녹차보다는 홍차를 선호하며, 홍차에도 역시 설탕을 많이 넣는다.

식사

① 인도네시아 특유의 맛인 맵고 달콤한 맛을 좋아한다.
② 주된 종교인 이슬람교의 영향으로 돼지고기는 먹지 않는다.
③ 양식 메뉴의 선호도가 높으며 닭고기-소고기-해산물 순으로 선택한다.
④ 유소아 동반 승객은 우유의 탑재여부를 점검하는 것이 필수이다.
⑤ 6시간 정도의 비행시간에 식사가 두 번 제공되나, 2번째 간식은 거절하는 승객이 많다.

⑥ 발리 노선의 경우 현지 탑재 과일 식사의 선호도가 높으므로 식사 주문 시 적절히 배분해야 한다.

⑦ 양식 메뉴의 선호도가 높아, Meal Choice가 불가할 경우 현지 승무원을 통해 한식 메뉴를 보여 드리고 설명하면 좋아한다.

⑧ 단맛을 좋아하므로 Hot Beverage 서비스 시 여분의 설탕을 준비한다.

⑨ 매운맛을 선호하므로 Meal Choice 시 제공되는 고추장 한식 소스에 대해 자세히 안내하도록 한다. 한식 고추장에 관심이 있는 승객이 상당히 많다.

 필리핀

 음료

대부분 승객이 생수와 기타 음료 등 두 가지 종류를 선택하는 경우가 많고, 인도네시아 승객과 동일하게 기내에서 제공되는 땅콩을 무척 좋아한다.

식사 전 탄산음료를 선호하고 캔으로 얼음과 함께 통째 제공하는 것을 좋아한다.

식사 중 알코올성 음료인 와인보다는 순한 맥주나 탄산음료를 선호한다.

식사 후 미국의 영향을 많이 받아 차 종류보다는 커피를 선호하며 설탕, 크림의 선호도가 높아 소비량이 많다.

식사

① 한식 메뉴보다는 양식 메뉴를 선호하며, 그중 닭고기의 선호도가 매우 높다.

② 유소아동반 승객의 어린이용 식사(Child Meal)주문이 많으며, 장거리 비행에 지쳐 주무시는 승객이 많아 적절한 시점에 제공하는 것이 필요하다.

③ 아기를 동반한 승객의 우유 요청이 많아 우유의 탑재여부를 점검하는 것이 필수이다.

④ 대부분 승객이 음료를 두 잔씩 드시기 때문에 지상에서 사전 충분량 냉장이 필요하다.

⑤ 맥주 서비스 시 땅콩 요청이 많으므로 충분량을 준비해야 하며, 일인당 두세 개씩 제공하면 아주 좋아한다.

⑥ 식사 중 알코올성 음료인 맥주나 와인보다는 비알코올성 음료인 사이다, 콜라의 주문이 많으므로 탄산음료 위주로 충분량을 밀 카트^(Meal Cart) 상단에 비치한다.

⑦ 설탕, 크림의 소모량이 타 노선에 비해 상당히 많아 커피 제공 시 충분량의 설탕과 크림을 바로 제공할 수 있도록 조치한다.

싱가포르

식사 전   콜라 등 탄산음료를 좋아하며 주스는 토마토주스를 선호한다.

식사 중   와인은 대체적으로 가볍게 한두 잔 정도 마시는 편이다.

식사 후   차 종류의 선호도가 높으나 설탕을 듬뿍 넣은 커피를 즐기는 승객이 많다.

식사

① 양식 메뉴를 선호하며, 그중 대부분이 닭고기 선호도가 매우 높다.

② Meal Choice 불가 시 정중히 사과드리고 빵이나 다른 대체용품을 찾아 충분히 서비스하도록 한다.

③ 개별 Side Order가 많으므로 메모패드^(Memo Pad)를 적극 활용하여 서비스 누락^(Service Skip)이 발생하지 않도록 한다.

④ 음료는 충분량을 제공하며, 특히 Hot Beverage는 수시로 제공하는 서비스를 실시한다.

⑤ 승객의 의사 여부에 관계없이 투어가이드가 임의로 스페셜 밀을 요청하여 탑재되는 경우가 많고 닭고기를 요청하는 승객이 많기 때문에 갤리별 닭고기 탑재량, 서비스량 및 승객 추가 요청사항을 잘 파악하도록 한다.

⑥ 싱가포르 노선의 경우 식사 서비스가 두 번 제공되고 있으므로 승무원 상호 간 스페셜 밀에 대한 취식 여부를 공유해야 한다. 일반적으로 두 번째 식사의 중요도가 많이 떨어지며 식사량도 미미하다.

12 태국

음료

식사 전 더운 기후에 익숙해진 탓인지 대부분의 태국 승객은 차가운 탄산음료인 콜라와 사이다(7-up)를 무척 선호한다.

식사 중 더운 날씨 관계로 알코올 성 음료인 와인은 거의 마시지 않으며 차가운 맥주만 선호한다.

식사 후 열대지방 승객의 특성상 차 또는 커피에 설탕을 듬뿍 넣어서 마신다.

식사

① 태국 현지에서와 마찬가지로 닭고기 선호도가 두드러지게 높고 소고기는 기피하는 경향이 있으며, 스페셜 식사 메뉴로 해물요리(Seafood)를 주문하는 승객이 많다.

② Meal Choice 불가 시 정중히 사과하고 비빔밥을 충분히 설명하며 권유하면 모두 수긍하는 분위기이다.

③ 동남아 승객은 서양 승객과 달리 의사표현이 적극적이 아닌 소극적이므로 승객이 원하는 바를 정확하고 세심하게 파악해야 한다.

④ Hot Beverage를 달게 마시므로 서비스 시 크림과 충분량의 설탕을 준비한다.

13 영국

 음료

식사 전　탄산음료보다 생수를 선호하고 믹서(Mix)류인 진저에일(Ginger ale), 페리에(Perrier) 등의 소모가 타 노선에 비해 월등히 많아 사전에 충분량 확보가 필요하다.

식사 중　알코올성 음료보다 식전 음료 같은 종류의 가벼운 탄산음료를 선호한다.

식사 후　대부분의 영국 승객은 후식으로 녹차보다 우유나 레몬을 첨가한 홍차를 선호하고, 커피를 마실 경우 설탕 없이 크림/우유만 넣어서 마신다.

식사

① 영국인 승객은 기본적으로 한식을 좋아하지 않는 편이어서 기내에서도 한식 비빔밥보다는 대부분의 승객이 양식 소고기를 선호한다.

② 음료 제공 시 Soft Drink를 다양하게 준비하여 주문에 즉시 응대한다.

③ 식사 중 미국 승객과 마찬가지로 적극적으로 생수를 제공해야 한다.

④ 식사 후 Hot Beverage 서비스 시 영국식으로 마시므로 크림, 설탕과 함께

 영국인의 음주 문화

영국은 미국과 다른 술의 역사를 갖고 있다. 주류의 이용가능성을 규제하는 법의 제정, 영업시간의 제한, 미성년자의 음주금지 등 일반적인 통제는 있었지만 금주법과 같은 과격한 통제는 시도되지 않았다. 다만, 1차 대전이 발발하자 전쟁 수행을 위해 술집 영업시간을 줄이고 알코올의 농도를 내리는 조치를 취한 경험이 있었을 뿐이다. 영국에서 음주 문화의 지역 간 격차는 아주 뚜렷하다. 따라서 각 지역별로 음주면허의 통제, 영업시간, 판매요일, 음주량, 좋아하는 술 등에 상당한 차이가 있다. 영국의 음주량은 다른 나라의 추세와 달리 1970년대 이후로도 꾸준한 증가세를 보여왔다. 그런데 영국인의 절대 음주량은 프랑스, 이탈리아, 덴마크, 독일 등 인근 국가에 비해 오히려 적다. 그런데도 간경화 사망률이 지난 20년간 현격한 증가를 보이고 음주운전이나 미성년자 음주 등 음주 문제로 골치를 앓고 있다. 이는 영국의 주류 습관에서 기인한 것으로 마시는 양보다 취하도록 마시는 습관이 가장 큰 문제이기 때문이다.

레몬, 우유도 준비해야 한다.

⑤ 개인 물병을 소지하고 다니는 경우가 많으므로 다 마신 물병 처리 여부를 물어보면 좋아한다. 일반적으로 스테인리스나 병이 아닌 경우 위생 문제로 플라스틱 물병의 재활용은 하지 않는다.

 ## 14 프랑스

 음료

프랑스 승객은 다른 국적의 승객에 비해 비행 중 물 대신 Perrier나 클럽소다 (Club Soda)를 많이 선호한다. 특히 페리에의 선호도가 매우 높아 가능하면 충분량을 탑재하여 비행할 수 있도록 해야 한다.

식사 전   상위 클래스 승객은 식전주로 종류와 상표에 관계없이 냉장된 찬 샴페인을 선호한다.

식사 중   와인의 종주국답게 코스별 메뉴에 따라 와인을 종류별로 다양하게 즐긴다.(특히 프랑스산 보르도, 부르고뉴 와인을 선호)

식사 후   모든 종류의 알코올성 음료에 관심을 보이며 골고루 즐긴다.

● 커피는 설탕이나 크림을 넣지 않고 마시며 홍차를 즐기는 편이다.

食 식사

① 대부분 유럽 승객과 동일하게 비빔밥보다 양식 메뉴를 선호하나, Meal Choice 불가 시 적극적인 설명과 권유를 하면 응하는 승객이 많다.

② 일본인 승객보다는 빠르지만 비교적 천천히 즐기면서 식사하는 경우가 많아 취식 속도가 상당히 느리다.

③ 비빔밥보다 양식 메뉴를 대단히 선호, Meal Choice 불가 시 비빔밥 안내
지를 사용하여 적극 안내할 필요가 있다.

④ 다른 노선에 비해 식사 중 와인을 대단히 즐겨 마신다. 따라서 충분량의 화
이트 와인을 사전에 냉장 또는 준비하여야 한다.^(레드 와인은 실온 보관)

⑤ 비행 전 사전 학습 통해 기내 서비스되는 와인에 대한 충분한 지식 함양이
필요하며, 특히 와인 포도의 종류를 사전에 학습하여 설명하면 아주 좋아한
다. 하지만 너무 깊게 와인에 대해 대화를 나눌 경우 지식의 차이가 있어 약
간의 설명으로 충분하다.

프랑스인의 음주 문화

프랑스 남자들은 "좋은 코냑이 생기면 6개월 행복하고, 여성들은 좋은 향수를 선물받으면 1
년이 행복하다."고 한다. 프랑스인에게 아끼는 생활문화를 들라면 단연 포도주가 꼽힌다. 포
도주는 주로 식사와 함께 식중주로 마시는 것이 보통이다. 식사 중에는 상대방의 술잔이 바
닥까지 비기 전 술을 따르는 것이 예의이며 식사가 끝나면 코냑 등을 소화제처럼 한 잔 마셔
마지막 입가심을 한다. 그러나 최근 프랑스에는 맥주는 느는 한편 포도주는 감소하고 있으
나, 연간 성인 1인당 평균 알코올 소비량이 19ℓ에 달해 서방 세계 최고를 기록하고 있다.

 독일

 음료

프랑스 승객과 마찬가지로 비행 중 물 대신 Perrier나 클럽소다^(Club Soda)를 많
이 선호한다.

식사 전   얼음을 넣은 콜라나 사이다를 선호한다.

식사 중   다른 음료보다 독일 현지 맥주와 와인을 즐기며 레드 와인보다 독일
산 화이트 와인을 선호한다.

식사 후   모든 종류의 주류에 관심을 보이며 골고루 마신다.

식사

① 대부분의 독일인 승객은 양식 메뉴를 선호하나, 호기심이 대단히 많아 한식인 비빔밥을 안내하면 흥미를 보인다. 따라서 Meal Choice 불가 시 비빔밥 안내지를 적극 활용하면 좋다.

② 신체가 유럽 승객 중 비교적 크므로 식사 후에도 시장기로 간식 선호도가 상당히 높아 충분량의 간식을 준비해 두어야 한다.

③ 프랑스 승객과 달리 독일 승객은 레드 와인보다 화이트 와인을 무척 선호하므로 충분한 양이 Refill될 수 있도록 한다.

④ 맥주의 본고장답게 독일 승객에게 제공되는 맥주는 반드시 시원하게 제공될 수 있도록 충분량 냉장하며 맥주 취음량이 많으므로 승객이 만취되지 않도록 많이 마시는 승객의 동향을 승무원과 함께 정보를 공유한다.

독일인의 음주 문화

맥주의 나라 독일은 음주가 생활의 일부이다. 맥주가 이들의 기록에 등장하는 것은 10세기쯤. 그러니까 천 년 정도의 역사를 가지고 있다고 할 수 있다. 맥주를 마신 역사가 오래된 만큼 독일인의 주류 문화 또한 상당히 완숙됐다고 볼 수 있으며 크게 세 가지로 요약해 볼 수 있을 것이다.

첫째, 음주는 대화를 즐기기 위한 하나의 도구로 생각하며 맥주는 대화를 윤기 있게 하는 촉매제 역할만을 하는 것이라 생각한다.

둘째, 음주는 하되 법 테두리를 지킨다. 독일에는 곳곳에 비어 가르텐으로 불리는 맥주집이 산재해 있는데 사생활 보호를 위해 밤 10시 반 이후에는 옥외에서는 술을 팔지 못하도록 하는 엄격한 법이 있고 사용자들이 이 법을 철저히 지킨다는 것이다. 우리나라도 현재는 그렇지만 술자리가 있는 날이면 운전자는 술자리에서 대화만 즐기고 음주는 거의 하지 않는다.

셋째, 더치페이(Dutch Pay)로 음주량을 조절한다. 독일의 맥주는 유난히 구수하고 맛이 좋기로 유명하며 이는 15세기에 제정된 독일 특유의 맥주 순수법에 따라 맥주보리, 호프, 효모, 물만으로 맥주를 숙성 시키기 때문이다. 독일의 술집에서는 술값 계산을 각자 해야 하며 남에게 술을 강요하고 싶으면 자기가 술을 사야만 한다. 마시고 싶은 만큼 마시고 얘기하고 싶은 만큼 얘기한다. 따라서 음주로 인한 불상사는 전혀 보이지 않는다.

16 스페인

 탑승객의 주 연령대는 30~50대 여행객이 많고 비즈니스로 탑승하는 스페인 승객은 다른 국적 승객에 비해 적은 편이다. 플라밍고와 투우를 즐기는 나라답게 성격이 다소 열정적인 면이 있다. 2015년 7~9월 현재 최근 경제 위기를 겪어서인지 탑승객의 숫자가 많이 감소했으나 경기회복 이후 증가할 것으로 예상된다.

 프랑스, 독일, 이탈리아와 함께 세계적 와인의 생산국이어서인지 식사 시 와인을 늘 함께 즐긴다.

식사 전 음료를 구분하지 않으나 그중에서 오렌지주스나 파인애플 등 과일 주스를 즐겨 마시며 콜라도 좋아한다.

식사 중 식사 내내 와인을 즐기면서 식사를 하며 천천히 마시는 편(레드/화이트 종류 불문하나 레드 와인을 좀 더 선호한다)

식사 후 정열의 나라답게 진한 커피을 좋아하며 커피에는 블랙보다는 크림과 설탕을 듬뿍 넣는 경향이 많아 커피제공 시 프림과 설탕을 충분히 준비하는 것이 좋다.

식사

① 투우의 나라답게 양식 소고기를 아주 좋아한다. 한식에 대한 개념과 관심이 적어 마드리드에서 출발하는 비행편은 Meal Choice 중 한식이 많이 남는 경향이 있으며, 선호 식사를 배정받지 못한 스페인 승객에게 한식을 권유해보았으나 별로 좋아하지 않는 경향이 있다.

② 식사 중 빵을 매우 좋아하므로 모자라지 않는 한 수시로 Refill해야 한다. Meal Choice가 안 된 승객에게는 적정량의 빵과 버터를 제공하면 만족하므로 일반석 빵 부족 시 상위 클래스 빵을 사용하는 것을 권장한다.

③ EU 국가 중 와인의 생산국답게 기내 서비스되는 와인의 소모량이 많으므

243

로 서비스 전 충분량을 냉장하여야 한다.

④ 성격이 유럽 승객 중에서 비교적 기다리는 것을 힘들어하므로 기내 서비스
시 속도가 늦어지는 경우 사전에 양해를 구하는 것이 좋다.

 17 **이탈리아**

 음료

프랑스, 독일과 함께 세계적 와인의 생산지인 이탈리아 현지에서 값이 저렴하
고 품질 좋은 와인을 쉽게 구할 수 있으므로 식사 시 와인을 늘 함께 마신다.

식사 전   오렌지주스나 토마토주스를 즐겨 마시며 콜라도 좋아한다.

식사 중   식사 내내 와인을 즐겨 마신다.(레드/화이트 종류 불문)

식사 후   진한 커피을 아주 좋아하며 특히 진한 에스프레소나 카푸치노를 선
호, 대개 에스프레소에는 설탕만 넣고 커피에는 생우유를 넣는 경향
이 많아 생우유를 차게 하지 않도록 하는 것이 좋다.

 식사

① 지중해 나라 승객답게 생선과 해물을 아주 좋아한다.

② 종류별 다양한 치즈와 와인을 즐기며 와인과 함께 강화와인(와인을 증류하여 도수
를 높인 알코올성 음료)을 선호한다.

③ 식사 후 디저트로 케이크와 아이스크림(젤라또)을 즐겨먹는다.

④ 식사 중 빵을 매우 좋아하므로 모자라지 않는 한 수시로 Refill해야 한다.

⑤ 와인의 종주국답게 기내 서비스되는 와인의 소모량이 많으므로 서비스 전
충분량을 냉장하여야 한다.

⑥ 커피에는 생우유를 넣어 즐기므로 우유는 실온에 보관한다.

⑦ 지중해 특산물인 올리브를 즐기므로 칵테일 제공 시에는 올리브를 적극 서비스한다. (올리브는 상위 클래스에만 탑재되므로 사전 확보가 필요함)

⑧ 성격이 비교적 급하므로 기내 서비스 시 속도가 늦어지지 않도록 유의한다. 특히 이탈리아 승객이 시장한 상태에서 기내 서비스 속도가 늦으면 불만의 소지가 있다. 식전 음료 서비스 시 항공기 전방에서 후방으로 음료 카트를 서비스하나 뒤쪽의 승객이 서비스가 늦다는 불만을 토로한 적이 있다. 따라서 전방의 음료 카트와 별개로 기다리는 뒤쪽 승객을 위해 음료를 따로 준비해 음료 카트를 기다리는 동안 먼저 서비스하는 것이 바람직하다.

18 러시아

 음료

① 보드카의 종주국답게 보드카와 토마토주스를 비행 내내 지속적으로 요구한다.

② 알코올성 음료를 좋아하며, 특히 위스키, 코냑, 와인, 진, 보드카를 매우 좋아하고 도수가 낮은 맥주는 선호도가 약간 떨어진다.

③ 스카치 위스키는 얼음을 넣지 않고 그냥 마신다.

④ 기내 생수인 물은 잘 마시지 않으며 갈증이 날 때만 주스나 Soft Drink를 선호한다. 미국인 승객과는 음료의 선호도가 거의 반대이다.

⑤ 차보다는 커피를 좋아하지만 즐겨 찾는 편은 아니다.

⑥ 개인당 음주량이 상당히 많아 비행 중 계속 술을 요구하나 술에 아주 강한 편이라 쉽게 취하지 않으며 만취되어 소란이나 소동을 피우는 승객은 드문 편이다.

⑦ 표정이 매우 어둡고 경직되며 무뚝뚝해 보이지만 예의 바르고 사교적이다. 단체여행 시에 여럿이 모여 술 마시며 이야기하는 것을 무척 선호한다.

식사

① 한식보다는 서양식을 좋아하며, 밥보다는 감자나 국수를 선호한다.

② 대부분의 승객이 한식 비빔밥보다 양식을 선호하며, 타 국적 승객에 비해 한식의 취식률이 상당히 저조하다.

③ 양식이 모자랄 경우 한식을 권유해도 잘 안 드시는 승객이 많아 러시아 승객이 많이 탑승했을 경우 적당량의 양식을 keep^(보관)하여 제공하는 것이 좋을 듯하다.

④ 식사와 함께 맥주, 보드카를 많이 마신다.

⑤ 체구가 큰 승객이 많으므로 추가 식사를 요구하는 경우가 많이 발생한다. 따라서 기내식 서비스 후 남은 잔량은 갤리 내에 깨끗하게 보관한다.

⑥ 물보다는 주스, Soft Drink를 선호하고 따뜻한 음료보다는 찬 음료를 선호한다.

러시아인의 음주 문화

러시아는 한국과 음주 스타일이 매우 비슷하여 많이 마시기도 할 뿐더러 술잔을 기울인 이후에야 비로소 서로 통하는 사회의 모습이 너무 흡사하다. 한 번 따른 술은 반드시 마시게 하고 술을 못하는 사람을 낮춰 부르는 경향도 있다. 취한 행동에 대해서는 관대하고 취하게 마시고 나서야 친해졌다는 분위기가 생긴다. 러시아인들이 현지에서나 기내에서 마시는 술은 단연 보드카다. 어떠 자리든 나오는 주류는 보드카이며 국민 모두 보드카를 마신다고 해도 과언이 아니다. 한국의 폭탄주처럼 맥주 잔 속에 보드카 잔을 넣어 마시는 「요르식」이라는 주법도 유행한다. "술잔이 있으면 모든게 해결되고 술잔이 없으면 모든게 어려워진다."라는 말이 있다.

보드카는 러시아인에게 단순히 술이 아니라 삶의 일부라고 할 수 있으며 오늘날 러시아인들은 샴페인이나 중앙아시아산 코냑, 포도주, 맥주 등을 가리지 않고 마시지만, 러시아 술 소비량에 크게 일조하는 것은 값이 싸고 서민적인 보드카라고 할 수 있다. 러시아인들은 감기에 걸리면 후추와 함께 보드카를 마신다. 배가 아플 때도 보드카에 소금을 타서 마신다. 화장실 변기가 고장나고 이사를 해야 할 일이 생길 때도 보드카만 있으면 만사형통이다. 돈을 갖고 안 되는 일은 있지만 술을 갖고 안 되는 일이 없다. 손님으로 갈 때 반드시 보드카를 선물로 갖고 간다. 사실 러시아 남성들의 많은 문제들은 아내보다 더 소중한 보드카 때문에 생기고 있다. 러시아 알코올 중독 전문가들은 매년 50만 명이 술 때문에 목숨을 잃는다고 주장하고 있다.

체코

식사 전 서늘한 기후의 영향을 받아 찬 음료보단 따뜻한 음료를 선호한다.

식사 중 특별한 사항은 없으나 버드와이저 원산지답게 시원한 맥주와 와인을 즐긴다.

식사 후 차 또는 커피를 즐기나 설탕, 크림 선호도는 그리 높지 않다.

 식사

① 체코인은 소고기의 선호도가 제일 높고 닭고기, 돼지고기 순으로 육류를 선호한다. Meal Choice 불가 시 정중히 사과하고 비빔밥을 충분히 설명드리며 권유하면 모두 수긍하는 분위기이나 즐기지는 않는다.

② 동유럽 승객 중 의사표현이 적극적이 않고 소극적인 성향이 있어 승객이 원하는 바를 정확하고 세심하게 파악해야 된다. 영어 사용이 비교적 원활하지 않아 객실승무원과의 충분한 의사소통을 기피하려는 경향이 있고 식음료 주문 시 표정이 미국/영국/대양주 승객과 달리 약간 무뚝뚝한 면이 있다.

③ Hot Beverage를 항상 따뜻하게 준비한다.

 스위스

 음료

① 와인을 즐기는 편이며 와인과 치즈에 대한 지식이 매우 풍부하여 다양한

종류의 와인과 치즈를 요청한다.(스위스 승객은 자신들을 치즈의 종주국이라 표현하고 자국산 치즈에 대한 자부심이 강함)

② 스위스를 비행하는 객실승무원은 와인과 치즈, 특히 스위스산 치즈에 대한 충분한 학습 후 비행하는 것이 좋다.

③ 차 보다는 커피를 매우 선호한다.

 식사

① 대부분 양식 메뉴를 선호하지만 한식 메뉴에 대해서도 거부감은 없으나 끝까지 취식하지는 않는다.

② 스위스 국민 특성상 소식하거나 아예 식사하지 않는 경우도 많이 발생한다.

③ 다른 국적 승객과 달리 메인 요리보다 디저트나 와인을 오히려 더 까다롭게 고르는 경향이 있다.

④ 화이트 와인과 맥주를 많이 마시므로 충분량을 준비해야 하고, 뜨거운 음료도 반드시 Refill을 실시한다.

⑤ 식후에 치즈나 초콜릿 등의 단 디저트를 찾는 경우가 많다.

 터키

음료

① 시원한 오렌지주스 및 콜라를 선호한다.

② 기내 알코올 음료에 대한 선호도가 이슬람교의 영향으로 낮은 편이다.

③ 디저트로 단맛을 좋아하고 커피 대신 홍차를 즐겨 마신다.

식사

① 이슬람교의 영향으로 돼지고기를 먹지 않아 식품의 원료까지 세심하게 들여다 보는 경향이 있다. 라면의 경우에도 돼지고기가 들어가 있으면 식사

가 불가능하다.

② 한국과 형제국이라는 생각을 많이 하고 있어 Meal Choice 불가 시 한국 비빔밥을 권하면 대부분의 승객이 수용한다.

③ 현지 습성상 음식에 코를 대고 냄새를 맡지 않도록 하며, 빵 위에 수저나 포크를 겹쳐 놓지 않도록 한다.

④ 커피보다는 차를 마시므로 차 서비스 시 충분량의 설탕을 준비한다.

⑤ 기내식을 깨끗이 비우는 경향이 있으므로 서둘러 치우지 않도록 한다.

 중국

비행 중 기내에서 제공되는 서비스용품에 대한 관심과 욕구가 매우 크며 양적인 면에서도 풍부한 서비스에 흡족한 피드백을 보이는 경향이 있다. 대부분의 중국 승객은 본인이 처음 선택한 음료만 반복하여 주문하는 경향이 많으므로 식사 코스에 따라 어울리는 음료를 권해보는 것도 권장할 만하다.

식사 전   얼음을 넣지 않은 차가운 콜라를 선호한다.

식사 중   와인보다는 중국 맥주(칭따오 맥주)나 한국 맥주(카스)를 선호한다.

식사 후   뜨거운 차를 선호하며 커피를 주문할 경우 설탕과 크림을 많이 넣어서 마신다. 본인 고유의 차와 전용 물병(Pot)을 가지고 다니므로 뜨거운 물만 요청하는 승객도 상당히 많다.

식사

① 다른 국적의 승객에 비해 취식 속도가 매우 빠르다.

② 대부분 닭고기를 선호하고 닭고기 서비스가 불가한 경우 안내와 함께 밥이

있는 한식 비빔밥을 제공하면 매우 좋은 반응이다.

③ 평소 기름진 식사로 인해 차 종류를 선호하며 개인적으로 차를 소지하여 뜨거운 물을 요청하는 승객이 많고 개인용 차 Pot를 대부분의 중국 승객이 소지하고 있다.

④ 기내 식사 중 서비스용품을 탑승 기념으로 휴대하는 경우가 발생할 수도 있으므로 회수 하도록 한다.

⑤ 차가운 음료를 좋아하지 않아 음료에 얼음을 넣는 것을 싫어한다.

⑥ 중국 승객이 많이 탑승하는 노선에서는 와인이 불필요한 경우가 많이 발생하므로 미리 따서 준비하여 버리기보다는 맥주를 차갑게 하여 권유하는 것이 좋다.

⑦ Meal Choice 시 대부분의 중국 승객이 의사소통이 안 되므로 탑승한 중국 현지 승무원에게 의뢰 또는 직접 보여주거나 식사 안내서를 활용하여 주문을 받는다.

⑧ 차를 즐겨 마시므로 뜨거운 차를 충분히 제공한다.

중국인의 음주 문화

중국 역사상 위대한 인물들은 대부분 술을 엄청나게 즐기는 호주가로 묘사돼 있으며, 따라서 지금의 젊은이들에게도 술을 마시는 것이 큰 자랑거리로 여기는 경향이 아직 남아 있다. 또 중국인들에게 공적이건 사적인 일이건 대부분 술자리에서 결정되며, 특히 사업상 상담 책임자가 술이 약할 경우, 한국의 술 상무라고 할 만한 陪酒員을 동반하는 경우도 허다하다. 중국 당국은 이와 함께 건강 보호 차원에서 백주보다는 도수가 훨씬 낮은 과일주나 맥주를 마실 것을 권장하고 있다. 이에 따라 최근 포도주 소비가 점차 늘어나고 젊은이들은 선진국 형태의 맥주를 선호하는 쪽으로 변하고 있다.

홍콩

기내 땅콩을 매우 좋아하며 중국 승객과 마찬가지로 뜨거운 음료를 선호한다.

식사 전   알코올성 술이나 주스보다 탄산음료인 콜라, 사이다를 선호한다.

식사 중   와인은 가볍게 한 잔 정도 마시나 선호하지 않는 편이다.

식사 후   중국 승객과 같이 차의 선호도가 일반적으로 높으나 요즘 젊은 층은 블랙커피도 선호한다.

식사

① 해양국가 승객답게 해산물 및 닭고기 메뉴를 선호한다.
② 홍콩에서 출발하는 경우 호기심에서 비빔밥을 선호하는 경우가 많으나 한국 여행 후 귀국편에서는 비빔밥의 선호도가 매우 낮아 객실승무원이 인천공항에서 홍콩을 비행하면 Meal Choice에 많은 곤란을 겪는다. 따라서 한식에 대한 적극적인 안내와 권유가 필요하다.
③ 평소 가지고 다니는 간식을 기내에서 취식하는 경우가 많다.
④ 주류의 선호도가 매우 낮아 빵, 주스, 뜨거운 음료의 지속적인 제공이 필요하다.
⑤ 식사를 여유롭게 즐기려는 경향이 있으므로 식사 속도에 맞추어 서비스를 진행할 필요성이 있다.
⑥ 중국 승객과 마찬가지로 식사 서비스 중에 뜨거운 물을 제공하면 아주 좋아한다.

대만

 음료

　대부분 승객이 한국 관광 목적으로 탑승하기 때문에 특이사항은 없으나 중국 본토 승객과 마찬가지로 뜨거운 음료를 선호하고 뜨거운 음료 중 커피보다는 차를 좋아한다.

 식사

① 대부분 대만 승객은 한식보다는 해산물과 닭고기의 선호도가 매우 높다.
② 대만 특성상 소고기보다는 돼지고기를 선택하는 경우가 많다.
③ 한국 음식에 대한 관심이 높으므로 한식을 적극적으로 안내하고 권유해도 좋다.
④ 중국인 승객과 마찬가지로 식사 중 차를 즐겨 마시므로 뜨거운 음료의 상시적 Refill이 매우 필요하고 자신만의 차를 가지고 다닌다.
⑤ 대부분의 대만 승객은 영어가 잘 통하지 않으므로 실제 기내식 내용물을 보여주며 서비스하면 효과적이다. 그래도 기내식 선택에 대한 의사소통이 어렵다면 해산물, 닭고기, 한식 순으로 제공한다.

몽골

음료

식사 전　특별히 선호하는 음료가 따로 없이 모든 종류를 좋아한다.

식사 중　추운 지역의 민족 특성상 강한 도수의 위스키 종류를 선호한다.

식사 후　동남아 승객과 마찬가지로 커피보다는 차를 선호하고 우유를 즐기며 종종 차에 섞어 마시기도 한다.

 식사

① 주류를 좋아하므로 보드카는 사전에 충분히 냉장한다.

② 주류 중 보드카는 물을 섞어 마시지 않으므로 보드카는 스트레이트로 서비스한다.

③ 중국 승객과 동일하게 기내식의 취식 속도가 매우 빠른 편이므로 식사를 마친 승객은 의사를 확인한 뒤 먼저 치워드려도 좋다.

④ 따뜻한 음료를 선호하므로 커피와 차를 충분히 제공해 드린다.

⑤ 몽골 지역의 특성상 우유의 선호도가 타 국적 승객에 비해 월등히 많으므로 사전에 충분량의 확보가 필요하다.

⑥ 외관상 한국인과 매우 흡사하여 구분이 어려워 한국어로 서비스하기 쉽다. 그러나 한국말이 서투른 몽골 승객은 원하는 것이 있어도 반응이 없을 수 있어 그냥 지나치기 쉬우니 객실승무원의 상세한 관심이 필요하다.

26 베트남

2013~2017년 현재 베트남 노선 및 미주 노선에 베트남 국적의 승객이 급증하고 있는 인천공항에서 많은 베트남승객이 환승하는 관계로 객실승무원은 사전 학습을 통해 선호 음료 및 기내식을 파악하여야 한다. 베트남은 현재 동남아 지역의 경제 부흥국으로 떠오르고 있다.

음료

식사 전   주스류와 탄산음료 모든 종류를 좋아한다.

식사 중   더운 지역의 민족 특성상 강한 도수의 알코올성 음료보다는 시원한 맥주와 와인을 즐기는데 취할 정도로 과음하지는 않는다.

식사 후   동남아에서 커피를 제일 많이 생산하는 국가 승객답게 차보다는 커피를 선호하고 설탕과 크림을 듬뿍 넣어 취식한다. (베트남에서 생산되는 커피는 세계적으로 유명하다)

식사

① 주류를 좋아하지 않으므로 콜라, 사이다, 7UP은 사전에 충분히 냉장한다.

② 주류 중 맥주(특히 Tiger 맥주)의 선호도가 높으므로 사전 냉장이 필요하다.

③ 기내식의 식사 속도가 매우 빠른 편이므로 식사를 마친 승객은 먼저 치워 드려도 좋다.

④ 음료는 차가운 것을, 차나 커피는 따뜻한 음료를 선호하므로 찬 것은 차게, 뜨거운 것은 아주 뜨겁게 제공하는 것이 필요하다.

⑤ 베트남 국적의 승객은 평상시에 상당히 온순하고 협조적이나 자신의 의지가 관철되지 않거나 불합리한 처우를 받았을 때 거세게 항의하는 성향이 있으므로 기내식 서비스 시 Meal Choice 불가할 경우 사전에 기내식 선택이 어려운 상황설명을 충분히 드리고 예의를 갖추어 정중하게 권유해야 한다.

 27 피지

피지는 남태평양의 조그마한 국가이나 많은 항공사들이 관광지인 피지 노선에 취항하고 있어 피지 승객도 늘어나고 있는 추세이다. 피지 승객의 대부분은 인천공항에서 환승하게 되며 다른 국가에 취업하려는 사람 및 전통운동인 럭비 운동선수가 대부분이다.

 음료

식사 전   주스류와 탄산음료 모든 종류, 특히 콜라를 좋아한다.

식사 중   더운 지역의 민족 특성상 강한 도수의 알코올성 음료보다는 시원한 맥주를 즐기는데 취할 정도로 과음은 하지 않으며 알코올 음료보다는 Soft Drink류를 선호한다.

식사 후   차보다는 커피를 선호하고 설탕과 크림을 듬뿍 넣어 마시는 편이다.

식사

① 기내식 제공 시 한식보다는 양식을 아주 선호하며 Meal Choice 불가 시 충분히 설명하고 한식을 권유하면 마다하지 않는다.

② 주류를 좋아하지 않으므로 콜라, 사이다, 7UP은 사전에 충분히 냉장한다. 특히 과일의 주요 산지이므로 오렌지, 구아바(Guava)주스를 선호한다.

③ 주류 중 맥주의 선호도가 높으므로 사전 냉장이 필요하다.

④ 피지 승객의 대부분은 신체가 매우 커서 기내식의 식사 속도가 매우 빠른 편이고, 기내식 한 개로는 모자라므로 충분한 빵의 계속적인 Refill이 절대적으로 필요하다.

28 중동국가 (사우디, 아랍에미리트)

사우디아라비아는 역사적으로 이슬람의 종주국인 관계로 알코올성 음료를 절대 삼가며 돼지고기 음식을 전혀 먹지 않는다. 비행 중인 항공기 내에서도 항상 정해진 시간에 이슬람 의식을 갖추어 기도하나 객실 응대에 특이함은 없다. 아랍에미리트인 경우 외국인이 숙박하는 호텔이나 선정된 음식점에서 주류를 판매하긴 하나 현지인은 즐기지 않는다.

식사 전   주스류와 탄산음료 모든 종류, 특히 콜라를 좋아한다.

식사 중   알코올성 음료는 마시지 않으며 Soft Drink류를 선호하니 충분히 냉장하고 제공 시에는 얼음과 함께 제공해야 한다.

식사 후   커피보다는 차를 선호하고 설탕과 크림을 듬뿍 넣어 마시는 편이다.

 식사

① 라마단 기간에는 해가 떠 있을 때 기내식 취식을 하지 않고 해가 진 후 식

사하므로 낮 비행 중 객실의 기내식 서비스 시간에 식사하지 않는 경우가 많이 발생한다. 따라서 아랍권 승객의 성향 및 라마단 기간을 숙지해 메뉴의 선주문이 필요하고 미취식한 기내식은 Galley 내 일정 공간에 보관하여 해가 진 후 승객 요청 시 제공해야 한다.

② 기내식 제공 시 한식보다는 양식을 선호하나 Meal Choice 불가 시 충분히 설명하고 한식을 권유하면 마다하지 않으며 스페셜 밀(모슬렘 밀, MOML)을 사전 예약한 승객의 식사가 탑재되지 않았을 때는 승객이 요구하는 것을 깊이 청취하고 사전에 조율하여 원하는 식사를 만들어 드려야 한다.

③ 대부분의 아랍권 승객은 MOML(이슬람 식사)을 사전 예약하여 드시고, 그렇지 않은 승객은 생선과 소고기를 선호한다.

④ 서비스 전 콜라, 사이다, 7UP은 사전에 충분히 냉장하며 워낙 선호도가 높아 승객 요청 시 잔으로 제공하는 것보다는 캔째 서비스하면 좋아한다.

⑤ 주류 선호도는 매우 낮으므로 와인을 승객 요청 시 오픈하여 서비스하는 것이 좋다. (항공기가 사우디아라비아 영공을 벗어난 후 음주를 시작한다)

⑥ 아랍권 승객의 기내식 취식 속도는 매우 빠른 편이므로 식사가 끝난 승객은 승객의 양해를 구하고 미리 치워도 무방하다.

⑦ 많은 아랍권 승객이 신발을 신지 않고 다니는 경우가 많다. 맨발로 기내 순회 시 위험성에 대해 안내하고 객실승무원은 식사 서비스 후 승객의 안전을 위해 기내 복도의 이물질을 사전 제거해야 하다.

⑧ 아랍권 승객은 외모와는 달리 평상시에 상당히 온순하고 협조적이다.

⑨ 세계 다른 국가의 승객에 비해 고객 불만을 표출하거나 접수하는 경향이 아주 적다.

라마단이란?

달에 따라 라마단이 결정되며 이슬람력은 태음력을 사용하기 때문에, 새로운 달이 관측될 때까지 언제 금식을 시작할지 확실히 알 수 없다. 천문학자들은 화요일 또는 수요일 밤을 예상하고 있으며 사우디아라비아인 경우 2015년인 경우 6월 17일~7월 18일 사이 실시하였다. 일단 라마단이 시작되면, 금식을 시작하는 무슬림들은 한 달 동안 해가 떠 있을 때 음식, 물, 흡연, 성 활동을 새벽부터 해질 무렵까지 피해야 한다.
라마단이 끝나면, 7월 18일쯤 Eid Al Fitr(Festival of fast-breaking 단식중지축제)를 실시한다.

아프리카(케냐)

아프리카 동부 해안에 자리잡은 케냐는 인구가 4천 5백만 명(2015)이며, 면적은 한반도의 5.8배에 이르는 580,367km²이다. 기후는 건조성 기후와 사바나 기후를 가지고 있어 동물들이 살기에는 지상낙원이다.

2000년대 전에는 대한항공이 건설현장 근로자를 위해 아프리카 북단 리비아의 트리폴리에 취항하였으나 중단되었고, 2013년 이후 케냐의 수도 나이로비에 취항하고 있으며 인천공항에서 출발하여 나이로비까지 직항로를 비행하면 약 13시간 30분 정도 소요된다.

케냐 수도 나이로비에서 인천공항으로 출발 시 케냐 국적 인도 승객이 어느 정도 탑승한다.

 음료

식사 전　알코올성 음료보다는 주스류와 탄산음료 모든 종류를 좋아한다.

식사 중　아프리카 지역의 민족 특성상 강한 도수의 알코올 음료보다는 시원한 맥주나 와인 한 잔을 즐기는 것으로 그친다.

식사 후　차의 주산지답게 커피보다는 차를 선호하고, 차 중에서 설탕과 크림을 듬뿍 넣은 홍차를 특히 선호한다.

> 차이티 : 우유와 물을 1:1 비율로 섞어서 홍차를 첨가해 끓여서 만드는 현지 차로 아침 식사 후 즐겨 마신다.

식사

① 주류를 좋아하지 않으므로 콜라, 사이다, 7UP은 사전에 충분히 냉장한다.

② 케냐 국적으로 탑승하는 승객 중 대부분은 채식 위주의 스페셜 밀을 사전 신청하여 드신다.

③ 채식을 주문하지 않은 케냐 국적 인도 승객도 육류는 비선호 음식이므로 생선을 요청하는 경우가 많으며 식사 Choice가 안 될 시 비빔밥에서 소고

257

* 고명(Garnish, Top-ping) : 음식의 모양과 빛깔을 돋보이게 하고 음식의 맛을 더하기 위하여 음식 위에 얹거나 뿌리는 것을 총칭한다. 항공기에서 제공하는 비빔밥에는 고명으로 곱게 갈은 소고기가 얹혀 있다.

기고명*을 제거하고 서비스한 경우가 많으나 전통 케냐인은 소고기를 즐겨 먹는다.

④ 순수 아프리카 케냐인은 육류, 채식류 등 가리는 것이 없으나 일반적으로 한 번도 접해보지 않은 한식 비빔밥보다는 보편적인 양식을 선호한다.

⑤ 홍차는 아주 뜨겁게 충분한 크림과 설탕을 함께 제공하는 것이 필요하다.

⑥ 비교적 영어에 능통한 승객이 많으므로 식사 배분이나 협조 요청 시 영어로 대화가 가능하다.

케냐의 전통 음식

우갈리(옥수수 가루찜)

수구마 위키(볶음야채)

기테리(옥수수와 콩 삶은 음식)

필라우(볶음밥)

만다찌(밀가루 반죽 튀김)

사모사(고기만두)

야마초마(전통 고기요리)

차이티(전통 차)

Memo

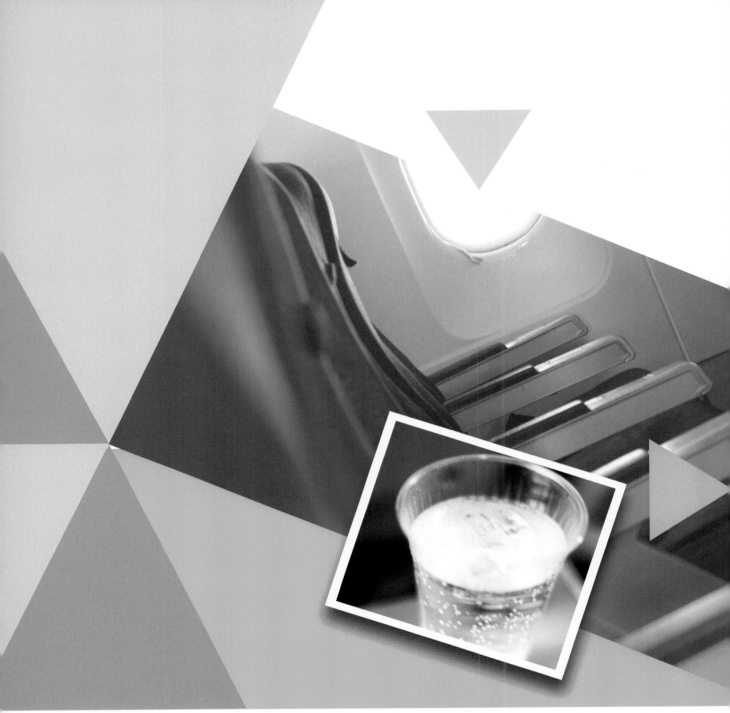

Cabin Food & Beverage Service

Chapter

12

기내식 관련 고객불만 사례 및 Trouble Shooting

Chapter

12 기내식 관련 고객불만
사례 및 Trouble Shooting

불만 고객 응대 방법 8단계

경청
- 고객의 항의를 경청하고 끝까지 듣는다.
- 표현 방식(표정, 언어)이 아닌 문제를 파악한다.

감사와 공감 표시
- 일부러 시간을 내서 해결의 기회를 준 것에 감사표시
- 고객의 기분에 공감을 표시한다.

사과
- 고객의 이야기를 듣고 문제점에 대한 인정과 잘못한 부분에 대해 정중하게 사과한다.

해결 약속
- 고객이 불만을 느낀 상황에 대해 관심과 공감을 보이며 문제의 빠른 해결을 약속한다.

정보 파악
- 문제해결을 위해 꼭 필요한 질문으로 정보를 얻는다.
- 해결이 어려우면 고객에게 어떻게 해주면 좋을지 묻는다.

신속처리
- 잘못된 부분을 신속하게 시정한다.

처리확인과 사과
- 불만 처리 후 고객에게 처리결과에 만족하는지 확인한다.

피드백(Feed back)
- 고객불만 사례를 회사 및 전 승무원에게 알려 다시는 동일 문제가 발생하지 않도록 한다.

고객 만족을 위해
기본과 원칙에 충실하고
서비스 마인드를 함양하는 것.
바로, 우리 객실승무원의
역할과 임무입니다.

국내 항공사 기내 식음료 불만사례 연구

승객 불만사항은 현실감을 살리기 위해 맞춤법을 교정하지 않고 승객
이 보내온 글 원문을 그대로 실었다.

기내 식음료 관련 승객불만 A 식사 후 식기를 거두어 가는 과정 동안 한 직원이 카트에 아슬아슬하게 마구 넣어 집어 넣었는데 반대편 다른 승무원이 인식하지 않고 세게 식기를 반대편에서 밀어 넣어 식기와 남은 음식이 바닥으로 다 떨어졌으며, 그 과정에서 복도쪽에 앉았기 때문에 발에 다른 승객의 남은 음식이 다 튀었다. 그런 과정에서 직원들이 당황하고 신속하게 대처하지 못하는 모습이 많이 불편하였다. 그 후 불과 몇 분 후 다른 직원이 또 음료 서빙 시 컵을 떨어 트려 발과 신발에 음료가 튀게 되어 어처구니 없는 상황이었다.

 고객은 기내식 회수 시 승무원 간의 의사소통과 부주의를 지적하고 있다. 승객에게 기내식을 제공하는 Meal Cart는 2인 1조로 승객의 Tray를 회수할 때 양방향이 열려 있고 한 줄에 두 개씩 혹은 세 개씩 회수하여 정리가 되기 때문에 Meal 회수 시 서로 약속을 하지 않으면 상기와 같은 사례가 종종 벌어지곤 한다. 바쁜 단거리 비행의 기내 업무지만 승무원 서로가 의사소통하며 차분하게 업무를 처리하는 모습이 필요하고 특히 비행시간이 짧은 단거리 비행의 Small 기내식 Tray Handling 과정에서 이런 실수가 많이 발생하니 지체 없이 빠른 사과와 객실사무장/캐빈 매니저에게 보고하여 신속한 클리닝쿠폰 제공함으로써 고객불만을 사전 차단하는 것이 필요하다.

기내 식음료 관련 승객불만 B 비행 중에 너무 허기가 져서 고민을 하다가… 아직 식사까지의 시간은 좀 더 많이 남았기에 승무원에게 혹시나 간식거리라도 먹을것이 좀 없을지 조심스레 문의해봤습니다. 제가 지금 그 응대했던 승무원 이름이 기억나질 않지만, 여튼 딱 잘라서 '없다고' 말을 내뱉더군요. 그 순간 너무 어이가 없고 무안해서 그냥 네… 하고 말았는데 정말 생각할수록 기막히고 어이가 없어서 이곳에 컴플레인 글 남깁니다!

263

아니 어떤 항공사던 간에 외국항공사도 그렇게 비행시간이 긴 국제선 구간에는 간식거리로 컵라면을 제공해 주는 곳도 있고, 하다 못해 간단한 넛츠제품 자그마한것 한봉지라도 기내에서 가능한 간식거리를 가져다 줬어도 됐을텐데….

 고객은 기내 서비스 시 태도를 지적하고 있다. 간식은 선호하는 종류가 노선별 특이하여 제공하는 승무원이 담당구역 뒤쪽 승객의 원활한 선택을 위해 빠른 서비스 태도로 지나가거나 한 개씩만 제공하는 등 고객불만의 원인이 될 수 있다고 생각하며 비록 간식이 떨어졌어도 다른 종류의 간식을 권유해 보거나 아니면 상위 클래스에 문의하여 남은 간식을 일반석 간식으로 대체할 수 있다. 기내 활용 가능한 음료, 넛츠(Nuts) 등을 이용해 서비스하는 등 최선을 다하는 승무원의 모습을 보였으면 오히려 좋은 피드백이 오지 않았을까 한다.

불만족한 고객 1명   평균 11명에게 험담

만족한 고객 1명   평균 3명에게 칭찬

 기내 식음료 관련 승객불만 C 외국인 승객에게 박스를 건네주는데… 승객이 박스를 열어보고 기겁을 합니다.. 먼저 누가 먹고 반납한 박스를 다시 준거였거든요.. 승객이 겸연쩍게 어이없어하면서 지나가는 승무원불러 이야기하고 다시 새걸로 받긴 했습니다만 그걸 내내 지켜볼수 밖에 없엇던 나와 동료는 바빠 보이기만하고 거칠기만한 기내식 서비스에 짧은 국제노선 서비스 질에 대해 불쾌함을 감출수 없습니다.

 고객은 단거리 노선 기내 서비스 시 박스 형태의 기내식이 제공되는 노선에서 내용물이 안보여 실수한 승무원의 모습을 지적하고 있다. 몹시 바쁘지만 내용물을 다시 한 번 점검하고 제공하는 침착함이 있었으면 한다. 일반적으로 Box Meal을 제공하는 비행은 비행시간이 짧은 구간이므로 매우 바쁘고 정신이 없을 정도로 객실 업무가 많고, 따라서 현장에서는 새로운 Box Meal 확인 시 박스 밀을 집을 때 무게를 보고 짐작하는 경우가 많다. 고객의 불편을 줄이기 위해 사용한 식사와 섞여 있을 때 Box Meal은 반드시 뚜껑을 열어 확인 후 제공해야 한다. 사실 저자도 인천 국제공항에서 후쿠오카나 칭따오 비행 시 이런 경우가 몇 번 있었다. 따라서 그 후로는 반드시 손으로 무게를 측정하여 제공하고 다시 한 번 열어서 확인 후 제공한다.

기내 식음료 관련 승객불만 D 간단한 식사메뉴를 농어로 주문했습니다. 제 옆자리 승객이 저와 똑같이 스테이크와 농어를 주문하는 것

을 보고 식성이 비슷하다는 생각을 했다는 것까지 기억하고 있습니다. 잠시 후 승무원이 제게 오더니 농어가 충분치 않으니 닭고기와 밥을 드시지 않겠냐고 권하더군요.

 기내식 Meal Choice가 되지 않아 불만을 표시하고 있다. 기내식 선택에 관한 문제는 상당히 풀기 어려운 항공사의 숙제로 남아 있지만, 탑승서부터 승객과 승무원 간의 원활한 커뮤니케이션 등의 유대관계가 있었으면 서로가 이해하고 넘어갈 수 있는 문제라는 생각에서 아쉬움이 남는다. 자세한 사항은 본 교재 '제6장 기내식 서비스 순서 기내식 Meal Choice가 안됐을 때 조치방법 5가지'를 참조하기 바란다.

기내 식음료 관련 승객불만 E

I made direct eye contact with the flight attendant during cart service and she just passed by forgetting to serve a meal. I thought they would come back but it was already time to collect empty trays. I had to get up out of my seat and let them know that they forgot a passenger.

 기내식 Skip은 기내식 서비스 중 흔히 일어날 수 있는 객실승무원의 실수라고 생각된다. 식사 제공시점은 꼼꼼함과 차분함 그리고 빠진 승객이 없는지 서비스 도중 재점검이 반드시 요구된다. 참고로 저자가 비행 중 기내식 서비스를 할 때에는 시작시점부터 담당구역의 중간쯤 진행한 후 기내 서비스한 승객 중에 혹시 빠진 승객이 없었나 반드시 확인과정을 거쳤고 기내식 서비스 완료 후에도 와인 제공, 잦은 Walk Around를 통해 Meal Skip이 발생하지 않도록 매 비행 시 노력하였다. 승객이 식사를 못받은 경우 이를 승무원에게 알리면 다행이나 계속 못받은 채로 앉아있는 승객

예, 그러시군요! 잘 알겠습니다.
1) 경청 고객을 주목하고 끝까지 주의 깊게 들어라!

말씀해 주셔서 감사합니다. 고객님의 심정을 충분히 이해하겠습니다.
2) 공감 감사 인사와 함께 공감을 표시하라!

3) 사과 마음을 담아 정중하게 사과하라.
진심으로 머리 숙여 사과드립니다.

Plan B
4) 대안 제시 고객이 납득하는 해결책 또는 대안을 제시하라!
즉시 해결하겠습니다. 이렇게 해 드리면 어떨까요?

265

은 나중에 확인하여 제공하더라도 기분이 상해 식사를 안드시는 경우가 대부분이라 생각한다.

 와인 한잔 후 잠을 청하려고 하는데 승무원 분이 제 팔걸이에 있는 와인잔(와인이 들어있는)에 접시를 떨어뜨려서(비행기가 흔들리는 상황이 아님) 와인잔이 깨지고 접시도 깨져 저에게 모든 파편과 와인이 떨어지는 사고 있었습니다.

저자가 유추하건대 승무원이 서빙 도중 승무원의 발이 승객의 기내 좌석 아래 어딘가 부딪혀 손에 들고 있던 Dish를 떨어뜨리지 않았나 생각된다. 기내 서비스 시 특히 암레스트 빈 공간 – 'Armrest'에 음료수를 두는 승객이 많으므로 기내 이동 시 각별한 주의가 요구 된다. 어느 누구나 실수할 수는 있다고 생각하며 기내 식음료 제공 중 승무원의 실수를 최소화 하기 위해서는
1. 천천히 여유를 갖고 제공한다.
2. 승객의 머리 위로 서비스 물품을 옮기지 않는다.
3. 항상 일어날 수 있는 사항이기 때문에 사전 승객과의 충분한 교감, Communication이 필요하다 할 것이다.

기내에서 배가 고파 호출버튼을 누르고 혹시 컵라면이 있으면 좀 주실 수 있냐고 물어봤습니다. 그랬더니 돌아오는 대답이 너무 어이가 없었어요. 제가 기분나쁘게 물어본것도 아니고 조심스럽게 물어봤고 그 전에 어떤 요청을 하거나 하지 않았어요. 특히 그 분한테는 처음 응대받는 거였는데 당황 스럽더라구요.

앞장 'In-Between Snack'에 기술하였듯이 인천에서 미국행 비행기에는 컵라면이 탑재되나 미국 도착 시 검역문제로 남은 컵라면은 전량 폐기하게 되어 있다. 또한 미국에서 출발하여 한국으로 비행할 때 컵라면 대신 다른 간식이 실리니 상기사항을 숙지하여 공손한 태도로 대체 음식을 권하였으면 한다. 세상에 아무리 맛있는 식사나 음료를 제공하더라도 제공하는 호스트의 표정과 태도가 불쾌하면 그 음식은 맛이 없는 식음료가 되며 서빙하는 사람의 표정과 태도가 해당 음식의 맛을 결론적으로 결정한다고 볼 수 있으며 반대로 아무리 형편없는 음식이라도 제공하는 사람의 표정이 따뜻하고 태도가 정중하면 맛있게 보이고 받아들일 수 있다고 생각한다. 참고로 제8장 'In-Between Snack'의 서비스 방법을 참조해 주기 바란다.

 제주 발 서울행 비행기를 이용하였습니다. 음료수 서비스가 끝나갈 무렵 한 승무원이 콜라(페트병)를 받아와 걸어가면서 통로에서 뚜껑을 돌렸고 그 바람에 D석에 앉아있던 제게 콜라가 튀어 눈에 들어갔습니다. 컵과 함께 받은 냅킨이 있어 눈물과 콜라를 곧 닦아낼 수

는 있었지만 만일 렌즈를 끼고 있었다면 많이 찜찜했을 것 같습니다.

 국내선에서는 대형 콜라가 탑재되어 승객에게 제공되고 있다. 대형 콜라병은 플라스틱으로 만들어 가운데를 힘껏 쥐면 콜라가 튀는 현상이 발생하고 습기가 있는 손으로 잡으면 미끄러질 수도 있다고 생각하며 또한 적절히 냉장되지 않은 콜라병을 흔들며 운반하게 되면 뚜껑을 여는 즉시 내용물이 튀게 된다. 따라서 잘 냉장된 콜라를 기내에서 제공할 경우 갤리(Galley) 내에서 뚜껑을 미리 약간 돌려 서비스하기 용이하게끔 준비해야 하며 잘 미끄러지고 기포가 생성되는 콜라의 특성상 취급에 상세한 주의가 요망된다. 최근에 기내 생수병의 사양이 변경되어 대용량 콜라와 같은 현상이 벌어지곤 한다. 기내 서비스 시 매우 유의하기 바란다.

기내 식음료 관련 승객불만 1 승무원이 너무나 당당 하게 말을 합니다. 소고기 요리 밖에 없다고 하며 무작정 내려 놓으려 합니다. 그럼 최소한 죄송합니다, 준비한 음식이 떨어져 지금 가능한 음식이 소고기 요리 밖에 없습니다 라고 말하며, 미안한 기색으로 다해야하지 않나요?

 기내식 Meal Choice가 되지 않아 불만을 표시하고 있다. 기내식 선택에 관한 문제는 상당히 풀기 어려운 항공사의 숙제로 남아 있다. 기내에는 두 가지 부류의 사람이 존재한다. 여유 있는 승객과 여유 없는 승무원… 탑승서부터 승객과 승무원 간의 원활한 커뮤니케이션 등의 유대관계가 있었으면 서로가 이해하고 넘어갈 수 있는 문제라는 생각에서 아쉬움이 남는다. 자세한 사항은 본 교재 '제6장 기내식 서비스 순서 기내식 Meal Choice가 안 될 때 조치방법 5가지'를 참조하기 바란다.

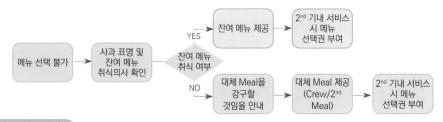

기내 식음료 관련 승객불만 1 식전주로 샴페인을 마시고, 본 식사 때 와인을 바꾸려고 했습니다. 와인이 어떤 것이 있냐고 물었고, 와인에 대한 아무 설명 없이 병들만 내밀었습니다

 앞장에서 기내식 서비스의 원칙을 자세히 읽어 보면 '일사일언'이라는 문구를 볼 수 있다. 일사일언이란 한 가지 행동에 한 가지 언어를 곁들이는 행동으로 몸으로 행동하는 것이 아니라 고객이 원한 메뉴나 음료에 대한 자세한 설명을 곁들이는 서비스 형태를 말한다. 장거리 비행에 피곤하고 어렵지만 반드시 일사일언의 습관을 길러야 많은 비행을 순조롭게 마칠 수 있다. 승객은 비행기에서 겪은 불편을 확대하여 말할 수는 있지만 없는 사실을 말하지는 않는다는 원칙 아래 배움 중인 예비 승무원들도 잊지 않길 바란다.

267

승무원께서 코셔밀이라며 큰 팩, 작은 팩을 보여주고 나중엔 큰 팩만 주더군요. 귀국편에서도 똑같은 절차를 거치고 이번엔 큰팩이 먼저 나오고 메인디쉬라며 작은 팩을 데워서 주시더군요. 그때 일았네요. 하네다행 에서 메인디쉬를 주지 않았다는 것을요.

요즘 한국 승객 중 유대인 식사인 Kosher Meal을 주문하는 승객이 늘어났다. 서비스 방법은 먼저 코셔밀의 탑재를 확인한 뒤 주문한 승객과 재확인 절차를 거쳐 박스를 오픈하여 안에 들어 있는 Entree를 가열 후 세팅하여 제공하면 된다. 따라서 승객에게 기다리시는 동안 먼저 과일 이나 기타 음식을 제공하기 위해 코셔밀 Entree를 제외한 Meal Box를 먼저 드릴 경우 다른 기 내식 서비스에 바빠서 코셔밀의 메인을 드리는 것을 깜박 잊어버릴 수 있다. 코셔밀의 중요성은 기내에서 만들거나 대체할 기내식이 전혀 없다는 것이다. 재확인이 꼭 필요한 스페셜 밀이다. 저자도 32년간의 비행경력이 있지만 코셔밀 대체품목을 고르라면 솔직히 자신 없다.

 평소 다이어트 콜라만 먹다보니 비행기를 타면 항상 다이어트 콜라를 주문하는데 이번엔 승무원이 이코노미 클래스에서는 다이어트 콜라를 제공하지 않는다네요. 황당한게 승무원이 카트를 끌고 갈 때 전 분명 다이어트 콜라 캔을 보았는데 말이죠.

항공사별로 비행시간별, 노선별, 클래스별, 제공하는 음료수가 상이할 수 있다. 승무원의 착오 인지 승객의 오해인지 구분이 어렵지만 비록 Diet Coke이 탑재되지 않았더라도 칼로리가 전혀 없는 생수, 또는 다른 적절한 음료를 권해보는 응대 태도와 고객 우선 마인드를 가지고 서비스 하는 것이 우리의 자세가 아닐까 한다.

 귀국편에 옆자리에 동승하여 오는 중 식사시간에 평상시 콜라를 좋아하는 부하직원이 콜라를 요청했고 저는 승무원에게 캔 콜라를 주문하였는데 캔콜라가 없고 PT콜라가 있다고 해서 그거라도 달라고 해서 부하직원이 마셨는데 평상시 항공기 이용이 많은 저로써는 좀 의아하게 생각되었지만 없다는 말에 그냥 PT콜라를 부하직원이 마시게 되었습니다. 그러나 조금 뒤 동일한 승무원이 다른 좌석 앞에 두세자리 앞인 고객에게 동일한 승무원이 캔콜라를 드리는 것을 보았습니다.

객실승무원의 기내 업무는 '무대에선 배우'라고 생각하면 크게 어긋남이 없을 듯 하다. 캔 콜라든 PT콜라든 내용물에는 크게 차이가 없지만 승무원의 일관성 문제를 언급한 대목이라고 생각한다. 고객이 요청할 때 요구하는 확실한 의중/의도를 알고 정확하게 서비스 하는 것이 기내에서 제공할 수 있는 아름다운 서비스가 아닌가 생각한다(PT Coke - PET 병에 담긴 대형 콜라를 말함).

 기내 식음료 관련 승객불만 N

이륙 후 기내식 서비스 시 기내식이 소진되어 본인 뒷자리 승객이 기내식 제공 받지못하여 2시간 가량을 승무원에게 항의 하였음.

기내식 Meal Choice가 되지 않아 불만을 표시하고 있다. 기내식 선택에 관한 문제는 상당히 풀기 어려운 항공사의 숙제로 남아 있지만 탑승 시부터 승객과 승무원 간의 친밀한 유대관계가 있었으면 서로 이해하고 넘어갈 수 있는 문제라는 생각에서 아쉬움이 남는다. 자세한 사항은 본 교재 '제6장 기내식 서비스 순서 기내식 Meal Choice 가 안 됐을 때 조치방법 5가지'를 참조하기 바란다.

 기내 식음료 관련 승객불만 O

우연히 기내식을 제공하는 음식 카트를 보게 되었습니다. 카트 안에는 이미 먹고 남은 음식 쟁반과 승객에게 줄 음식이 섞여서 실려 있었습니다. 먹다남은 빵이나 식사 등 음식물 쓰레기와 우리가 먹어야 할 음식이 한 카트에 실려서… 제가 37번에 앉아 잇었는데 시간상으로 벌써 앞의 승객이 먹고 남은것을 담으며 기내식을 제공 한다는건 무리였고 그렇다면 음식이 실릴때 음식물 쓰레기와 기내식이 함께 한 카트에 실려서 들어왔는건데…

아마도 두 번째 기내식 제공시점이 아닌가 생각된다. 첫 번째 기내식 서비스 후 회수한 Tray의 보관장소가 부족한 탓에 두 번째 기내식은 첫 번째보다 Tray의 크기가 작은 사이즈로 제공되기 때문에 기내식 Meal Cart의 여유가 있어 바쁜 승무원이 일단 거기에 넣고 치운다는 것을 깜박 잊어버린 것으로 추정된다. 따라서 두 번째 식사 전 처음 회수한 기내식을 깨끗하게 처리한 후 두 번째 기내식을 제공해야 하는데 기내식 서비스 후 남은 기내식을 다른 카트에 모아두지 않고 그냥 가지고 나와 기내식 서비스를 진행하는 모습을 승객이 보고 오해한 것으로 추정된다. 승객에게 제공되는 기내식 카트는 항상 청결하게 유지될 수 있도록 역지사지 입장에서 생각하는 모습이 필요하다.

식사 제공 때 승무원께서 서비스를 해주시는 과정에서 "손님 무엇을 드시겠습니까?" 하고 메뉴를 말씀은 안하시고 기다리고 계셨습니다. 그래서 제가 무슨 메뉴가 있느냐고 묻자 "한식은 밥이고 그외 소고기 닭고기가 있습니다."라고 대답을 하셨습니다. 그래서 다시 제가 "밥은 무슨 밥이죠?"라고 묻자 비빔밥 이라고 하셨습니다. 그리고 나머지는 무엇이고 같이 나오는게 무엇이냐고 묻자 대답을 잘 못하시고 머뭇거리시다가 다른 승무원에게 물어본 후 아주 간단하게 "소고기는 감자랑 닭고기는 볶음밥입니다"라고 말씀하셨습니다. 약간 불쾌했지만 그럴수 있다고 생각해 그냥 넘어갔습니다.

기본적으로 식사를 제공할 때 그날의 주메뉴가 무엇이며 간단하게나마 승객들에서 메뉴에 대한 설명은 기본으로 생각됩니다. 한식은 밥인거 누구나 알고 소고기 닭고기가 나오면 어떻게 요리되어 무슨 소스를 어떤 재료를 써서 오븐에 구웠는지 후라이팬에 볶아는지 그리고 야채는 어떻게 삶았는지 볶았는지 몇 분을 삶았는지 그런걸 요구 한는 것도 아니고 "한식은 밥입니다"하고 "오늘 한식은 비빔밥입니다"하고는 몇자 차이 안나지만 의미 전달에 큰 차이가 있다고 생각합니다. 또한 "소고기. 닭고기 입니다" 보다는 "소고기는 ㅇㅇ와 곁들여 나옵니다. 닭고기는 ㅇㅇ와 곁들여 나옵니다"하고 얘기를 해주시면 선택을 하는데 어렵지 않으리라 생각됩니다.

승객의 입장에서 보면 기내식을 제공하는 객실승무원은 해당편 메뉴에 상당히 정통한 프로라고 생각한다. 따라서 승객의 기대에 부응하기 위해 기내식 제공 전 모든 승무원은 해당 편 메뉴에 대해 식재료, 조리법, 첨가한 소스 등을 정확히 학습하여 승객이 물어 보기 전 주문받을 때 고지하는 모습이 보기 좋으며 기내식에 관한 승객의 질문에 단답형의 대답이 아니라 Full Sentence를 사용하여 응대하면 승객으로부터 상당한 신뢰를 받지 않을까 생각한다.

식사를 거의 마칠쯤 제가 아직 식사가 끝나지 않은 상황에서 한손에는 와인을 들고 있었고 한손에는 포그를 들고 식사를 이어가던중 정리를 하기 시작했고 그분이 다시 오시더니 제 식사를 치우려고 가져 가시려 하길래 식사 안 끝났습니다 하고 말씀드렸더니 아무말 없이 그냥 내려놓고 다른 분의 식사를 정리하는 것을 이어 갔습니다.

또한 승객이 식사를 마쳤는지 안 마쳤는지를 정확히 판단한 후 만약에 식사 도구를 들고 있다면 한번쯤은 치워도 되겠습니까 하고 물어보고 치우는 것이 예의고 매너라 생각합니다.

（본서 제7장）Lunch, Dinner, Supper 기내식 서비스의 '회수'란을 참조하거나 제4장 일반석 서비스 절차 '기내 식음료 서비스 원칙'을 학습해 보면 '승객의 다드신 Tray를 치우기 전 반드시 승객의 의향을 묻고 치워 드린다'라고 적혀 있을 것이다. 모든 기내 서비스 행동 전 일사일언의 습관을 몸에 익힐 수 있도록 노력해야 한다.

기내 식사서비스를 제공하면서 항공시간이 짧다는 이유만으로 승무원분들이 너무나 정신 없어하는 모습이 좀 심한 것 같았습니다. 아무리 시간이 없다하더라도 최소한 승무원분들께서는 팀워크를 통해서 합심을 한다면 그런 일이 없을 텐데 말입니다.

승객은 단거리 비행에서 바쁘고 빠르게 움직이는 승무원의 모습을 보고 글을 쓰신 것 같다. 대표적인 노선이 한일 노선 중 인천/후쿠오카, 한중 노선 중 인천/칭다오인 것으로 생각되며 비행시간이 약 45분 정도 소요된다. 일전 상기 노선 객실 브리핑 시 팀원들에게 한말이 생각난다. '바쁜 생각은 마음에만, 표정은 편안하게' 하고 서비스에 임하는 것을 매우 강조하곤 했지만 너무 정신 없어 하는 모습은 올바른 기내 서비스 방법이 아니라 생각한다.

도착1~2시간 전쯤 조식이 제공되었고 카트는 뒤에서 앞쪽으로 식사를 나눠주며 지나가고 있었습니다. 앞쪽에 있던(카트를 잡고 뒤걸음질 치던, 후배인 것 같은) 승무원(이하 승무원1)에 제게 어떤 식사를 원하는지 확인 중이었고, 제가 어떤 메뉴가 있는지 알려달라고 하던 찰라, 맞은 편의 승무원(카트를 정방향으로 밀던, 이하 승무원2)이 승무원1에게 뭘 가져다 달라고 시키더군요. 마지막으로 식사를 주문하고 있는데, 승무원2가 카트를 일방적으로 밀어버렸고, 승무원1은 칸막이와 카트의 비좁은 틈으로 제게 식사를 건네주게 되었습니다. 저는 손을 최대한 뻗어 겨우 식사를 받을 수 있었죠. 설상가상으로 제가 식사를 잡는 순간 나머지 카트를 밀어버리길래, 승무원2에게 "저기요! 음료수는 안 물어보시나요?"라고 다소 격양된 목소리로 문의했더니(승무원1은 이미 칸막이 뒤로 밀려남) 승무원2가"음료수는 원하는 분에게만 드립니다."라고 하더군요.

기내식 카트는 2인 1조로 하여 서비스하고 있으며 그렇지 않은 구역은 혼자 진행하고 있다. 일반적으로 2인 1조인 경우 항공기 진행 방향으로 볼 때 경력이 있는 객실승무원이 뒤편에 서고 비교적 경력이 짧은 승무원이 앞쪽에 서서 승객을 바라보고 서비스한다. 경력이 있는 승무원이 앞쪽 승무원을 시킬 수는 있다고 생각하지만 보통 갤리에서 가까운 승무원이 부족한 물품을 보충하기 위해 갤리로 가지러 가곤 한다. 여유를 갖지 않고 빠르게 진행되는 기내식 서비스 시 기내식 Skip이나 오전달 그리고 승객과의 오해가 발생할 수 있다고 생각하며 이러한 격차를 줄이기 위해서 제일 필요한 것이 승객과 승무원 간의 커뮤니케이션, 승무원과 승무원 간의 대화가 아닌가 생각한다. 비행 중 쌍방의 원활한 커뮤니케이션은 모든 것을 전부 커버할 수도 있을 만큼 매우 중요하다. 저자도 기내에서 주니어 승무원과 함께 일반석 Meal Cart를 잡고 수없이 식음료 서비스에 동참했지만 일방적으로 지시나 시키는 것보다 저자의 위치가 주니어 승무원보다 갤리에서 가까우면 항상 먼저 부족한 물품을 수차례 Delivery하곤 했다. 앞에서도 승객이 언급했듯이 승객은 누가 주니어인지 시니어인지에 대한 관심이 전혀 없으며 승객의 입장에서 자연스럽고 정중하게 서비스를 제공받으면 되는 것이다. 경직된 수직적 문화보단 서로가 생각의 유연성을 소유할 때 쌍방향 소통하며 부드러운 기내 서비스 환경을 만들게 된다.

 1도 불편하다.
경청한다. ▶ 공감한다. ▶ 사과한다. ▶ 대안을 제시한다.

 2도 어이가 없고 불쾌하다.
경청한다. ▶ 공감한다. ▶ 감사한다. ▶ 사과한다. ▶ 대안을 제시한다.

 3도 터질 것 같은 분노를 느낀다.
정중히 사과한다. ▶ 경청한다. ▶ 공감한다. ▶ 재차 사과한다. ▶ 대안을 제시한다. ▶ 이후 후속절차를 안내한다.

기내 식음료 관련 승객불만 T 기내 음료 서비스에서 커피를 받은 후, 커피 맛이 싱거워서 승무원에게 정중하게 한번 드셔보시라 말하였음. 해당 승무원은 커피를 마셔본 후 "인스턴트 커피가 다 그래요" 하면서 손님께서 건네신 컵을 그대로 손님에게 드림. 음료가 맞지 않으면 대체 음료 등을 제안하는 게 당연한데….

 승객의 요청이 있는 경우, 항상 승객의 입장에서 생각한 후 대안을 제시하여 대화 시 불필요한 오해가 발생하지 않도록 주의하여야 하며 기내의 대체할 수 있는 커피가 있으니 적절하게 권유할 수 있도록 해야 한다(본 교재 제4장). 일반석 서비스 절차의 '기내 식음료 서비스 원칙'을 참조해 주길 바라며 승무원이 마셨던 컵을 다시 승객에게 전해 주는 것은 객실 서비스의 원칙분만 아니라 위생상 보기 좋지 않다고 생각한다. 요즘은 메르스와 더불어 상당한 위생원칙을 강조하는 시대가 되어 승무원끼리나 가족끼리 하는 어떠한 비위생적인 행위도 기내에서는 용납될 수 없다. 더불어 옆좌석에 있는 승객에게 서비스 시에도 모든 승객이 전부 주시하고 있다는 마음으로 각별한 주의가 요망된다.

이륙하고 얼마 지나지 않아 기내식사 준비하는중 물 병을 식판중앙으로 떨어뜨려비좁은 식판위에 와인이며 음식물이 남편 정장옷과 제정장옷 및 핸드백에 오물로 젖어버리는거예요. 한 벌 밖에 준비되지 않은 정장이라 순간 넘 당황스럽기도 했지만 서비스를 계속 해야하는 승무원를 배려하여 차분히 맘을 가라 앉히고 행위에 대한 대응을 기다렸는데 한참을 기다려도 나타나지 않았네요.

기내 식음료 서비스 도중 비교적 자주 일어나는 사례인 것 같다. 승무원의 실수로 인해 승객의 의복을 훼손했을 경우 먼저 정중한 사과와 더불어 훼손된 의복을 클리닝할 수 있는 클리닝 쿠폰을 제공하여 승객의 편의를 도모하는 것이 원칙이다. 또한 착륙 전 해당 클래스의 선임자나 객실사무장/캐빈매니저와 함께 불편을 끼친 점에 대해 사과하는 모습을 보이면 승객 입장에서 상당히 긍정적이 아닐까 생각한다. 클리닝 쿠폰을 제공 시에는 해당 지점에 연락하여 항공기 도착 후 해당 승객이 하기 시에 게이트에서 바로 제공될 수 있도록 조치해야 한다.

 기내 식음료 관련
승객불만 V

객실승무원께서 한참 기내식 서비스하다가 죄송하다는 말과 함께 뭔가를 가지러 갔습니다. 그리고 식사가 뭐가 있는지 안내를 받은 후 식사를 선택하여 말을 하려는 찰라, 또 무언가를 가지고 오라고 시키는 바람에 전 식사주문을 받던 승무원이 두 번이나 자리를 비우는 어처구니 없는 상황을 맞이할 수 밖에 없었습니다.

객실승무원이 혼자 밀 카트를 잡고 기내 서비스하는 도중 Meal Cart를 두고 위치를 이탈하는 것은 안전규정에 위반된다. 필요한 물품이 있을 경우 옆 Asile에서 서비스하고 있는 승무원에게 부탁을 하는 것이 제일 좋은 방법이며 승객에게 안내를 하는 도중 아무런 언급 없이 자리를 이탈하는 것은 승객을 무시하는 듯한 태도로 비쳐질 수 있으며 상황에 따라서는 기분 나쁘게 보일 수도 있다. 기내 서비스 중 항상 일사일언이 필요하다.

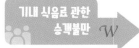 기내 식음료 관한
승객불만 W

My husband and I fly to Europe every year using Korean Air, paying thousands of dollars for this privilege.

On this flight however, my husband was refused milk for his tea, not that there was no milk but was told this was for the use of children only by your head cabin staff member. We have never had this issue in all the years we have flown with Korean Air. To say I am in a rage is an understatement. We do not drink alcohol and therefore a cup of tea with real milk should really not be an issue! I can honestly say that due to this experience, next year I will not be using Korean air. I am very disappointed as a loyal Korean Air supporter and a reply from a senior staff member would be appreciated.

담당 승무원은 당일 기내에 아이들이 상당히 많아 우유가 매우 부족한 상황에서 유, 소아용으로 최소한의 여분 우유를 남겨 두어야 된다고 생각했으며, 이를 불만고객께 설명하며 양해를 구하고 크림으로 대체 서비스를 제안한 것에 대해 고객은 차별을 받았다고 오해한 것으로 생각된다. 승객이 요청하신 서비스용품을 제공할 수 없는 상황에서는 승객의 감정을 고려하여 세심한 안내를 하고, 고객으로 하여금 오해가 발생되지 않도록 용어 선택에 있어 신중을 기하도록 하여야 한다.

기내 식음료 관련 승객불만 식사skip하고 자려고 누움. 자려고 눈 감은지30분 후 음식 카트로 쿵 의자 치고 지나감. 자려다 깼음.(참음) 또다시30분 후쯤 또 다른 승무원이 음식 카트로 확 의자 치고 지나감. 자려다 또 깼음(참음). 또 다시 자려고 할 찰나에 승무원이 카트로 확 의자 치고 지나감(음식인지 면세인지 알수 없음. 어쨌든 카트) (참음). 자리 바로 옆 주방(?)에서 승무원들 어수선함(내가 이거 가져나갈께~!, 어어 먼저 이거할께, 어어~ 등등 얘기소리 및 철 음식, 문 닫는 소리 쾅쾅) 시끄러운 정도가 심하여 주방쪽 쳐다보니, 한 승무원이 눈 가리개와 귀마개 갖다줌.

수면으로 예민한 승객의 입장을 고려하여 기내 CART 이동 시 주의해야 하고 또한 갤리 출입구 근처 좌석의 경우 소음이 상대적으로 크게 들릴 수 있으므로 조심해야 한다. 기내업무하는 승무원은 잘 모르지만 갤리 옆의 승객들은 무척 피곤하리라 생각한다. 2005년 항공사 서비스 비교차 싱가포르 항공을 이용하여 싱가포르에서 파리로 출장갈 때 일반석 갤리옆에 배정받아 상당히 고민스러웠던 기억이 있다. 객실승무원들은 주의하려고 노력하는 모습은 보이는데 자체 소음과 오븐 돌아가는 소리, 심지어 객실승무원들끼리 하는 말까지 들리는 것 같아 수면에 상당히 지장을 받았다. 따라서 갤리 작업 시 매우 신중하게 업무에 임하고 갤리 내에서도 너무 큰 목소리로 대화하는 것은 지양해야 될 것이다. 마지막으로 어느 항공사나 갤리 옆에 착석한 승객에게는 이륙 후 즉시 이어플러그와 안대를 먼저 서비스하는 적극적인 서비스 자세가 필요하다.

항공사 기내 서비스를 개선하자고 말하면 '돈이 없다', '사람이 없다', '무엇이 부족하다'고 말한다. 그렇다면 말해보라. 돈과 사람과 자원이 충분한 시기가 도대체 언제쯤 올 것인지를 …

(이라쿠니 / 사회 평론가)

기내에서 항공사 서비스에 대해 항의하는 사람들은 하찮은 것을 가지고 흠잡는 사람들이 아니며, 오히려 구매자들을 대표하는 보다 광범위한 샘플이 되는 사람들이다.

(아서 베스트 / 하버드 대학 교수)

승객들은 자신의 말을 잘 들어주고, 자신만을 항상 생각하고, 미소를 잘 짓고, 감사합니다 라는 말을 할 줄 아는 다정한 승무원을 찾습니다.

(콜린 바레트 / 사우스웨스트 항공사 부사장)

항공사 객실승무원에게는 기내 서비스가 따르기 마련이고, 그것은 하나의 의무라고 할 수 있다. 그러나 그것을 단순히 의무라고 생각해서 마지못해 하려고 한다면 세상에 그것만큼 피곤한 일은 없을 것이다. 또한, 나만 피곤한 것이 아니라 승객에게도 그 "마지못해 함"이 자연히 전달되고 마는 것이다. 서비스란 상대방에게 기쁨을 주고, 또한 내게도 기쁨이 생기는 것이어야 한다. 기쁨을 주고 기뻐하는 그런 모습 가운데 진정한 기내 서비스가 존재할 수 있는 것이기 때문이다.

(미쯔시티 코모노스께)

우리들의 일은 비행기를 날게 하는 것이 아니라 승객들의 여행에 봉사하는 것이다.

(얀 칼슨)

고객만족은 '최소인자결정의 법칙'이 적용되는 특성이 있다. 즉, 가장 열악한 기내 서비스가 당일 비행 기내 서비스의 전체를 결정짓는다. 고객을 상대하는 수많은 접점 중에서 가장 불량한 기내 접점의 수준이 그 기업 전체의 고객만족을 대표하게 되는 것이다. 따라서 접점 하나하나, 객실승무원 한 사람 한 사람이 최고의 고객만족을 이룰 수 있도록 안전과 서비스에 최선을 다해야 한다.

(조관일 '서비스에 승부를 걸어라' 중에서)

서비스 회복(Recovery SVC)과 관련되어 명심해야 할 세 가지 규칙이 있다.
1. 애초에 잘하고
2. 만약 잘못될 경우 바로 고칠 것이며
3. 명심하라. 세 번째 기회는 없다.

(레너드 베리, 텍사스 A&M 대학 마케팅 교수)

국내 항공사 승무원들이 제일 하기 어려운 4가지 기본 행동
1. 승객의 눈을 보라.
2. 승객을 향해 미소 지어라.
3. 승객과 대화를 나누어라.
4. 승객에게 감사의 표시를 하라.

(주위 승객들의 표현)

🍴 Chapter 12 기내식 관련 고객불만 사례 및 Trouble Shooting

참고문헌

대한항공 객실 승무원 서비스 매뉴얼

대한항공 객실 승무원 업무교범

대한항공 홈페이지

서비스 아카데미 와인 상식

아시아나항공 홈페이지

올 댓 와인 / 조정용 저 / 해냄

와인 바이블 / 케빈 즈랠리 저, 정미나 역 / 한스미디어

와인의 세계, 세계의 와인 / 이원복 저 / 김영사

한 권으로 끝내는 와인 특강/ 전상헌 저 / 예문

홍재경의 와인 클래스 / 홍재경 저 / 이숲

Docs From 32 years Flight in Korean air

Knowledges From 32 years Flight in Korean air

Pictures From 32 years Flight in Korean air

www.ncs.go.kr

Index

찾아보기

Index

저자 소개

☆ 최성수

대한항공 객실 남승무원으로 입사, 객실승원부 상무대우 수석사무장을 역임했다. 하늘에서 32년 10개월, 비행기로 지구를 850바퀴 돌 수 있는 3만 3천 시간 무결점 비행이라는 경이로운 비행 기록을 달성했고 항공 승무 중 기내식에 관심이 많아 김포 및 인천 대한항공 기내식 사업부에 기내 식음료에 관한 수많은 제안을 하여 승객과 승무원의 맛있는 기내 식음료 제공에 큰 일익을 담당했다. 안양 대림대학교 항공서비스과를 거쳐, 서울호서전문학교 항공계열 학부장, (사)한국항공객실안전협회 협회장을 역임했다. 저서로는 "항공기 객실구조 및 비행 안전" 외 14권의 항공 교재 및 국내 최초 항공테러소설인 "붉은 석양(The Red Sunset)"을 집필하였고 한국항공대학교 박사과정 중이다.

☆ 이경미

현재 서울에 소재한 백석예술대학교 항공서비스학부 교수로 재직 중이다. 세종대학교 관광학 박사이며 대한항공 객실승무원 및 대한항공 인력개발센터 강사로 근무하였다. 객실승무직을 포함한 대한항공 국내외 전 직원의 서비스 교육과 교재 및 매뉴얼을 개발하였으며 청와대, 검찰청 등 정부 주요기관의 서비스 교육도 담당하였다. 주요 관심사로는 본서 내용 이외에 항공사 경영, 서비스 마케팅 등이 있다.

☆ 홍명수

현재 중부대학교 항공서비스학 전공 교수로 재직 중이며 대한항공과 싱가포르항공 객실승무원으로 근무하였다. 중국 북경어언대학교 대외한어교육 석사와 언어학 및 응용언어학 박사학위를 취득하였다. 경기도 중고교 스마일 스피치대회 심사위원, 주요 외국 항공사 한국인 승무원 채용 1차 면접관, 중국 산동성·광동성 대학교류위원, 중국절강이공대학교 신문방송과 겸임교수, 루동대학교 중국어교육 실습기지 한국 지도교수이다. 기내식음료개론 및 실습, 항공사 인터뷰영어, 항공영어, 항공객실영어, 항공중국어 전과목 등을 담당한다.

☆ 전유나

대한항공 객실승무원과 여객운송부 지상직, 대한항공 인천공항 KAL 라운지 매니저로 근무했다. 세종대학교 호텔관광경영학 박사학위를 취득했으며 2016년부터 인하공업전문대학 항공경영과 겸임교수, 동서울대학교 항공서비스학과 겸임교수로 재직 중이다. 항공경영, 이미지메이킹 실무, 항공운송 실무 분야를 강의하고 있다.

☆ 김희수

아시아나항공과 대한항공에서 객실승무원으로 근무했으며, 세종대학교 호텔경영학 석사와 호텔관광경영학 박사학위를 취득했다. 세한대학교 항공서비스학과 전임교수, 동양대학교 항공서비스학과 겸임교수, 동남보건대학교 항공서비스학과 겸임교수, 동의대학교 국제관광학과 외래교수, 한국관광대학교 항공서비스학과 겸임교수로 재직했으며 국민체육진흥공단에서 글로벌 매너와 에티켓 외래강사로 재임했다. 현재는 초당대학교 항공서비스학과 전임교수로 재직 중이다.

기내 식음료
서비스 실무

Cabin Food & Beverage Service

초판1쇄 발행 2016년 1월 20일
2 판 1쇄 발행 2019년 1월 10일
3 판 1쇄 발행 2020년 9월 10일
4 판 1쇄 발행 2022년 8월 20일

지은이   최성수·이경미·홍명수·전유나·김희수
펴낸이   임 순 재

펴낸곳   (주)한올출판사
등 록   제11-403호
주 소   서울특별시 마포구 모래내로 83(성산동, 한올빌딩 3층)
전 화   (02)376-4298(대표)
팩 스   (02)302-8073
홈페이지   www.hanol.co.kr
e-메일   hanol@hanol.co.kr

ISBN 979-11-6647-254-1

기내식음료
서비스실무

기내식음료
서비스실무

기내식음료
서비스실무